新常态下民办高校
创新治理研究

周鸿静 周崇先◎著

知识产权出版社
全国百佳图书出版单位

图书在版编目（CIP）数据

新常态下民办高校创新治理研究/周鸿静，周崇先著．—北京：知识产权出版社，2016.8

ISBN 978-7-5130-4305-2

Ⅰ.①新… Ⅱ.①周… ②周… Ⅲ.①民办高校—学校管理—研究—中国 Ⅳ.①G648.8

中国版本图书馆 CIP 数据核字（2016）第 152102 号

内容提要

民办高校在新常态下如何从困顿走向兴旺？作者的回答是：创新顶层设计、打造特色专业与课程、培养名师团队、发挥班主任管理魅力、抓好制度引领、政府服务到位，做好专业与产业、课程内容与职业标准、教学过程与生产过程、学历证书与职业证书对接。本书对于职业教育工作者具有重要参考价值，适宜广大教育工作者及政府主管部门同志参阅。

责任编辑：张筱茶

装帧设计：何睿烨　　　　　　　　　　责任出版：刘译文

新常态下民办高校创新治理研究

周鸿静　周崇先　著

出版发行：知识产权出版社 有限责任公司　　网　　址：http://www.ipph.cn

社　　址：北京市海淀区西外太平庄 55 号　　邮　　编：100081

责编电话：010-82000860 转 8180　　　　责编邮箱：baina319@163.com

发行电话：010-82000860 转 8101/8102　　发行传真：010-82000893/82005070/82000270

印　　刷：北京科信印刷有限公司　　　　经　　销：各大网上书店、新华书店及相关专业书店

开　　本：720mm×1000mm　1/16　　　　印　　张：18

版　　次：2016 年 8 月第 1 版　　　　　　印　　次：2016 年 8 月第 1 次印刷

字　　数：323 千字　　　　　　　　　　定　　价：68.00 元

ISBN 978-7-5130-4305-2

序　言

吴宗金[1]

　　考古学家在贵州发现的许多古人类文化遗址表明，贵州是人类起源和中华远古文化发祥地之一。早在汉武帝派唐蒙通贵州后，在贵州建立了牂牁郡，先进的汉文化也渐次入贵州，使贵州出现了一批批人才。

　　有文字记载，又有遗迹可考的贵州教育先驱当数尹珍。尹珍，字道真，东汉时毋剑县人（今贵州独山、荔波一带）。尹珍在贵州讲学的遗址主要有绥阳县的尹珍讲堂和正安县的务本堂两处。据民国《绥阳县志》记载，贵州旺草场亦称"尹珍场"，当地人为纪念尹珍，还建有怀念古楼。

　　浙江余姚人王阳明（1472－1529 年）是我国古代著名的哲学家和教育家。明武宗正德元年（1506 年），王阳明因得罪宦官刘瑾，被贬为贵州龙场驿丞。《何陋轩记》中记载了他在非常艰苦的条件下仍坚持讲学和研究学问。他以何陋轩为校舍，创办了龙岗书院，名声大振。他在贵州虽只有三个年头，但为贵州留下了珍贵遗产。他的教育观点主要有：（1）从"致良知"出发，认为人的本性都是一样的，都是可以教育的。（2）以"知行合一"学说为基础的实践精神。（3）注重立志和道德情操的培养。（4）提倡勤学和谦虚谨慎。（5）主张自我批评和批评。（6）主张教学相长，建立亲密、融洽的师生关系。（7）灵活多样的教学方法。

　　贵州清平人（今凯里市炉山镇）孙应鳌不仅是明代中叶的一代名臣，而且是著名的思想家、教育家、诗人。他的教育思想主要有以下几个方面：（1）重视人的道德修养。（2）强调师德师道，认为"温故知新"是师道之极。（3）提倡笃实学风，反对浮靡风气。（4）重视学习态度和学习方法。

　　清末，对贵州教育贡献最大的地方官是林绍年，他兴办了贵州第一所实业学堂——贵阳蚕桑学堂，开贵州实业教育之先河。[2]

---

　　[1]　吴宗金，男，侗族，1952 年出生，贵州锦屏县人。原中央民族大学教授，著名民族法学家。"民族法学"倡导人，民族法学科创始人之一。中央民族大学民族法学博士点和"985"民族法学研究基地论证建设人。《中国民族区域自治法学》和《中国民族法学》统编教材主编。

　　[2]　孔令中：《贵州教育史》，贵州教育出版社 2004 年版。

据我了解，周鸿静、周崇先两位作者喜欢研读儒学，受王阳明影响，专注研究当代教育，实践当代教育。

贵州城市职业学院创办者、董事长周鸿静先生，是贵州天柱县农村侗家人。周鸿静先生深切认识到教育是民族振兴、社会进步的基石，是提高国民素质，促进人的全面发展的根本途径，寄托着数万家庭、上亿家庭对美好生活的期盼。因此，他于 2001 年高起点地在贵州省首创第一所民办大学（专科）——贵州鸿源职业技术学院（2005 年改校名为贵州亚泰职业学院，2014 年又将校名定为贵州城市职业学院）。他的职业教育思想很明确，他在贵州首创民办高校的理念得民心，他对民办高校的创新治理值得借鉴。他历经 16 年的教育教学实践，硕果累累。

同是贵州天柱农村侗家人的周崇先教授，历经小学教育、中学教育、中等教育、高等教育、职业教育、成人教育和党校教育 50 余载。我们早在 20 世纪 70 年代就在锦屏县共事。我在县委组织部工作，他在县委党校任教，后来我们虽各在一方，但仍往来不断。他曾说过，我国正处在改革发展关键的阶段，经济建设、政治建设、文化建设、社会建设以及生态文明建设全面推进，基础在教育。所以，他在教育教学理论方面有较深研究，在教学实践中有树标杆的作用。

我研读了二人新著《新常态下民办高校创新治理研究》。该论著以贵州城市职业学院为例，深入地研究在新常态下民办高校如何治理提升的有关理论与实践问题。如：在新常态下民办高校如何创新顶层设计，如何打造特色专业与课程，如何提高教师素质，班主任的工作如何创新，制度如何引领民办高校走向和谐，如何创新特色校园文化，大学毕业生如何圆梦创业，政府如何主导引领民办高校健康发展，等等。

两位教授研究成果，一是指导思想明确——全面贯彻党的教育方针，全面推进教育事业科学发展；二是工作方针明确——育人为本、改革创新、促进公平、提高质量；三是目标明确——培养创新型、实用型、复合型人才；四是战略主题明确——全面实施素质教育，着力提高学生服务国家、服务人民的社会责任感和善于解决问题的实践能力。

为此，我十分乐意向大家推介周鸿静、周崇先二位教授近期新著《新常态下民办高校创新治理研究》，并希望有更多更高水平的研究成果问世。

2016 年端阳节于中央民大居室

目录

第一章

燃烧正能量 共筑教育梦

2012年11月29日，习近平总书记在参观"复兴之路"展览时首次向全国人民发出"为实现中华民族伟大复兴的中国梦而奋斗"的宣言，用"雄关漫道真如铁""人间正道是沧桑""长风破浪会有时"三句话概括了中华民族的昨天、今天和明天，凸显了中华民族的阳刚之气，喊出了鼓舞人心的时代强音，聚合了中华民族自强不息、锐意进取的正能量，聚合了我国改革开放、持续发展的正能量。

一、能量"三论"说 格局·势·人气

皮克·菲尔博士在《气场》一书中说道："一个人的能量是由三部分组成的：格局、势、人气。"格局是指谋篇布局的能力和严谨的计划，完美体现一个人的能量格局；势是指在恰当的时机，展现自己的野心或目标；人气是指内在的势与格局，决定着一个人的外在。"人气"是内因，"势"代表激情，"格局"则是更重要的理性因素。

（一）格局·放飞梦想

曾国藩说："谋大事者首重格局。"一个人格局大，自然善于布局谋篇、借势造势，哪怕外表看起来似乎一无所有，但似胸中拥有百万雄兵。古今中外，凡成就伟业者，无一不是一开始就从大处着眼，从细节出发，一步步构筑他们辉煌的人生大厦。

格局决定布局，布局决定结局，多大的网，就决定捉多大的鱼；一个人有多大的目标，就决定他有多大的成就；他有多大的胸怀，就决定他有多大的成功。

习近平总书记说："何为中国梦？我认为，实现中华民族伟大复兴，就是中华民族近代最伟大的中国梦。现在比历史上任何时期都接近这一目标。"因

此，每个中国人要拿全部力量和智慧，用最佳的精神状态，去实现自己的个人梦想，为伟大的中国梦做出应有的贡献。

放飞梦想，才能追逐梦想。为了追寻中国梦，几代中国人穷尽智慧，倾尽心力，以忘我精神在实现中华民族伟大复兴的道路上披荆斩棘，不断前行。在这条前无古人的道路上，我们以坚定的步伐追逐属于自己的梦想。

目标就是力量，奋斗才能成功，始终朝着为之奋斗的目标前进，才能释放并传递正能量。古今中外凡是有成就的人，无不怀有明确而坚定的目标。我们的目标：振兴中华民族，建设强大中国，与全国同步进入全面小康社会。这个宏伟目标，正激励 13 亿人民意气风发，昂首迈入新的征程。

在建设中国特色社会主义事业，改革开放，全面建成小康社会，全面实现现代化，实现中华民族伟大复兴这条漫漫征程上，无数慷慨之士已经献出了自己的生命，比如郑培民、沈浩、焦裕禄、罗阳等。他们虽然已经离开了我们，但他们光照千秋的精神和释放出来的正能量，永远激励着我们坚定目标，永不动摇。

一个成功的人，必有一个坚定的目标；一个国家要走向复兴，也一定有一个坚定的目标。今日之中国梦，明确的目标有三个：建党 100 周年，全面建成小康社会；建国 100 周年，全面实现现代化；21 世纪，实现中华民族伟大复兴。这三个目标分近、中、远三个梯次。全面建成小康社会，似乎近在咫尺，但时间紧迫，任务艰巨；全面实现现代化，时间相对宽松一些，但难度相对大一些。这两个目标都是在 21 世纪上半叶完成。实现中华民族伟大复兴，这是一个相对较远的同时也是一个更具挑战性的目标。因为时间越长，其间的不可预测因素更多——内有地区发展不平衡的现实，外有变幻莫测的国际环境。跟我们这一代人能够目睹实现的全面建成小康社会相比，实现中华民族伟大复兴至少还需要几代人的努力奋斗。

不管还需要多久，不管会发生什么事情，这些目标都是我们中华民族最神圣的事业，是绝不能动摇的。在奔向目标的道路上，我们应有"万折必东不回头"的志气和"赴百仞之谷而不惧"的勇气。

对一个人、一个企业、一个国家、一个民族来说，目标是相当重要的。目标就是一个人、一个企业、一个国家、一个民族前进的具体方向。当目标坚定之时，无论是个人、企业、国家，还是民族，都会信心百倍，勇气倍增，毫不懈怠，无所畏惧。古语有云："锲而舍之，朽木不折；锲而不舍，金石可镂。"坚定目标，事关社会发展，事关国家强大，事关民族荣辱，我们一定要坚定不移地朝着目标迈进。

我们国家的近、中、远目标都已经确定，坚定目标，立定志向，努力拼搏，奋勇前进，是我们责无旁贷的义务，而且必须马上行动。每耽误一分钟，到达目的地时，可能会延时一小时、一天，甚至更长时间。

实现中国梦，是我们党在中国特色社会主义建设的关键时期提出的伟大战略决策，是我们党在新的时代条件下带领全国人民进行的一场新的伟大革命，犹如又一个万里长征。成功是每个人都向往的，可是通向成功的道路并非一路坦途，在新的万里长征途中，我们只有坚定目标，下定决心，朝目标不断迈进，才有迈向成功的可能。❶

（二）势·提升创新力

拥有大格局的人还要懂得在恰当的时机，恰当地展现自己，称为"势"，它是能量外显的必要手段。善于抓住机会的人不但懂得在合适的时机恰到好处地展现自己，更懂得搭形做势、顺势而为、借势而起。渴望成功是做人做事的基础，顺势而为是游刃有余、事半功倍的保证。能量强大的人都能够找到自己想搭借的"形"，从而制造出想要的"势"。

这个"势"就是创新力。创新力是正能量的爆发，创新力是成功的基础。每个人对成功的理解是不一样的：有人需要家庭的幸福；有人期盼生活上的富足；有人则渴望事业上能大有作为，得到社会和业界的认可；等等。无论哪一种意义上的成功，都有一点是共同的，那就是：没有哪个人随随便便就能获得成功，成功者自有其成功之道。

1. 创新力的表现

（1）创新力是一种对现状的突破力。创新的根本是突破。通常情况下人们按照自己的常规思路，经历了千万次的试验，可能也没有取得成功，而有时候在某一方面做出某些改变，反而轻易取得了成功，其原因就是这些改变当中包含着意想不到的创造性。因此，当你处于"山重水复疑无路"的境况时，不妨试着打破常规，突破现状，这样很有可能"柳暗花明又一村"。

没有改变就不会有进步，没有对现状的突破也就谈不上创新力的发挥。创新的过程就是不断地突破一个又一个难关的过程。假如公司陷入困局，作为公司的一员，是被动待命，还是主动请缨？相信一个不墨守成规、敢于突破常规的员工一定会调动所有的创新潜能，积极思考，出谋划策，帮助公司摆脱困境，突破现状。这种善于在工作中创新的人往往能独当一面，给企业带来无限生机。

（2）创新力就是不走寻常路的魄力。在贝尔实验室创办人塑像下镌刻着下面一段话："有时需要离开常走的大道，潜入森林，你就肯定会发现前所未

❶ 许罡、张经济：《汇聚正能量 共筑中国梦》，国家行政学院出版社2013年版。

有的东西。"不同寻常的想法，不同寻常的点子，不同寻常的技艺，不同寻常的眼光，不同寻常的招法……这些都体现了不走寻常路的魄力。这种魄力能给你带来创新的机会，因为创新力就是不走寻常路的魄力。成功需要创新，需要独辟蹊径，走别人没走过的路。只有这样，才能发现新的机会。

商界有句名言："谁聪明谁才能赚，谁独特谁才能赢。"不少经营者之所以在众多竞争者中一枝独秀，就是因为他们睿智和独特的构思。换句话来说，是创新力的发挥让他们赢得了成功！成功者自有成功之道，而一切成功者都是想到和做到了别人没想过、没做过的事情，这种独特和聪明我们可归结为创新力。不论是华盛顿、爱因斯坦、比尔·盖茨，还是中国的张瑞敏，他们都是成功者，同时也是创新者、创造者。他们都有非凡的经历和做法，同样用事实证明：创新力是成功的基础。

（3）创新者总是快人一步。我们发现，所有创新者无一不是走在众人的前面，敢为人先的。亦步亦趋者永远不可能获得创新的成果。社会中、生活里或生意场上，要想使成果长期保密、永远独有，那是不可能的。最可靠的办法只有一个：动作永远快人一步，创新永远高人一筹。

2. 提升创新力的方法与途径

提升创新力的方法、途径有很多，有人给创新力的提升设计了一个提升方案：提升创新力的过程就像一个攀爬阶梯的过程，每爬上一个阶梯，创新力就会有一定的提升。

（1）阶梯一：思考力、观察力、想象力和多元思维能力是创新力的四大基石。思考力是创新力的核心，它可以引爆创新潜能。人是靠思考解决一切问题的，法国思想家帕斯卡曾经说过："人不过是一株芦苇，是自然界中最脆弱的东西。可是，人是会思考的。要想压倒人，世界万物并不需要武装起来。一缕气，一滴水，都能置人于死地。但是，即便世界万物将人压倒了，人还是比世界万物高出一筹，因为人知道自己会死，也知道世界万物在哪些方面胜过了自己，而世界万物则一无所知。"因为思考，牛顿从苹果的下落发现了万有引力定律；因为思考，莱特兄弟发明了可以像小鸟一样自由飞翔的飞机；因为思考，人们解决了科学和生活中很多问题；因为思考，创新的机会无处不在；因为思考，人们创造了无数奇迹。

观察力是创新力的左右手。一个人一生当中要从外界获得大量信息，据统计，其中75%以上是靠观察获取的。爱因斯坦、阿基米德、达尔文等众多科学家无一不具有非凡的观察力。可以说，没有他们善于观察的双眼，就没有他们的创新成就。观察力在科学研究、创新发明中十分重要。"观察，观察，再观察。"这是苏联科学家巴甫洛夫的名言。法国百科全书派领袖狄德罗认为，科学研究主要有三种方法：第一是对自然的观察，第二是思考，第三是试验。由此可见，观察是创新的常用方法。

想象力是提升创新力的风帆。心理学家认为，人脑有四个功能部位：一是以外部世界为对象接受感觉的感受区；二是将这些感觉收集、整理起来的贮存区；三是评价收到的新信息的判断区；四是按新的方式将旧信息整合起来的想象区。只善于运用贮存区和判断区的功能，而不善于运用想象区功能的人不善于创新。据心理学家研究，一般人只用了想象区的15%，其余的还处于"冬眠"状态。这就告诉我们要想唤醒"冬眠"沉睡状态，就要从培养想象力入手。想象力是人类意识不断推陈出新的创造能力。

多元思维能力是一种举一反三、触类旁通的思维创新力。它能帮助我们跳出狭隘的思维框架，开阔我们的思路，为我们解决问题提供多种有效的方案。在日常生活和工作中，我们可以适当地"放纵"自己的思路，运用多元思维，把自己从严格的"必然性"中解放出来，去面对无限的"可能性"。充分发挥多元思维能力，能让创意层出不穷。

在进行创造性活动中，我们要充分调动这四大能力，做到边思考、边观察，进行必要的想象和多元思维，把它们有效地结合起来。只有做到这些，我们才能迈好提升创新力的第一步。

（2）阶梯二：不为定式所困，让创新意识在头脑中生根。心理学认为，定式是心理活动的一种准备状态，是过去感知影响当前感知的现象。在现实生活中，我们会遇到形形色色的问题，当我们长期处于某个环境，多次重复某一活动或反复思考同类问题时，头脑中会形成一种思维习惯，这就是我们所说的思维定式。当再次碰到同类问题时，我们的思维活动会自然而然地受这种思维定式的支配。因此，思维定式可以理解为过去的思维对当前思维的影响。

思维定式对人们平时思考问题有很多好处，它能使思考者在处理同类或相似问题时省去许多摸索、试探的思考步骤，不走或少走弯路，做到举一反三、触类旁通，从而大大缩短思考时间，提高思考效率。正是因为有了思维定式，大脑才能驾轻就熟，将问题处理得井井有条。可以这样说，不管是家庭琐事还是国家大事，离开了思维定式都将寸步难行。思维定式可以帮助我们解决99%甚至更多的问题。

（3）阶梯三：性格、习惯、心态和思维左右创新力的提升。常言道：要想成其事，必先成其人。性格是成事的前提条件，很多创新者都拥有鲜明的性格特征。其中，活泼型、完善型和力量型性格的人拥有较大的创新机会。

活泼型性格中的热情、好奇、幽默、豪爽等是创新者个性特征的一部分。

热情的人有创新激情，好奇的人充满求新的动力，幽默本来就是创新的一种方式，豪爽能集结创新条件。

完美型性格的人拥有冷静、踏实、认真、精益求精等个性特征，这些也是创新力的重要影响因素。比如，冷静的人能深入思考，迅速想出出奇制胜的创意点子；踏实的人能以锲而不舍、扎扎实实的精神赢取创新成果；认真的人能严谨设计创新的每一个步骤；精益求精的人能始终不渝地追求创新的完美目标。

力量型性格的人拥有帮助创新的"力量"。例如，独立个性的人不随波逐流，坚持自己的特色和想法，这本身就是一种创新；果断的人干脆利落，总能捕获创新先机；胆大的人总能做人所不能做之事，勇于迈开创新的第一步；具有冒险个性的人勇于挑战，容易创造奇迹。

据统计，一个人一天的行为中大约95%是习惯性的，而剩下的5%才属于非习惯性的。在这些行为习惯中，勤奋好学、勤于观察、不满足现状、积极行动等好习惯能给创新力提供无穷无尽的推力，而懒惰、轻易放弃、依赖、安于现状等坏习惯则会阻碍创新力的提升。因此，平时我们就应该注意培养各种好习惯，改掉一些不良习惯，让创新成为我们的"第二天性"。

好心态是提升创新力的"氢气球"，良好的心态是创新者不断取得成功的关键。生活中的种种事例告诉我们，愉快、进取、主动的积极心态能让人轻松把握创新的机会，自信向上、豁达开朗的乐观心态能让人正确看待创新成败，坚韧、执着的心态能让人坚守创新的希望，而虚心、谦和的心态能使人捕获更多的创新成果。

思维是创新的源泉，拓展创新思维，能让创新力节节攀升。恩格斯说过："地球上最美的花朵——思维着的精神。"思维是人类独有的特质，是人类几千年文明的结晶。没有它，就没有人类和人类的一切，创新思维则是人类一切奇迹之本，是思维精髓，也是科学家、发明家及一切人类文明创造者的本源。

（4）阶梯四：积极行动，主动提升创新力。在提升创新力的最后一个阶梯，我们要做的是积极行动，自动自发地为创新寻找方法。一般来说，创新方法可以归纳为细节法、组合法、模仿法和团队合作法。

细节法：很多时候，创新就源自生活的细节，比别人多一份心思，多一点创意，或许你就能在细节中创新。

组合法：组合是创新良方。很多情况下，以已有知识或已知东西作为媒介，把不同的知识或物品要素结合起来，或者把不同功能的产品巧妙组合在一起，往往可以成为科学技术的发明与创新。排列组合将会创意无穷。

　　模仿法：模仿是最古老而又最先进的学习方法。牛顿说过，他之所以能取得如此辉煌的成就，是因为他站在了巨人的肩膀上。要想创新，就要学会创造性模仿、改进式模仿和超越式模仿。

　　团队合作法：独木难成林，一人难为众。古训一直告诫我们：团结就是力量。在日益集约化的社会里，单打独斗的人已不是创新队伍的主力军，当今社会的很多发明创新都是优秀的团队共同努力的结果。所以，要想创新，融入团队、与人合作、沟通交流、借助团队力量是你必要的选择。

　　（三）人气·营运人脉网络

　　人气是内在的势与格局，虽然"藏于内"，但"形于外"。人气决定着一个人外在的形象、气质和气势。内在的势与格局强大，即使衣衫褴褛，也难以掩盖出众的英雄之气。❶

　　现实社会告诉我们：在这个讲究双赢或多赢的时代里，一个孤军奋战的人是难以成就大业的，就算他是英雄也难显英雄本色，只有通过强大的人脉平台，才能造就传世的伟业，才能成就他一生的成功。

　　美国成功学大师卡耐基经过长期研究得出结论，说："一个人成功的因素，15%可以归因于他的专业知识，85%却要归因于人际关系。"

　　所谓人际关系，是指人际交往中个体间形成的特定心理关系。交往是指人们之间的交流和往来。这种交流和往来是人们在现实生活中为达到某种目的，满足一定需要而进行的信息、物质、思想、文化和技术等方面的交流和联系。

　　交往是人类特有的高级的共同活动形式。交往只存在于人类。人际交往从主客体的存在形式上，可划分为个体与个体、个体与群体、群体与群体三种形式。在现实生活中，只有个体与个体的交往才是人际交往中最基本、最普遍、最常用的方式，因为个人之间的相互交流和往来最容易实现认知上的相同、情感上的相容和行为上的协同，进而为实现共同的活动目标合作奋斗。

　　不同的人际关系，会引起不同的情感体验。人与人之间，由于满足了各自需要，就会产生亲密的关系，双方就会感到心情舒畅；反之，就会关系疏远，彼此矛盾甚至敌对。

　　天下如果有飞不起来的气球，那是因为它没有被打气；天下如果有一辈子都不走运的人，那是因为他没有足够的人脉基金！生命中如果没有一个贵人出现，就会艰辛而没有收获。能够对你有所帮助的人，不会毫无机缘地出现。人脉资源网络的建设需要你用心地寻找和发现，需要你积极主动地投入

---

❶ 宿文渊：《正能量大全集》，中国华侨出版社2013年版。

和参与。

俗话说："心有多大，舞台就有多大。"而今天，我们不得不承认"人脉有多大，你的舞台就有多大"。如果你缺乏人脉，就算你有天大的本领也难以凭借一个人的力量去好好地实现，而如果你广聚人脉，说不定到处都有你创造发展的机遇、成功的捷径。睁开你的眼睛，用心看看你周围的人群，也许他们中有很多人能够成为你的人脉资源。

（1）朋友资源。"朋友"正是由于志同道合才能走到一起，他们之间有种天然的吸引力，或者是共同的爱好，或者是共同的志向，或者是共同的追求。正是有了朋友的互相帮助，才有了许多场合的和谐，许多人士的成功。

（2）同乡资源。同乡因具有共同的人文地理背景，而使彼此间有一种天然的亲近感，自然而然也就成朋友了。历史上，徽商和晋商不管在哪里，都是拉帮结派的。正是同乡之间的互相支持，才成就了徽商和晋商的辉煌。如今，一个人要外出创业，比如一个贵州人要到北京创业，或者一个温州人要到旧金山创业，老乡众多仍然是最有利的条件之一。

（3）职场资源。效用最明显的应属职场资源。职场资源是指创业者在创业之前，为他人工作时所建立的各种资源，主要包括项目资源和人际资源。利用职场资源入手进行创业，已经成为许多人创业成功的捷径和法宝。据调查，国内离职下海创业的人员，90%以上利用了原先在工作中积累的资源和关系。

（4）亲戚资源。"打虎亲兄弟，上阵父子兵。"亲戚资源是与生俱来的，是每一个创业者发展的基石，也是人脉资源中最稳定、最牢固的资源。

（5）网络资源。网络可谓是近年来提升人气最时尚、快捷的工具，世人通过互联网，真正体会到了"地球村"的魅力，"海内存知己，天涯若比邻"不再是人们的幻想。太多的人利用网络聚集人脉，走上致富之路。

"在家靠父母，出门靠朋友"，一个创业者若能广交朋友，善交朋友，在意想不到的时候，就会派上用场。亲戚、同学、同乡、同事、朋友犹如资本，对创业者来说是多多益善。人脉从这个意义上来说，真正是个人成功路上的可再生资源。"生时靠人带，死时靠人拜"，人际关系的重要性再明白不过了。中国人注重"人情关系"，如果能以情感性维系人际关系，必然会出现人生中用之不竭的资源。

二、燃烧正能量　梦想在实干

（一）正能量散发七彩光芒

当英国心理学怪才理查德·怀斯曼将"正能量"一词通过自己的方式进

行阐述，使之传播到世界以后，"正能量"一词在中国也开始流行。

何谓正能量？正能量是一切能够令人感觉向上的，能够促使人不断追求上进的，能够带给人希望的、令生活变得圆满而幸福的动力与情感。对于我们来说，正能量是一切正义的力量，是改天换地的力量，所有积极的、催人奋进的、给人力量的、充满希望的人和事均为正能量。

正能量如风一样，平静时温和地飘忽，愤怒时便猛吼悲鸣，有摧枯拉朽之神奇力量。

正能量如水一样，平静时缓缓流淌，令人备感亲切；激奋时则惊涛骇浪，令人惊惧。它能掀翻巨轮，冲决堤防，可以战胜一切困难。

正能量像阳光一样，光照万物，驱走黑暗，正义的事业走向成功。

在西方管理学中有一条定律叫"华盛顿合作定律"，这条定律是讲一个人敷衍了事，两个人相互推诿，三个人则永无成事之日。为什么会出现这样的情况呢？因为人与人的合作不是人力的简单相加，而是复杂和微妙得多。在人与人的合作中，假定每个人的能力都为1，那么10个人的合作结果有时比10大得多，有时甚至比1还小。因为人不是静止的动物，更像是方向各异的能量，相互推动时自然事半功倍，相互抵触时则一事无成。这条定律同样可以适用于正能量。

习近平总书记多次提到"正能量"，其中最让人铭记于心的是在广东考察时所说的，"我们要尊重人民首创精神，在深入调查研究的基础上提出全面深化改革的顶层设计和总体规划，尊重实践，尊重创造，鼓励大胆探索，勇于开拓，聚合各项相关改革协调推进的正能量"。

在未来一段时间里，中国人民将带着对中国梦的憧憬和信心，挥别激情澎湃的陈年往事，开启新的航程。承载着中国梦的巨轮，风正帆悬，蕴藏着无限的生机与活力，正朝着理想的彼岸稳步前行。

(二) 把正能量用在开路架桥上

人类因梦想而伟大，国家因实现梦想而强盛。今天现实的世界源于昨天的梦想，今天的梦想定将成为未来世界的模样！梦想丰富了人类的想象，舒展了人类的思维，把梦想变成现实，它将是人类最伟大的创造。试想：如果没有梦想，人类就不可能有飞机、人造卫星，不可能遨游宇宙；如果没有梦想，人类不可能有今天的电脑、互联网和移动通信；如果没有梦想，甚至连我们现在赖以生存的电都不会有！

习近平总书记在党的十八大精神研讨班开班式上发表重要讲话时强调：全党同志永远要有逢山开路、遇河架桥的精神，锐意进取，大胆探索，敢于和善于分析回答现实生活中和群众思想上迫切需要解决的问题，不断深化改革开放，不断有所发现、有所创造、有所前进，不断推进理论创新、实践创新、制度创新。

梦在心中而路在脚下，实现梦想在于实干。

古人说："道虽迩，不行不至；事虽小，不为不成。"说的是"成功始于足下"的道理。古人还说"以实则治，以文则不治"，就是强调实干，反对空谈。

习近平总书记在长期领导工作实践过程中，十分重视"抓落实""狠抓落实""善抓落实"。从 2004 年至 2011 年，习近平先后在其著作《干在实处，走在前列：推进浙江新发展的思考与实践》《之江新语》以及讲话文章《贵在落实》《坚持科学发展观重在实践》《牢固树立和认真落实科学发展观》《不断提高贯彻落实科学发展观的能力和水平》《求客观规律之真、务执政为民之实》《大兴求真务实之风狠抓各项工作落实》《大力推进机关效能建设确保完成"狠抓落实年"的各项目标任务》《深入贯彻落实科学发展观，以改革创新精神和求真务实作风做好组织工作》《努力克服不良文风积极创导优良文风》中专门研究探讨了落实问题。

在中国改革进入深水区的特殊时期，李克强总理指出的"喊破嗓子不如甩开膀子"释放出多重积极信号。首先，这是在告别口号式改革，以更务实的行动推进改革。其次，"甩开膀子"意味着改革不能缩手缩脚，而是要大干一场。最后，"甩开膀子"改革还表明决策层对改革价值的认识很充分。

不得要领，忙忙碌碌，无所作为，这叫"干事"，不叫"干成事"。习近平总书记在 2010 年中央党校秋季学期开学典礼上的讲话中指出："中国共产党的事业观，就是为人民利益不懈奋斗，为中国特色社会主义事业不懈奋斗。"在这里，习近平用"两个不懈奋斗"把我们的事业阐释得明明白白。❶

三、只争朝夕　共筑民高梦

（一）教育·民心工程

"教育是什么"这一问题是任何教育理论家都不能回避的问题。杜威在《我的教育信条》中提出："一切教育都是通过个人参与人类的社会意识而进行的。这个过程几乎是个体在出生时就于无意识中开始了。它不断地发展个人的能力，熏染他的意识，形成他的习惯，锻炼他的思想，并激发他的感情和情绪。"杜威的论述，就个人而言，"教育是发展个人的能力、熏染个人的意识、形成个人的思想并激发个人感情的过程，教育会通过增进和改造个人

---

❶ 石国亮：《解读中国梦》，人民日报出版社 2013 年版。

的经验来使人获得成长、发展"❶。

罗崇敏教授在他的《教育的智慧》一书中说："什么是教育？教育是发展人的生命、生存和生活，促进人类文明进步的社会活动过程。教育是前有古人、后有来者的事业，是不断传承、不断创新的事业。教育伴随人类的存在而存在，引领人类的发展而发展。"❷

教育的根本任务是培养人才。我国现行的教育方针是：坚持教育为社会主义现代化建设服务，为人民服务，与生产劳动和社会实践相结合，培养德、智、体、美全面发展的社会主义建设者和接班人。《教育规划纲要》重申德、智、体、美全面发展，具有重要的现实意义。德育、智育、体育、美育是一个有机整体。德的核心是帮助学生树立正确的人生观、价值观，确立崇高的人生目标，使学生有高尚的道德情操，成为有责任心、有正义感、有奉献精神的人。智育不是简单地灌输知识，而是点燃人心智的火焰，把受教育者内在的潜力开发、启蒙出来，让学生积极主动地去追求新知。体育不仅可以健身强体，而且可以培养人的坚毅勇敢、吃苦耐劳和团结协作精神。美育陶冶人的情操，提高人的审美情趣，激发人对真善美的追求和对美好未来的向往。

教育是人类文明传承不息的火炬，是经济社会发展通向明天的桥梁，是实现人的全面发展的基本条件。

教育是一件民心工程，既是确实关乎千家万户牵动人心的大事，更是关系到民族能否振兴、国家能否发展、社会能否进步的基石。看世界发展，一个不注重教育的民族，是没有希望的民族；没有教育事业的欣欣向荣，就不可能实现民族腾飞，更谈不上实现强国富民之梦。

教育是提升国家文化软实力的基础，是文化软实力建设的重要载体。我国文化软实力的核心是社会主义核心价值体系，而社会主义核心价值体系的认同与传承均有赖于教育的发展。我国是一个具有悠久文化历史的教育大国，"有教无类""教学相长""因材施教""知行合一"等中国古代传统教育思想传承数千年，对现今的中国教育者仍具深远的影响。我国传统教育思想的精华应与经济社会发展相适应，积极构建中国特色社会主义教育体制。同时吸收西方国家教育的先进经验，深化我国教育领域的全面改革，保障公民享有同等的受教育权，建立以人的全面发展为核心的基本改革思路，拓宽人民群众终身学习渠道。❸

---

❶　约翰·杜威：《民主主义与教育》，陶志琼译，中国轻工业出版社 2014 年版，导读第 3 页。

❷　罗崇敏：《教育的智慧》，人民出版社 2011 年版，第 2 页。

❸　贾康、程瑜：《改革红利》，中国言实出版社 2015 年版，第 192 页。

（二）职业教育即创业教育

职业教育又叫创业教育，创业教育被联合国教科文组织称为学习的"第三本护照"，加强创业教育已经成为世界现代教育发展和改革的新趋势。

在我国，职业教育是面向人人、面向整个社会的教育，根本目的是让人学会技能和本领，能够就业，成为有用之才。所以说，职业教育具有明显的职业性、社会性、人民性。我国职业教育的先驱黄炎培先生曾把职业教育的目的概括为："使无业者有业，使有业者乐业。"

1. 我国相关文献对高等职业教育的阐释

1985 年颁布的《中共中央关于教育体制改革的决定》中明确提出："积极发展高等职业技术院校……逐步建立起一个从初级到高级、行业配套、结构合理又能与普通教育相沟通的职业技术教育体系。"

1991 年颁布的《国务院关于大力发展职业技术教育的决定》，对职业技术教育的性质、地位、作用以及方向、任务、措施等都做了明确规定，并再一次重申建立初等、中等、高等职业教育体系问题，也再一次提出积极发展高等职业技术教育的任务。

1994 年，全国召开了教育工作会议，会后国务院发布了《关于〈中国教育改革和发展纲要〉的实施意见》。会议明确指出我国教育今后发展的两个重点：一是基础教育，二是职业技术教育。《中国教育改革和发展纲要》（以下简称《纲要》）明确指出："职业教育是现代教育的重要组成部分，是工业化和生产社会化、现代化的重要支柱。"《纲要》的实施意见提出，"有计划地实行小学后、初中后、高中后三级分流，大力发展职业教育，逐步形成初等、中等、高等职业教育和普通教育共同发展、相互衔接、比例合理的教育系列"，"积极发展多样化的高中后职业教育和培训。通过改革现有高等专科学校、职业大学和成人高校以及举办灵活多样的高等职业班等途径，积极发展高等职业教育"。

1996 年，全国召开了职业教育工作会议。同年，全国人大通过并颁布《中华人民共和国职业教育法》（以下简称《职业教育法》）。职业教育工作会议提出，通过三级分流大力发展职业教育，通过"三改一补"（高等专科学校、职业大学、成人高校改革，中等专业学校办高职班作为补充）大力发展高等职业教育。同时，《职业教育法》的颁布使职业教育走向了依法治教的道路，其中第 13 条指出："职业学校教育分为初等、中等、高等职业学校教育……高等职业学校教育根据需要和条件由高等职业学校实施，或者由普通高等学校实施。"

1998 年，全国人大通过并颁布《中华人民共和国高等教育法》（以下简称《高等教育法》)。《高等教育法》中明确指出："本法所称高等学校是指大学、独立设置的学院、高等专科学校，其中包括高等职业学校和成人高等学校。"这里非常明确地把高等职业学校作为高等教育的一部分确定了下来。

1999 年 6 月，全国教育工作会议召开，中共中央、国务院颁布《关于深化教育改革全面推进素质教育的决定》（以下简称《决定》）。《决定》指出："高等职业教育是高等教育的重要组成部分。要大力发展高等职业教育，培养一大批具有一定理论知识和较强实践能力的技术应用型人才。"

2006 年 16 号文件（《关于全面提高高等职业教育教学质量的若干意见》）是在我国高等教育实现了快速规模发展之后，适应全面提高教学质量的重要性和紧迫性，要求将工作重点迅速转到以提高质量为特征的内涵建设上来，引领高职院校改革发展的背景下出台的。16 号文件提出专业建设要服务区域经济和社会发展，人才培养模式要大力推行工学结合，突出实践能力培养，师资队伍要加强专兼结合的专业教学团队建设，教育评估要完善教学质量保障体系等意见，对职业教育教学质量的提高提出了具体的要求。

《国家中长期教育改革和发展规划纲要（2010—2020）》提出了职业教育的发展目标：到 2020 年，形成适应经济发展方式转变和产业结构调整要求、体现终身教育理念、中等和高等职业教育协调发展的现代职业教育体系，满足人民群众接受职业教育的需求，满足经济社会对高素质劳动者和技能型人才的需要。强调建立健全政府主导、行业指导、企业参与的办学机制，制定促进校企合作办学法规，推进校企合作制度化。实行工学结合、校企合作、顶岗实习的人才培养模式。

在此基础上，教育部副部长鲁昕在 2011 年度全国职业教育与成人教育工作会议上的讲话应是职业教育对《国家中长期教育改革和发展规划纲要（2010—2020）》精神的全面阐释。讲话以科学发展观为主题，以转变经济发展方式为主线，从三个方面探讨了如何深入贯彻落实教育规划纲要，使职业教育更加适应国家现代产业体系建设的要求，更好地推动现代职业教育体系建设，促进中等职业教育和高等职业教育协调发展。鲁昕在讲话中首先从国际、国内经济社会发展对人才的需求出发，基于当前教育科学内涵发展建设阶段和职业教育体系发展建设阶段，对职业教育的发展背景及面临的新形势做了全面分析，进而提出了现代职教体系的基本内涵、建设路径、重点任务，诠释了职业教育发展的目标、任务和未来发展趋势。第一次提出了"五个对接"和"十个衔接"。"五个对接"：专业与产业、课程内容与职业标准、教学过程与生产过程、学历证书与职业资格证书、职业教育与终身学习等的对接。"十个衔接"：一是培养目标的衔接，中等职业教育和高等职业教育之间的衔接；二是专业设置的衔接；三是课程体系与教材的衔接；四是教学资源的衔接；五是教学过程衔接；六是招生制度衔接；七是评价机制衔接；八是行业指导衔接；九是教师培养衔接；十是集团化办学衔接。

2011年12号文件《教育部关于推进高等职业教育改革创新引领职业教育科学发展的若干意见》是教育部在我国高职教育"十一五"期间改革发展实践基础上，适应国家经济发展方式转变，经济结构调整，现代产业体系建设的时代要求，指导今后一个时期教育改革创新而制定的一个十分重要的文件。该文件在总结、凝练、提升过去几年高职院校改革发展经验，特别是充分肯定示范性高职院校的实践经验好的做法基础上，内涵建设工作重点从改革发展引向改革创新的标志性文件。首次提出从构建现代职业教育体系的要求上，提高优化外部发展生态环境，推动体制机制创新。

2012年11月，《坚定不移沿着中国特色社会主义道路前进为全面建成小康社会而奋斗》（十八大报告）中，强调完善终身教育体系，建设学习型社会。

2013年3月，《中共中央关于全面深化改革若干重大问题的决定》的政策要点是加快现代职业教育体系建设，深化产教融合、校企合作，培养高素质劳动者和技能型人才。

2014年3月，政府工作报告强调要加快构建以就业为导向的现代职业教育体系。

2014年5月，国务院《关于加快发展现代职业教育的决定》（国发〔2014〕19号）政策要点是牢固确立职业教育在国家人才培养体系中的重要位置，以服务发展为宗旨，以促进就业为导向，适应技术进步和生产方式变革以及社会公共服务的需要，培养数以亿计的高素质劳动者和技术技能人才。

2015年3月，政府工作报告强调全面推进现代职业体系建设，引导部分地方本科高校向应用型转变。

2016年3月，政府工作报告强调支持和规范民办教育发展。教育要促进学生德、智、体、美全面发展，注重培养各类高素质创新型人才。

2. 职业教育的战略地位

职业教育是现代国民教育体系的重要组成部分，在实施科教兴国战略和人才强国战略中具有特殊的重要地位。这种战略地位具体表现在以下几个方面。

第一，大力发展职业教育是推进我国经济社会发展的迫切需要。马克思主义认为，在生产力诸要素中，人是最能动、最积极的要素。对任何一个国家来说，经济发展需要一支懂生产、能使用现代生产工具、运用先进生产技术的技术人员队伍。若没有这样的队伍，即使有先进的生产设备、先进的生产工艺，也不可能构成现实的生产力，现代化的管理也不可能有效地实施，而要形成这样一支队伍，职业教育是必不可少的。

第二，职业教育提高劳动力配置效益。由于现代社会的职业结构越来越复杂，劳动配置的问题也越来越突出。职业教育，尤其是适当的职业指导，能将不同能力倾向、兴趣、爱好的人导向相应的职业岗位，使个性特征与社会需要相结合，充分发挥人的潜能，从而提高劳动力的配置效益，促进经济的发展。

第三，职业教育提高劳动生产率。职业教育与生产的关系紧密，职业教育依据学生的身心发展规律，通过着力培养学生的职业道德、职业技能和就业创业能力，进而促进生产由简单劳动密集型向技术密集型转变，促进个体在职业岗位上提高劳动生产率。

第四，职业教育提高经济管理水平。在现代化生产和经济条件下，加强经济管理和提高经济管理水平对于经济现代化发展具有极其重要的作用。❶

第五，职业教育是促进社会就业和解决"三农"问题的重要途径。"解决'三农'问题，必须实行城乡统筹。一方面，要引导农村富余劳动力向非农产业和城镇转移就业，推进工业化和城镇化；另一方面，要大力发展现代农业，推进社会主义新农村建设。这都需要加强职业教育，提高农村劳动力的整体素质。"❷

第六，大力发展职业教育，也是完善现代国民教育的必然要求。发展职业教育是我国教育事业发展规律的内在要求。

职业教育既是经济社会发展的需要，也是社会公平正义的需要；既要立足于经济建设，又要以人为本，为提高民族素质服务。

3. 中国特色职业教育发展道路

温家宝曾强调："国民经济的各行各业不但需要一批科学家、工程师和经营管理人才，而且需要数以千万计的高技能人才和数以亿计的高素质劳动者，没有这样一支高技能、专业化的劳动大军，再先进的科学技术和机器设备也很难转化为现实生产力。"❸

全国人大常委会委员长张德江于 2015 年 4 月 25 日至 27 日率全国人大常委会职业教育法检查组在重庆市开展执法时强调："职业教育必须以市场需求为导向，以促进就业为目标。"

---

❶ 贾宏燕：《教育现代化的"世纪"探索》，中国时代经济出版社 2010 年版，第 231、232 页。
❷❸ 温家宝：《温家宝谈教育》，人民出版社、人民教育出版社 2013 年版，第 81-83 页。

习近平总书记于 2015 年 6 月 16 日至 18 日，到贵州遵义、贵阳和贵安新区，就做好扶贫开发工作，谋划好"十三五"时期经济社会发展进行调研考察，17 日下午考察到了贵州省机械工业学校，了解了贵州省教育"9+3"计划实施情况及清镇职教城规划建设和教育扶贫情况，肯定了他们重点招收贫困学生入学，通过技术培训、学历教育、职业指导和校企合作等方式支持农村脱贫的实践。他指出，职业教育是我国教育体系中重要的组成部分，是培养高素质技能型人才的基础工程，要上下共同努力进一步办好。

在贵州省机械工业学校实训基地，一批学生正在老师指导下进行数控机床、机器人示教、激光打印等课程的实训。习近平总书记走到他们中间，观摩他们操作，询问他们的学习感受。一位同学将自己加工制作的铝合金棋桌拿给总书记看，总书记勉励他再接再厉，不断取得优异成绩。总书记对同学们说，学生时代是美好的，同学们在这里积蓄奋发力量，每一寸光阴都很宝贵，各行各业需要大批科技人才，也需要大批技能型人才，大家要对自己的前途充满信心。总书记希望同学们立志追求人无我有、人有我优、技高一筹的境界，学到真本领，用勤劳和智慧创造美好人生。❶

面对世界产业分工立体化进程的明显加速，中国以往靠人口红利、资源能源红利以及全球化发展红利而取得增长奇迹的模式已经无法为继。新时代的经济增长离不开创新、创业与创造，技术变革日新月异，而产业高端化成为必然的发展趋势，先进的生产必须要有相应的劳动力来匹配。由此，要满足中国当前产业升级、经济增长方式转变的迫切需求，必然需要充足的具备更高素质和技能的人力资源，通过接受职业教育，新型技能人才在自身的劳动过程中完成高新技术向现实生产力的转化，进而推动实现经济与社会的可持续发展。

然而，受历史、经济、社会等多因素的制约，从总体上看，职业教育仍然是中国教育体系中的薄弱环节，在支撑人力资源强国建设方面面临巨大的挑战。

一方面，整个社会对职业教育的认同感还不强。受传统的"惟仕惟学、重仕轻工"思想影响，社会上仍普遍存在重学历、轻技能的社会心理，相应地将职业教育归结为"次等教育"的现象比比皆是。同时，职业教育的特点、作用及其在国家现代教育体系大局中的地位还缺乏宣传和引导，职业教育发展所急需得到的社会支持尚显不足。

另一方面，对职业教育的投入严重不足，办学规模小、竞争能力不强与

---

❶ 习近平："看清形势适应趋势发挥优势，善于运用辩证思维谋划发展"，《贵州都市报》，2015 年 6 月 19 日/A03。

结构质量不尽合理并存。许多职业院校的专业设置与劳动力市场的结合不够紧密，在专业特色、人才规格等方面存在结构性短缺，"双师型"教师匮乏、实训基地装备简陋，不仅严重影响职业教育的社会吸引力，而且无法完成向社会输送大批技能型、应用型人才的重任。职业培训、转岗培训和农民工培训等远不能满足需要，直接影响到职业教育在人力资源开发中的功能发挥。

国家必须将发展职业教育上升至基础性、先导性的战略高度，明确抓职业教育就是抓经济、就是在扩大人力资本投资，并要积极鼓励全体公众参与推动职业教育发展，强化人力资源培训力度。政府要切实履行统筹规划、综合协调职业教育发展的职责，在突出职业教育的区域性、产业性上下大功夫，加强制度设计、管理监督和信息服务。同时，在涉及"三农"以及城市弱势群体等方面强化经费保障，确保职业教育的公益性、普惠性。以人才市场需求为导向，促成政府主导、行业指导、企业参与的灵活办学格局，进一步探索多元力量推进职业教育基础能力建设的成本分担机制。❶

（三）民办高等教育梦

目前，公办教育在我国为主导地位，民办教育在我国教育现代化进程中所扮演的角色却被人们忽视，但改革开放30多年的实践已向世人展示出民办教育在高等教育体系中的重要地位：

第一，民办教育和公办教育一样扮演着为社会提供基本教育服务的角色。中国特色的社会主义教育体系必由公办教育与民办教育的共同发展来构建。

第二，民办教育在教育现代化进程中，为社会提供丰富多样化的教育选择。民办学校生存与发展的一个重要动力就是社会多样化的教育需求。所有受教育者可以根据自身的教育需求和能力，在公办与民办之间自由选择，这也是"学有所教"的理想目标。

第三，民办教育为人们提供满足过渡教育需求的空间。所谓过渡教育需求，是指实际的教育需求大于公办学校所能提供的教育服务。这种过渡需求可能是机会上的，也可能是质量上的，还可能是类别上的。❷

在中共十八大全面深化改革精神的指导下，民办教育"已具备一定规模、已取得一定成绩、已有一批学校脱颖而出、各地对民办教育政策不一、民办学校渴望与公办学校政策一律平等、有一些学校办学困难、一些地方改革力度很大、一些地方对民办教育支持的力度在不断加大"。❸

---

❶ 摘自全国政协副主席、中华职业教育社理事长张榕明在2011中国（上海）国际职业教育论坛上的讲话稿，《中国教育报》，2011年5月23日，新闻版。

❷ 贾宏燕：《教育现代化的"世纪"探索》，中国时代经济出版社2010年版，第140、141页。

❸ 王佐书：《中国民办教育发展报告（2013—2014）》，科学出版社2014年版，第47页。

"大厦之成，非一木之材也；大海之阔，非一流之归也。"❶ 放眼中国民办高等教育，其发展的历程都有一个遵循规律、循序渐进的过程，等不得也急不得。千里之行，始于足下，我们既要有只争朝夕的干劲，也要有功成不必在我的历史耐心，一心一意谋发展，咬定青山不放松。爬坡迈坎，攻坚克难，最是考验决心与耐性。一个问题一个问题地解决，一个脚印一个脚印地前进。积跬步至千里，积小胜为大胜，蹄疾步稳、行稳致远，则大事可为、大业可成。

---

❶ 习近平："在庆祝中国人民政治协商会议成立 65 周年大会上的讲话"。

第二章

传递正能量　看境外民高

民办教育，西方又名私立教育（private education），是指国家机构以外的社会组织或者个人，利用非国家财政经费，面向社会举办学校及其他教育机构的活动。

学校本无所谓是公是私，重要的是质量好与坏。从世界范围来看，举办私学乃是一种普遍性的国际现象，它与政府举办的公立大学，不是平分秋色就是超前甚多。许多国家对私立（民办）高校的发展，对其政治社会化功能，无所怀疑也无所限制，它给人形成的共识就是不要太多的预算却可发挥最大的教育功效。

习近平总书记指出："科技兴国已成为中国的基本国策。我们将秉持科技是第一生产力，人才是第一资源的理念，兼收并蓄，吸收国际先进经验，推进教育改革，提高教育质量、培养更多更高素质的人才，同时为各类人才发挥作用、施展才华提供更加广阔的天地。"[1]

一、管窥国外民高　借鉴成功经验

（一）概述

亚当·斯密说，一国的教育设施，分明是对社会有利益的，其费用由社会的一般收入开支并无不当。可是，这费用如果由那直接受到教育利益的人支付，或者由自以为有受教育利益的人自发地出资开发，恐怕也同样妥当，说不定还带有若干利益。[2] 诺贝尔奖获得者、倡导自由市场经济的著名经济学家弗里德曼更进一步说："教育劳务可以为以营利为目的的私营教育机关或非

---

[1] 2013 年 10 月 23 日，习近平总书记会见清华大学经济管理学院顾问委员会海外委员时讲话。

[2] 亚当·斯密：《国民财富的性质和原因的研究》（下卷），郭大力、王亚南译，商务印书馆1997 年版，第 375 页。

营利的教育机关所提供。政府的作用限于保证被批准的学校的计划必须维持某些最低标准。"❶ 私人提供的教育服务也服务于国家利益，促进社会与经济的发展。"所有的学校生产的教育服务都具有公共产品属性，私立教育也服务于公众利益，承担了社会责任，从这个角度来讲，所有的学校其实都是公立学校（All schools are public schools）。"❷ 国家应对私人教育提供者进行有力的支持和保护。正因为如此，私立教育特别是私立高等教育对整个教育体系有着重要的贡献。"环顾世界各国，几乎每个国家都有大量的私立学校，私立学校都在其教育体系中占据重要地位。"❸ 在任何历史和社会制度下，教育尤其是高等教育，都可以由私人提供并服务于公共利益。"私立学校是超越历史和社会制度的普遍存在，同社会主义或资本主义并不具有本质性联系，公益性和自主性是私立学校的根本特性。"

从教育史的角度看，西方国家私立教育有悠久的历史渊源。早在古希腊时期，雅典的私立教育就有很大的发展。据教育史记载，当时雅典统治阶层的儿童从 7 岁起便可进入初级学校——文法学校和弦琴学校。这些学校都是私人开办的，收取学费。在古希腊时代，一些著名的学者都各自创立学校，招收门徒，以传播自己的思想。其中著名的有数学家毕达哥拉斯创办的毕达哥拉斯学园，智者派学者伊索克拉底创办的修辞学校，哲学家柏拉图创办的阿加德米学园，亚里士多德创办的吕克昂学园等。在古罗马时期，初级学校和实行中等教育的文法学校都是私立性质的学校。由此可见，在西方社会里，私立学校有其坚实的历史基础。

欧洲中世纪时期，是私立中等学校和私立大学大发展的时期。中世纪时期，教会所办的学校占了私立学校的绝大多数，主要是为教会传播宗教思想服务的。在中世纪后期，随着西欧城市的兴起和行会的产生，世俗社会对世俗教育的需求日益强烈，行会学校和城市学校便应运而生。这些学校大多数是私立性质的，提供实际生活中所需的一些知识技能教育。西方封建社会在教育上最为突出的成就是中世纪大学的产生。中世纪大学是当时社会政治、经济和文化发展的产物，它的出现在一定程度上孕育了尔后出现的文艺复兴运动和宗教改革运动，预示着资本主义黎明时期的到来。❹

到了近现代，随着一些发达国家的崛起和文化的多元化，个体的需求越

---

❶ 米尔顿·弗里德曼：《资本主义与自由》，张瑞玉译，商务印书馆1999年版，第87页。

❷ Boifetti, Jason. All Schools Are Public Schools, Washington D. C., Faith and Rea-sonInstitute, 2001, pp. 12-14.

❸ 吴忠魁：《私立学校比较研究》，北京师范大学出版社1999年版，第1、11页。

❹ 陈宗川、方方："中西民办教育比较研究的启示"，《民办教育新观察》，2011（3），第66页。

来越得到社会的承认与尊重，非政府的私立学校中为满足一部分人的消费、文化和精神偏好的机构表现出了很强的生命力。而且，现代西方国家的私立学校的存在拥有坚实的法律基础。西方的教育自由问题，很重要的一项内容就是承认私立学校的存在及其在国民教育体系中的地位。北欧的一些国家在教育自由问题上的举措更为激进，如丹麦宪法规定：父母和儿童的监护人有权为子女和被监护人选择公立学校系统之外的教育形式——独立学校或家庭教育。实行地方分权制的美国则由各州规定本州公民享受教育自由的程度。1925 年由联邦最高法院判定的一项案例是父母具有为子女选择入公立学校还是私立学校的权利。荷兰也早在 1848 年就以宪法形式规定，公民个人和团体有权开办学校而不用事先获得当局批准；现行宪法又规定，公民享有教育自由，这种自由包括自由开办学校、自由确定学校的理论基础和信仰。希腊宪法允许在公立学校之外，设立私立初、中等学校。西班牙宪法规定个人和法人团体有权根据宪法规定的原则开办教育机构。意大利宪法规定只要不需政府拨款，公众团体或个人有权开办学校和其他教育设施。在法国，私立学校存在的法律基础更为坚实，如 1984 年法国私立学校团体为反对政府的私立学校改革法而发动了百万人大示威之后，1984 年 7 月 5 日参议院又通过了反对派议员提出的一项动议，要求就私立学校改革法举行全民投票，这致使全法国围绕私立学校改革法的争论进入了白热化阶段。在这种白热化阶段出现以前，法国就私立学校方面的立法有 1959 年戴高乐政府颁布的"德博雷法"以及 1984 年的"萨瓦里法"。

（二）美国民办高校教育

美国地处美洲，是典型的移民国家。美国曾经是一个远远落后于欧洲的农业国家，到 19 世纪中期，美国不过是英国机器和纺织品的市场而已，其他方面难以望其项背。到 19 世纪后半叶，美国开始崛起，尔后超过英国，也超过与自己同时崛起的法国和德国，工业产值跃居世界第一位。美国能够取得这样的优势，在世界政治、经济、军事等方面独领风骚，原因是多方面的。但其重视教育和科技的创新和发展，是促进国家经济迅速发展的重要原因，尤其是它在高职人才培养方面取得的硕果，为美国社会提供了高质量的劳动力。❶ 据 2000 年统计，美国高等学校共 4064 所，公立高校为 1707 所，私立高校为 2357 所，占 57.8%。

1. 美国私立教育的特点

（1）多层次的分类定位是其典型特征。美国私立大学大致可分为三个层

---

❶　张新民：《高等职业教育理论构建》，湖南人民出版社 2010 年版。

次，研究型大学起着领导性作用，其建设的出发点就是"培养国家所需的文化、知识、经济和政治领域的顶尖人才"。四年制大学包括综合性大学、文理学院等。两年制的社区学院包括普及学院和技术专科学院，定位于培养社会发展所需的大量具有专业技能的中等专业人才。

（2）办学经费来源较为广泛。有社会捐助、校友捐赠、遗产捐赠、基金滚动、服务销售、出租房屋及土地、政府间接资助、学杂费等。一些研究型的私立大学可以与公立大学一样申请政府的科研经费，有的私立大学专门设有筹金发展部。政府对得到认证机构认证的私立学校的学生提供助学金、奖学金或贷款等经费的资助。

（3）享有充分的办学自主权。办学灵活，课程设置、聘请教师、收费等均可由学校自行确定。学校可根据学生不同的能力和表现、家庭收入、宗教等情况，自主选招学生。

（4）教育大纲要求对学生一视同仁。美国私立学校的学生来自不同阶层、不同民族或不同国家，但教育大纲要求对学生一视同仁。重视学生的人格发展，注重学生学会做人，学会生存，学会共事，学会求知，不搞千篇一律，实行小规模教学。

（5）私立学校的举办者大都是捐资办教育。他们把教育作为一项慈善和社会公益事业，不要求回报。学校的积累用于学校的再发展。学校停办或倒闭，政府不负责任。

（6）私立学校分营利与非营利（或纳税学校与免税学校）。对营利性私立学校的管理比非营利私立学校的管理严格。①对营利性私立学校的审批有严格的标准和程序。②要求营利私立学校定期更新许可证（一般是每年）。③政府主要工作之一是接受和处理消费者（学生）的投诉，保护他们的利益。有的州还建立专门基金，用于在学校关闭时补偿学生的学费损失。非营利私立学校要设立董事会，而营利性私立学校不须设董事会。据了解，美国绝大多数的私立学校为非营利学校，此类学校的许可证由各州政府颁发，并可向联邦政府申请免税，对学校的捐赠可用于抵减应交的所得税，学校也被称之为免税学校；营利性学校多为培训机构（美容美发、烹饪等）和少量的幼儿园，此类学校必须缴纳所得税和财产税等，并被称为纳税学校。

2. 美国私立学校经费来源及管理

美国绝大部分的私立学校办学经费较充足，私立学校的经费来源主要为收取的学费、社会捐助、遗产捐赠、出租房屋、出租土地、基金本金运作的收益等，政府不直接给私立学校拨款。私立高等学校要取得政府在资金方面的支持，主要通过学校或学校的教授申请项目。

美国私立学校的经费管理是在整个社会较健全的会计制度下进行的，私立学校建校舍筹集资金必须依法运行。首先由学校提出申请，经准政府部门（发展办公室）审查，由金融部门（投资银行）进行具体操作。如私立高等学校建校舍所需资金，可以向社会筹集，也可以通过投资公司向社会发行债券，但筹集办法需按照金融政策规范运作。基本形成了学校、企业、政府间互相制约的机制，并有了一整套较完备的市场机构和规则。

（三）德国高职私立教育

德国技术学院有公立和私立，公立由州政府负责，私立多数由企业、行业协会负责。

19 世纪 70 年代，技术学院和工业合作取得了相当的成功；90 年代，政府不仅加大对技术学院的资助，而且正式规定技术学院的教授与大学教授同等地位。

进入 20 世纪 70 年代后，为了满足企业对高级应用型人才的需求，创建了校企联合办学的职业学院，开创了教育机构与企业联合举办高等职业教育的一种新途径——"双元制"。

对实践能力的强调一直是德国高职教育的传统。政府强调"双师型"教师队伍建设，凡担任高专课程的教授必须具备四个聘任条件：（1）高等学校毕业；（2）具有从事教学工作的能力；（3）具有从事科学工作的能力；（4）至少从事过为期五年的职业实践。

（四）英国的公学

公学（public school）之"公"（public），并非意味着"公立"，而是具有"公众"之意，公学是为公众提供中等教育的私立学校。公学行政独立主要体现在两个方面：一是学校最高管理机构是独立设置且不谋私利的公学董事会；二是校长对学校内部行政有充分的自主权。"自治"对公学来说不仅意味着独立自主，还意味着自力更生，与时俱进。从中世纪到 20 世纪末，英国公学经历了国家政治、经济、社会等一系列变革。为了适应时代和社会的发展，公学一直在进行与时俱进的改革。从 19 世纪的整顿校风、改造古典课程到 20 世纪的民主化改革，实现男女同校等，此外还积极寻求与公立学校沟通的渠道，接受政府的资助。独立自主、自力更生的办学精神不仅使公学得以长期存在和发展，还在无形中培养了学生的自治精神。英国历史上许多风云人物出自公学，就与这种自治精神的培养不无关系。

（五）荷兰私立教育

荷兰私立高等职业学院是 20 世纪 60－70 年代发展起来的，现有 59 所，在校生达 25.9 万人。

为了保证教学质量，教育部门、学校和行业协会共同构建了职业教育的质量保障体系。（1）教育部要求每一所学校都必须建立教学质量评估机构，学校的每一个工作岗位都有质量评估标准；（2）每一所学校每两年由自己做教育质量评估报告，上报政府有关部门，同时向社会公布；（3）由行业协会或私人评估机构来确定毕业标准；（4）学生的毕业考试大部分由外部单位如行业协会和私人机构来举办。

（六）意大利私立教育

意大利的高等学校分大学与非大学两类，大学又分为国立大学与私立大学。公立大学学生流失率很高，毕业率只有 30%，而私立大学的毕业率则高达 90%。

意大利政府对承认其学历的私立学校的管理主要体现在：（1）教育部颁发全国统一的教学大纲，帮助私立学校分析和检查教学质量，推动和促进私立学校的教学活动；（2）对私立学校的资金使用进行监控，每年向社会公布其预算和收费情况；（3）对私立学校的办学条件和教育质量进行不断的评估；（4）教育部对教育质量差而又无法改变现状的私立学校，可以吊销其学历认可执照，并停止资助。

（七）日本私立大学

日本私立大学总体上分为三个层次：专科教育、本科教育和研究生教育。短期专科大学数量很多，遍布全国各地。这类大学的办学目标定位为：在高中教育的基础上，对学生进行专业知识教育，培养职业上或实际生活中所需的能力。本科层次的私立大学办学目标定位于培养专业知识水平高、综合分析能力强的人才。私立研究型大学更加注重发展人文社会学科。

（八）国外民办高校发展的启示

1. 发展私立教育的理念

（1）坚持教育的公益性。美国的私立学校绝大部分为非营利的，营利性的仅占总数的 4%，而营利性私立学校中真正能够获得盈利的也仅是一部分。因此，学校普遍认为"营利比不营利更痛苦"。哈佛、耶鲁、斯坦福、麻省理工、哥伦比亚等私立大学都坚持办学的公益性，将基金本金运作后的盈余全部用于学校的建设和发展。

（2）坚持私立学校办学主体的多样化。美国是一个移民国家，其私立学校的创建与发展，是为了满足不同种族、不同宗教、不同文化背景的人接受教育的多种需求，由此促成了教育多样化的发展。美国私立学校的举办者主要为宗教团体、慈善机构、教育集团、企业等。不同于亚洲一些国家的是，美国私立学校绝大多数举办者不将办教育作为一种投资方式。

（3）探索并建立私立学校的办学模式。美国相当一部分私立学校的设立早于公立学校并具有较明显的办学特色，与公立学校形成了较激烈的竞争局面，尤其是私立学校的选择性招生、小班教学、自主施教等，符合了美国部分家庭对子女教育的特殊需要。办学不是简单地追求升学率和普及率，而是探索和寻求私立学校独特的办学模式、灵活的运行机制、独特的教育理念和方法等。

2. 可借鉴的做法

（1）对民办教育的管理有别于对公办教育的管理。美国政府对民办学校的管理更强调依法自主管理和社会参与管理。为此建议：各级政府要借鉴扶持为民办教育发展服务的中介机构，为民办学校提供政策咨询、法律服务，逐步在评估监督等方面做到"行业自律"，同时给下一级政府较大的管理权限，因地制宜地发展民办教育。政府教育部门对民办学校的管理职责主要为：学校设置标准的认定、办学资格的认定、学校权益的保障，提供必要的服务和沟通信息等。政府的相关部门应依据职责，各司其职，依法行政。民办学校则须依法自主管理，自负责任。

（2）资金扶持。在美国，民办学校的资金问题可以得到政策扶持，民办学校可以依法按照金融政策和金融规律，自筹资金，滚动发展，风险自负。民办学校在进行基础设施建设中，可向有关部门提出申请，经审查并认定资质后，政府可做信誉担保，银行按照金融政策的规定予以贷款，以解决民办学校建校初期基建资金困难的问题。美国在高等教育的立法中几乎都有给予私立院校相应财政资助的条款。

（3）政府较少干涉。早期私立学校遍布整个英国，英国政府很少出面干涉。后来，随着形势的发展，英国政府也开始出面干预，从出钱办公立学校到逐步改革私立学校，以达到控制教育尤其是基础教育的目的。但在此过程中，为了发挥各方面办学力量的积极性，又保留和发展了私立学校，尤其是著名的公学。英国公学与所有的私立学校一样，不依靠政府的财政支持，为政府节省了大量的教育开支。因此，我们应该在坚持以政府办学为主的前提下，大力提倡民间办学，坚持"两条腿走路"的办学方针。

（4）与时俱进，不断改革。研究英国公学，可以发现它强大的生命力和信誉的长盛不衰，主要在于它的与时俱进、不断改革。因此，我国的民办学校也应该不断总结经验教训，不断改革，以求更加符合我国目前社会发展的需求，既要贯彻党的教育方针，同我国公立学校的办学方针、办学思想接轨，还要坚持自己的特色，实现民办学校在内涵发展上的突破，为整个国民素质的提高服务。

（5）发展私立教育是积极推动教育发展的重要举措。荷兰、意大利两国均为欧盟国家，同样面临国际竞争的加剧和欧盟一体化进程加快的挑战。利用这一机会，发展教育事业，占领教育市场，已日益为荷、意两国政府和教育界所重视，而发展私立教育，就成为推动这一进程的有力措施。同时，欧盟一体化和有关的国际规则也要求开放教育市场，促进人才流动。积极主动地利用外国经验发展我国的教育事业，包括民办教育，是值得我们进一步研究的课题。

（6）将私立教育的发展纳入法治轨道。在发展私立教育的政策和措施上，日本政府有关私立学校财政资助的立法更为完善，先后颁布了《私立学校振兴财团法》（1970年）、《私立学校振兴援助法》（1975年）、《私立大学等经费补助金分配其基准》（1975年），明确规定了对私立高校的资助办法与途径，法律政策具有很强的操作性。荷、意两国的步伐和规定虽然不同，但都力图将私立教育的发展纳入法治轨道。法律有明确规范的，就坚决贯彻；法律没有规范的，则不轻易加以干涉；需要修改制定法律规范以适应新形势的，就要起草或修订法律、法规。当前，对我国来说，这是值得借鉴的。

（7）私立教育适应市场需求快。在荷兰和意大利，公立学校与私立学校在法律上完全是平等的，都是提供教育服务的主体。而政府教育部门的角色，更多的是为所有合格的学校提供资助，或者说"购买"这些学校提供的服务，而不是以管理者的身份出现。只有接受政府资助的学校才要对政府负责，同时接受政府的管理和监督。特别是在职业教育与培训方面，市场这只"看不见的手"在很大程度上调控着私立学校和培训机构的生存和发展。荷、意两国的私立教育发展水平虽然不尽相同，但在发展中都重视迅速适应市场的需求和个人发展的需求（如新技能的学习、转岗培训等），信息比较灵敏，机制比较灵活，服务日益完备。这些方面也值得我国在发展民办教育时加以借鉴。

（8）市场参与教育服务。德、法私立教育采取集中配置的方式，交给专门机构管理，从而降低了管理成本，提高了规模效益。工作人员与大学生之比，法国为1：175，德国为1：121，效益比较高。

政府不包办，而是让市场和非营利机构共同参与教育服务，发挥多方面的积极性。第一，政府将资源交给一个专门的非营利机构——德国的大学生服务中心或法国的大学生事务中心运营，政府不干涉其内部管理，降低了交易成本，有点像信托代理关系；第二，无论是德国的大学生服务中心还是法国的大学生事务中心，都要通过市场解决大学生住宿需求；第三，德国政府给大学生的食宿补贴，限定于午餐价格和基本租房费。法国政府对大学生事务中心的伙食和住宿也予以补贴，以保证学生的利益，体现了以学生为本、为学生服务的思想。通过这三种途径，政府、市场、非营利机构三方面的作用都得到了发挥。

国外私立高等教育发展中的这些成功经验，为我国民办高校提供了许多可借鉴的地方，不仅将直接影响政府对发展民办高校的政策倾向，而且对民办高校的举办者以及求学者都将产生良好的正面效应。❶

二、比较海峡两岸　参考管理亮点

（一）我国台湾地区高等教育发展情况

我国台湾地区高等教育无论在量还是质方面，均已达到相当高的水平。我国台湾地区 2000－2001 学年度有高校 150 所，其中大学 53 所，独立学院 74 所，专科学校 23 所，出现两头小中间大的格局。在校大学生 109.2 万人，其中大学本科生 56.4 万人，硕士生 7 万人，博士生 1.38 万人，专科生 44.4 万人，毛入学率达到 38.7%，大学生占每万人口的比例达到 405.5 人。全部学生中，博士研究生占 1.26%，硕士研究生占 6.4%，本科生占 51.6%，专科生占 40.74%。值得一提的是，1950 年，我国台湾地区的高等教育也是很不起眼的，只有大专学院 7 所（大学 1 所，独立学院 3 所，专科学校 3 所），在校学生只有 6600 多人。由于社会变迁、产业更新及经济建设的发展，随着各类专门人才需求的不断增加，我国台湾地区当局积极推动高等教育的大众化，1974 年，增设了公私立大学 50 所。现在，大陆经济与社会处在持续发展的过程之中，随着产业结构的调整和科技的进步，各类人才同样需求旺盛，积极推进高等教育的大众化进程理应是政府的职责。

政府要积极推动高等教育的大众化进程，除了政府直接兴办少数的高校之外，主要的是构建政策平台和法治环境，允许更多的民间资金进入教育领域兴校办学。可以这样说，目前世界上，高等教育比较发达的国家和地区（毛入学率大于 40%），主要是由政府和民间共同担负起兴办高等教育的责任。仅靠政府的直接拨款，目前世界上还没有一个国家和地区能够支撑 40% 以上的毛入学率。

---

❶　韩方希：《民办高校竞争力研究》，人民出版社 2013 年版，第 120、121 页。

统计资料表明，我国台湾地区的高等教育在 20 世纪 60 年代呈现出一个高增长率。1959 年，专科学校仅 8 所，到 1972 年，即达到 76 所，增长 8.5 倍；独立学院从 7 所增加到 14 所，翻了一倍；大学从 7 所增加到 9 所。可见这一阶段增加的主要是专科学校和独立学院，而尤为引人注目的是，专科学校中的私立学校，从 1959 年的 3 所增加到 1972 年的 56 所，增加了近 18 倍，私立学校与全部学校数的比例，已从 37.5% 上升到 73.7%。私立专科学校的在校生数从 1469 人上升到 95 943 人，占全部专科生的比例从 26% 上升到 69.4%。可见在这几十年中，私立学校的扩大，对我国台湾地区整个高等教育的大众化进程的贡献是显著的。

从以上数据可以得到以下两点启示：其一，在推进高等教育的发展中，私立学校的发展举足轻重，私立高校的扩招是高校扩招的"主阵地"，忽视了这一点，就难以推进高等教育的大发展；其二，高等教育发展的初期，主角是专科层次。

(二) 我国台湾地区私立大学发展经验

1. 健全的董事会制度——职权明晰，切实履行

我国台湾地区私立大学均设置董事会，董事 7~21 人。关于董事会的职权、董事的资格、人数乃至主管教育行政机构的监督，均有详细、明确的规定，从管理体制上保证了学校的良性发展。大陆民办高校虽然也设董事会，但往往董事会与行政职权不明晰，董事会对学校行政监督或越俎代庖，或流于形式。

2. 办学理念——追求高起点和特色，并贯穿于日常教学中

我国台湾地区私立大学创办人均有自己的办学理念，并衍化为学校发展的目标与方针。我国台湾地区私立大学之所以能高水平地办学，与其追求高起点、有特色的办学理念密切相关。淡江大学的办学宗旨"传播高深学术，加强研究发展，以培养术德兼修之人才"，定位于一流学术水平的国际性综合大学。辅仁大学追求"真、善、美的全人教育"，在专业学习之外还设立了"大学入门""人生哲学""专业伦理"等课程，注重学术研究与人生意义的探讨。东海大学"以重质不重量"为办学方针；在课程教育之外，推行劳作教育以建立"完人"的教育训练。这些大学坚持贯彻其办学理念，多年来励精图治，遂成为高水平的著名学府。大陆民办高校若不为"民办"或后起所囿，志存高远，一以贯之，亦必将"大"而且"壮"。

3. 学校资源优化配置——注重吸引高水平教师和创设优良教学环境

我国台湾地区私立大学的经费使用，不追求校舍的宏大华丽，而重视提高学术水平，创建优良学习环境的投资。一是私立大学均对吸引高水平教师十分重视，舍得投资。二是图书馆均立为学校的重大建设项目。教师是活的知识源泉，图书馆是物化的知识源泉，重视这两点学校何愁办不好。反观大陆一些民办高校，很舍得投资在建造华丽校舍和学生宿舍上，将其作为"形象工程"，但在教师队伍建设、图书资料配置方面仍然显得不足。把有限的经费用好，优化学校资源配置，是办好高校的基础。

4. 私立教育的相关规定比较健全——利于教育主管部门依规行政和私立学校的自律

我国台湾地区有关私立教育的相关规定按层次分，主要有：（1）所谓"教育基本法"条款规定了私立学校的基本权职，确立合法地位；（2）所谓"私立学校法""私立学校法施行细则""各级各类私立学校设立标准"等一系列有关私立学校的专门规定明确了设立、组织、管理、奖励监督以及办学基本条件，以保证基本教学质量和管理运行正常。同时在其他相关规定中也有涉及私立教育的条款，如所谓"大学法"中的"设立及类别""组织及会议""学生资格、修业年限及学位"等章节均对私人学校有相应规定；所谓"教师法"中"总则""退休、抚恤、离职、资遣及保险"等章节也有确保私立学校教师的合理地位和基本权益的条款。这种纵横交叉、疏而不漏的规定，显示其周密的优点。规定条款详尽具体，有利于依规定管理，实施操作。所谓"私立学校法"不仅对学校的设立、监督、奖励和处罚做了明确的规定，对学校的停办、解散也立有详尽的条款。私立学校为民间所办，设有"退出机制"十分必要，可以避免对社会稳定带来负面影响。所谓"私立学校法"对董事会组成及董事的资格、权职、遴选乃至解职、解聘也都有明文规定，对董事会与学校行政职权分离也有规定，能较好地保证办学宗旨的贯彻。

5. 私立大学的"国民待遇"——公立与私立学校的平等和互通

我国台湾地区私立大学能获得与公立大学平等的地位，主要体现在以下几点。（1）举办各种层次教育。不仅能合法地办学招生，而且可以举办各种层次教育，如淡江大学、辅仁大学、东海大学等私立大学均有培养博士、硕士的资格。（2）得到政府经费的支持。所谓"私立学校法"明文规定"各级政府编制年度教育经费预算时，应参照学校健全发展需要，对私立学校予以补助"，"各级政府所设立的奖项包括助学金、奖学金，对象应包括私立学学生"。(3) 公立、私立学校之间教师平等互通。所谓"教师法"规定"公私立学校教师互转时，其退休、离职及资遣年资应合并计算"。这从根本上保证了私立学校教师的平等地位。办学是法律许可的，应该赋予教师合法、平等的地位，办学具有社会公益性质，政府应该予以支持。这样才能更好地促进民办教育的发展。❶

(三) 从两岸差距看大陆民高发展

1. 学校规模及其在高等教育中占有的比重

我国台湾地区民办高校已占所有高校 7 成左右，大陆不足 1 成。我国台湾地区私立大学目前已在高等教育中占有主要份额。据统计，2000－2001 学年度我国台湾地区共有 150 所大专院校，在校学生 109.21 万人，其中私立大学有 97 所，其中在校学生为 79.69 万人，分别占总数的 64.7% 和 73.0%。大陆民办高校还处在初期成长阶段，2001 年大陆共有民办高校 89 所，在校学生 14.3 万人，当年大陆高校总数达1041所，在校学生总数达 909.73 万人，民办高校占总数的比重分别为 8.5% 和 1.6%。

2. 学校的类型与层次

我国台湾地区多层次、多类型，大陆单一化。经过几十年发展，我国台湾地区私立大学已呈多层次、多类型的格局，在 97 所私立大专院校中，大学 28 所、独立学院 50 所、专科学校 19 所。私立学校中有开设多种学科的综合性大学，也有以某一学科见长的医学、技术、管理、外语等各种独立学院和专科学校。如淡江、辅仁、东海等大学均设有多门学科，并培养本科至博士的多种层次人才；开南管理学院则以职业技术教育为特色。目前大陆民办高校还基本局限于单一专科层次的职业技术教育，开设的专业也大多是文秘、财会等应用文科专业。

3. 办学水平的差距

我国台湾地区不少高水平考生向往私立大学，大陆民办高校还缺乏学术声望，大都只能招收较低考分的考生。

我国台湾地区私立大学已出现如淡江大学、辅仁大学、东海大学、逢甲大学等学术、教学均有较高水平的著名学府，令莘莘学子向往之，所以往往能获取比较优良的生源。而大陆民办高校学术根基较浅，缺乏足够的优良师

---

❶ 2002 年 5 月 27 日－6 月 3 日，由大陆新民办大学董事长、校长和大学研究人员 12 人，参观了我国台湾地区淡江、辅仁、元智、开南、东海和逢甲六所各具特色的私立大学。参观成员贺绍禹、朱又村著文《海峡两岸民办高校的比较与借鉴》，收录于 2003 年《中国民办教育绿皮书》。

资，具有研究生学历的教师稀少，据统计，研究生学历的教师比重在 20% 之下的民办高校占总数的 90%。这样，对考生的吸引力自然不强，多数只能招收靠近底线的考生，甚至不得已扩招部分线下生。

第三章

继承正能量　缔造千秋业

改革开放之前，共和国的民办教育整体上是命运不济的。新中国成立之初，有具体数字显示民国时期遗留了大批私立学校，而对待私立学校的政策则从最初的"公私兼顾"转变为"全面接管"。

改革开放以来，国内民办高等教育发展较快，但与其经济社会快速发展要求并不适应，需群策群力，促其健康发展。

一、梦自远古来　私学两千年

（一）中国最早的私学

中华民族是世界上有着悠久历史的古老民族之一。现代考古学、人类学和历史学的研究成果表明，早在 170 万年以前，在这块广袤的土地上就生长、繁衍着我们勤劳勇敢的祖先，中华民族有文字记载的人类文明史就达 5000 多年。伴随着漫长的历史发展进程，我国的教育逐步兴起，与经济发展和社会进步共同发展，并逐步成为推动和促进经济发展和社会进步的重要因素。

与世界上许多国家一样，在中国教育发展相当长的时期里，官学和私学始终是教育的主要形式。自从私学产生以后，官学和私学就相互消长、相互并存。据研究，我国最早的私学出现在齐国和鲁国，时间约为春秋中期。不少学者认为，《庄子·天下》篇中提及的"晋绅先生"就是中国最早的私学老师。孔子、孟子、老聃、墨翟等都是古代著名的私学教育家。❶

"'高等教育'的概念出现得很晚，人类对于较高层次学校教育的需求却

---

❶　徐绪卿："民办高等教育新发展中面临的问题"，《人大书报复印资料·高等教育》，2003 年第 1 期，第 87-90 页。

很久远，并促成古代高等教育的出现。"❶ 中国古代"大学"教育也很发达。"四书五经"中"四书"之首篇《大学》，据说是孔子讲授"初学人德之门"的要籍，至今已经有 2000 多年的历史了。古文献的记载和最新考古发掘证明，中国在奴隶制国家的西周时期，就开始有了"小学"和"大学"的建制。西周的"辟雍"，为"天子"设立的大学，多少带有现在的"国立"性质，"泮宫"是诸侯国建立的大学，与国外的"州立"很相像，而"畴学"则是王宫中负责天文、水利、建筑、制造等各种技术部门官吏们的父子相传的教育形式。由于周天子与诸侯国势力的消长，"学在官府"格局逐渐被打破，典籍失散，文官出走，"天子失官，学在四夷"，导致学术下移，官学走向衰败。与此同时，中国古代私学兴起，它发端于春秋中叶，繁荣于春秋战国之交，鼎盛于战国中期。由于称雄争霸的需要，诸侯各国竞相纳贤，形成养士之风。"士"阶层的兴起极大地促进了高等私学的发展。受不同阶级利益的驱使和对学术价值的取向不同，诸多私学形成了"诸子百家"不同流派，如儒家、墨家、道家、法家等，它们各自在培育众多杰出人才的同时，明确提出了自己的哲学、政治和社会学说，出现了"百家争鸣"的繁荣的学术景象，也促进了私学的发展。在这种背景下，齐国创立了私学会聚的"稷下学宫"，它是中国古代高等教育史的重要里程碑，虽兼具公私性质，但是它对于私学的进一步发展具有重要意义，被英国学者李约瑟称为"稷下书院"。战国时期兴盛的诸子百家不仅在培养人才和推动社会政治、经济、文化繁荣方面贡献卓著，而且奠定了中国古代大学教育的理论基础。在中国教育发展史上，写下了光辉灿烂的一页。

（二）高等私立学院

封建社会，"大学"继续得到重视和发展。汉代产生了以培养国家行政官吏为主要任务的中央官学，称为"太学"。西晋之后，除保留太学以外，曾设国子学。隋唐时期，又建置了管理中央官学的行政机构国子监，这一建制一直延续至明清时期。与此同时，私立高层次教育也在一直发展。汉代建立后，采用黄老的"无为而治"思想，实行"休养生息"政策，私学很快得到恢复和发展，私学的规模、范围和教育质量、效果，都超过了中央政府设立的高等学府——太学。魏晋南北朝时期，统治者忙于应付战争，放松了对思想和学术的控制，知识界的思想比较活跃，不少学者为了传播自己的学术观点，创立私学招收生徒，除了传授儒学之外，专业性的如研究天文、历算、老庄与图纬的私学也发展起来。隋唐时期官立高等教育比较兴盛，但教授经学的

---

❶　潘懋元：《多学科观点的高等教育研究》，上海教育出版社 2001 年版，第 26 页。

私立高等讲学场所仍然在各地设立。同时探讨佛学哲理的寺院讲学也遍及各地。宋代统治者实施重文政策，优待知识分子，对于不同政治主张和学术见解，采取宽容态度，一般都不加指责，从而促进了思想和学术的活跃。学者们对儒学研究的重点与着眼点和汉、唐不同，观点也有较大的差别，从而形成各个儒学派别间的自由争论。正是活跃的政治思想与学术思想，促进了教育改革，推动了高等教育的发展，高等性质的私学也逐步演变成书院。一些深孚众望的学者在各地创办书院，建设独立的学舍，制订比较系统的教学计划与管理法规，以书院的院田维持常年经费，学生来书院求学，不仅免缴学费，还由书院供给膳食。一些著名书院既是教育场所，又是学术研究与自由辩论、交流的中心，书院制度兴盛，成为中国封建高等教育的重要形式。元、明两朝和清朝前期高等性质的私学，仍然采用书院形式。不过书院逐渐为官府控制，独立办学、自由讲学的风气已被严重削弱，而且只有少数讲求学术的书院才具有高等教育的特征。清末改书院为新式学堂。于是出现了私立高等学堂。高等私学作为封建社会高等教育的重要形式，它在整个封建社会的人才培养和文化繁荣中发挥了重要的作用。

（三）近代著名私立大学

严格意义上的中国近代高等教育是 19 世纪 90 年代后期伴随着民族灾难的日益深重而产生的。第二次鸦片战争以后，中国进一步沦为半殖民地半封建社会，闭关自守的政策受到冲击并逐步改变。随着日益频繁的中外交往活动的开展和洋务运动中仿造西方舰炮的军事企业对人才的需求，西方近代大学教育思想开始逐步传入我国，教会大学开始兴办。一部分知识分子和有识之士从国家繁荣兴衰的探索中，认识到发展近代大学的重要意义，开始了创建近代大学的有益尝试。

1879 年，美国圣公会上海主教施约瑟（S. J. Sekoresehewsky）将原来的两所圣公会学校培雅书院和度恩书院合并而成圣约翰书院，并将西方近代大学教学风格引入中国，开始完全用英语授课，成为中国近代最早的教会大学，也是中国最早的近代意义上的大学，当然，这是一所外国人在中国举办的近代大学。1905 年，圣约翰书院正式升格为圣约翰大学，并在美国华盛顿州注册，后发展成为拥有文、理、工、医、农 5 个学院 16 个系的著名大学，并于 1947 年向国民政府注册。1952 年全国高校院系调整时圣约翰大学并入在沪其他高校。

天津海关道盛宣怀在洋务运动的实践中感悟"自强首在储才，储才必先兴学"。1892 年其开始筹备办学。三年后，即 1895 年（光绪二十一年），他向李鸿章禀请具奏。由于李鸿章调入内阁办事，盛宣怀又于 1895 年 9 月 19 日

（光绪二十一年八月一日）通过新任直隶总督兼北洋大臣王文昭上奏光绪皇帝，要求设立一所新式学堂。1895 年 10 月 2 日（光绪二十一年八月十四日）光绪皇帝在奏折上御笔朱批"该衙门知道"钦此。"天津北洋西学学堂"（1896 年更名为北洋大学堂，天津大学的前身）正式创建。北洋大学堂以"科教救国，实业兴邦"为宗旨，以美国哈佛大学、耶鲁大学为蓝本，进行专业设置、课程安排和学制规划，以培养高级人才为办学目标。它的创办，不仅标志着我国第一所国人举办的近代大学的诞生，为我国现代大学初创时期体系的建立起到了示范作用，更重要意义在于它结束了中国延续长达 1000 多年封建教育的历史，开启了中国近代高等教育的航程。

1898 年戊戌变法，经光绪皇帝下诏，京师大学堂（北京大学前身）在孙家鼐的主持下在北京创立。除了官办的以外，也有一些国内外实业家，包括具有变法革新和图强救亡新思想的开明人士、深受教会影响的知识阶层、归国留学生和受西方文化影响的新式知识分子，出于反帝爱国的根本，开始积极筹资举办近代高等教育，成为中国最早的具有现代意义上的私立大学的鼻祖。盛宣怀认识到，"窃世变日棘，庶政维新，自强万端，非人莫任。中外臣僚与夫海内识时务之俊杰，莫不以参用西制，兴学树人为先务之急"❶。1896 年，盛宣怀管辖下的轮船招商局和上海电报局以商户捐款和每年规银 10 万两创办上海南洋公学（为交通大学沪校前身），被认为是中国近代第一所私立高等学校。1902 年由著名爱国教育家马相伯捐出全部家产土地 3000 亩、现洋 4 万元创办震旦学院（复旦大学的前身）。1906 年，为解决部分归国留学生的就学问题，资产阶级革命派姚宏业、孙镜清等人四方奔走，劝募经费，在上海创办中国公学。1919 年，近代著名教育家严修和张伯苓先生在天津创建南开大学。1921 年，著名爱国华侨陈嘉庚认捐开办费 100 万元，经常费 300 万元，分 12 年支付，创办厦门大学。这些大学都是我国历史上较为著名的私立大学。同时，外国教会在中国设立教会大学也是我国创办私立大学不可忽视的一个动因。天主教和基督教在中国设立教会大学始于清朝末年和民国初年，最初在中国创办学校，仍然是设立书院，后来才由书院发展为大学。除了前面提及的圣约翰大学（上海）以外，最有影响的教会大学还有：基督教于 1911 年在南京创办的私立金陵大学，天主教于 1914 年在北京设立"辅仁社"，1922 年发展为私立辅仁大学。1917 年在济南创办私立齐鲁大学，1919 年在北京创办私立燕京大学等。尽管教会大学的办学目的是培养神职人员，宣传宗教教义，其中不乏对我国进行文化侵略和控制，但是，在当时的历史条件下，

---

❶ 交通大学史编写组：《盛宣怀，筹集商捐开办南洋公学折》，西安交通大学出版社 1986 年版，第 33 页。

教会大学在体制、机构、计划、课程、方法乃至规章制度诸多方面，更为直接地引进西方近代大学模式，从而在中国高等教育近代化过程中起着示范与启迪作用，在高等教育发展史上也产生了颇为深刻的影响。

贵州高校发展滞后。据贵州师范大学文学院谢建秋先生提供的资料获知：

抗战爆发之前，全国高校多集中在东南沿海各省区。湖南以西的 10 省区，即陕、甘、新、川、滇、黔、桂等地总计专科以上学校仅 10 所左右，而且其学术水平普遍偏低，地区之间的差异是显而易见的。

抗日战争以前，贵州没有现代意义上的高等学校。虽然早在 1897 年贵州学政严修就已创办了"学古书院"（后称"经世学堂"），但从某种意义上说还不具备现代高等教育的要求，还不是真正的大学。可以这么说，抗战之前，贵州的现代高等教育几乎是空白的。

高校西迁入黔为贵州高等教育的发展注入了强心针，"贵州境内无高校"的局面得到了扭转。抗战爆发之后，在抗战中迁入贵州的高校加军事学校有近 20 所，有浙江大学、陆军军医学院、陆军兽医学院、大夏大学、交通大唐山学院、广西大学、湘雅医学院、大连医学院、东北大学等。

高校西迁黔以后，大量的学者、名家涌入到贵州、在西迁高校的帮助和支持下，贵州本土高校才得以建立。1938 年成立国立贵阳医学院，现在已更名为贵州医科大学；1941 年，成立国立贵阳师范学院，也就是现在的贵州师范大学；1942 年，贵州省第一所综合性大学国立贵州大学成立。❶

根据 1950 年统计，全国共有高校 227 所，其中私立高校 65 所，占高校总数的 39%。❷ 从在校生来看，全国专科以上高校在校生 62 935 人，私立高校为 23 770 人，占在校生总数 1/3 以上。❸

二、党的政策引导民高教育复兴

（一）20 世纪 50 年代私立改公立

1949 年 12 月，政务院教育部副部长钱俊瑞在第一次全国教育工作会议上的总结报告中指出："在目前条件下，对中国人办的私立学校，除极坏的予以取缔和接管外，一般应采取保护维护，加强管理，逐步改造的方针，没有必要而随便命令停办或接管。对成绩优良的私立学校，应予以奖励或辅助；对

---

❶ 谢廷秋："贵州，战时文化中心——谢廷秋教授谈高校西迁"，《贵州都市报》，2015 年 8 月 31 日。

❷ 瞿延东：《我国民办教育的发展与管理》，中国财经经济出版社 2002 年版，第 374、375 页。

❸ 徐绪卿：《我国民办高校内部管理体制改革和创新研究》，中国社会科学出版社 2012 年版，第 142、147 页。"中华人民共和国各大城市私立学校学生人数统计表"，《人民教育》，1950 年第 2 期，第 18 页。

纯粹为谋利而设的私立学校，要予以整顿和改造，使之逐渐地能够实行新民主主义教育，实行民主管理与经济公开；对经费困难而成绩不坏的私立学校应给以补助。"

1950 年 6 月，教育部召开第一次全国高等教育会议，通过了《私立高等学校管理暂行办法》。同年 7 月，政务院第 42 次政务会议，又通过了《关于救济失业教师和处理学生失学问题的指示》，"对私立学校，办学成绩较好，经多方设法仍无法维持的，政府应当予以适当经费补助"。

根据保护维持、加强管理、逐步改造的方针，从 1950 年 10 月起，针对私立大学各种不同情况，采取相应的措施。首先将接受外国津贴的学校重新登记，改为公立或由中国人自己来办私立学校，政府予以补助。至 1952 年下半年，全国高等院校进行院系调整工作，私立大学全部改为公立，私立大学就不复存在了。

(二) 政策引领民办高校发展

在党的改革开放政策指引下，我国的民办高等教育从 20 世纪 80 年代始再度兴起。国家为鼓励、扶持民办教育的发展，出台了一系列政策和法律、法规。

1982 年颁布的《中华人民共和国宪法》（以下简称《宪法》）是最早在法律上明确民办教育发展地位的法律。《宪法》第 19 条规定："国家鼓励集体经济组织、国家企事业组织和其他社会力量依照法律规定举办各种教育事业。"国家的根本大法给予社会力量办学合法地位，为民办高等教育的发展开辟了道路。

1985 年《关于教育体制改革的决定》规定："地方要鼓励和指导国营企业、社会团体个人办学。"

1986 年 9 月，国务院办公厅转发《关于实施〈义务教育法〉若干问题的意见》再次重申"个人依法办学可以试办"。

1987 年国家教委发布《关于社会力量办学的若干暂时规定》，这是我国改革开放后第一个较全面的有关社会力量办学的法规性文件。

1992 年，邓小平南方谈话和党的十四大召开，为民办高校的发展提供了理论基础，指明了发展方向。1992 年年初，邓小平南方谈话强调："改革开放的胆子要大一些，敢于试验，看准了的，就大胆地试，大胆地闯"。"没有一点闯的精神，没有一点'冒'的精神，没有一股气呀，劲呀，就走不出一条好路，一条新路，就干不出新事业。"在南方谈话精神的鼓舞下，人们的思想观念得到进一步的解放。1992 年 10 月，江泽民总书记在党的十四大报告中指出："要鼓励多渠道、多形式社会集资办学和民间办学，改变国家包办教育的做法。"

1993 年年初，李鹏总理在八届人大所做的政府工作报告中进一步指出，要"积极探索建立以政府办学为主体、社会各界共同办学的新体制和多种办学模式"。中央高层领导对于发展民办高等教育，给予了高度关注，多次发表讲话，表达政府的态度和决心。随后，党中央、国务院又在《中国教育改革和发展纲要》中提出："改变办学体制。改变政府包揽办学的格局，逐步建立以政府办学为主体、社会各界共同办学的体制。""国家对社会团体和公民个人办学采取积极鼓励、大力支持、正确引导、加强管理的方针。"1993 年《中国教育改革和发展纲要》颁布，明确提出了发展民办（高等）教育应"积极鼓励、大力支持、正确引导、加强管理"的十六字方针。同时还在国家教委附设了社会力量办学管理办公室（设在成教司内），作为宏观管理全国民办教育的日常管理机构。1993 年 8 月 17 日，国家教育委员会下发《民办高等学校设置暂行规定》（教计〔1993〕129 号），第一次提出"民办高等学校"的概念，明确了民办普通高校的设置条件和程序，从此，"社会力量举办的普通高等教育机构"有了一个新的替代名称。肯定了"民办高等学校是我国高等教育事业的组成部分"格局，逐步建立以政府办学为主体，社会各界共同办学的体制。是年国家教委下发的《民办普通高校设置暂行规定》，应是改革开放以后民办高校办学合法化的第一个文件。

1997 年 10 月，国务院颁布的《社会力量办学条例》规定："国家鼓励社会力量举办实施义务教育的教育机构。"可以说，这是我国第一部有关民办教育的法规。它进一步明确了民办教育的地位和作用、办学原则、管理体制、学校类型、教育机构的设立、教学和行政管理、财产和财务管理、变更和解散、保障和扶持以及法律责任。

1998 年，全国人大常委会通过的《中华人民共和国高等教育法》明确规定："国家鼓励企业事业组织、社会团体及其他社会组织和公民等社会力量依法举办高等学校。"这就从法律角度对《社会力量办学条例》中对民办高校发展的限制条款做了法律修正。

1999 年，《关于深化教育改革全面推进素质教育的决定》指出："积极鼓励和支持社会力量以多种形式办学……形成以政府办学为主体、公办学校和民办学校共同发展的格局。……支持社会力量办学。"

2002 年，《中华人民共和国民办教育促进法》（以下简称《民办教育促进法》）颁布，这是新中国成立以来有关民办教育的第一部法律，它充分体现了"扶持"民办高校发展的立法宗旨。《民办教育促进法》制定了"积极鼓励、大力支持、正确引导、依法管理"的办学方针，进一步确立了民办教育的法律地位，并根据我国国情，提出了"合理回报"等在国际上罕见的扶持政策，不失为一部具有中国特色的、带有浓厚鼓励色彩的、推动我国民办教育积极发展的法律。民办高校在这一法律框架内，不失时机地再次抓住机遇，乘势发展。

2004 年 2 月 25 日，国务院第 41 次常务会议审议通过《中华人民共和国民办教育促进法实施条例》（以下简称《民办教育促进法实施条例》），同年 3 月 5 日，温家宝总理签署发布《中华人民共和国民办教育促进法实施条例》。

2006 年，国务院《关于加强民办高校规范管理引导民办高等教育健康发展的通知》下发，进一步细化了民办高等教育的法律、法规，增强了可操作性。

2010 年《国家中长期教育改革和发展规划纲要（2010—2020 年）》提出要大力支持民办教育，依法管理民办教育，使中国民办教育改革与发展进入了新的阶段。

2015 年党的十八届五中全会《中共中央关于制定国民经济和社会发展第十三个五年规划的建议》（以下简称《建议》）提出："支持和规范民办教育发展，鼓励社会力量和民间资本提供多样化教育服务。"这是对"十三五"时期社会力量兴办教育提出的重要方针，将对完善以政府办学为主体、全社会积极参与、公办教育和民办教育共同发展的格局起到重要的指导作用。第一，这是努力用多样化服务更好满足人民多样化需求的必然举措。第二，这是深化行政体制改革，推进依法治教、依法办学的重要措施。

（三）早期的民办高校

"文革"结束后，为满足经济和社会发展对人才的急需，国家很快恢复了高考制度，高等学校开始恢复招生，高等教育开始了艰难的恢复发展。举办高等学校需要巨额资金，而国家财力有限，现有的高等学校经费都很困难，更不要说建设新的高等学校。从人才需求方面看，随着改革开放后经济建设发展的需要，许多部门和行业普遍出现了人才严重短缺的局面；从老百姓上学的需求方面看，由于"文革"中大学停招，多年的积累，高考生众多。1977 年冬天国家恢复高考，有 570 多万人参加考试，并且是经过了"区"级（介于县和乡之间的行政区，机构改革后撤销）预考，很多人并没有参加正式考试，实际上报考的人数还要多，而录取人数只有区区 20 万人。1978 年夏季又有 590 万考生走进考场。"千军万马过独木桥"是当年参加高考的真实写照。尽管录取概率很小，广大社会青年还是抱着极大的热情，想方设法争取升学机会。建设人才的紧缺匮乏，社会求学热情高涨，呼唤着民办高校恢复办学。

最早的民办高等办学机构，当属北京自修大学（1977年）、长沙中山专修学院（1978年）、杭州钱江业余大学（1979年）、湖南九嶷山学院（1980年）、中华社会大学（1982年）等一批学校。这些学校大多是民主党派或社会著名知识分子举办，但是缺乏资金，又没有及时与社会资本合作，最后都没有单独建校、进入普通高校行列。

北京自修大学成立于1977年，由著名教育家刘季平先生、著名教育艺术家李燕杰先生等创办，刘季平先生（曾任教育部代部长、北京图书馆馆长）担任北京自修大学首任校长，1984年，邓小平亲笔题写校名。

湖南长沙中山业余大学，前身为韭菜园青年文化补习班，创办于1978年10月，当年招188名学生，后日渐发展。1983年10月，由民革湖南省委接办，改用长沙中山专修学院校名，组成董事会，已故省政协主席程星龄任董事长。学校几经周折，至今仍在举办自学考试助考班。

1979年4月，在浙江省副省长汤元炳的倡导下，中国民主建国会浙江省委员会和浙江省工商业联合会响应中共中央"广开学路，多方办学"的号召，由工商企业家詹少文等4人捐资10万元人民币，借用中学的部分校舍，创办杭州钱江业余补习学校，詹少文任校长。经浙江省人民政府浙政发〔1982〕47号文批准，1982年杭州钱江业余学校开始举办大专班，并由浙江省高教局按程序上报教育部备案，在校生一度突破万人。杭州钱江业余学校如今仍在举办自学考试助考班。

原国家学部委员、北京农业大学第一任校长乐天宇教授1980年自筹资金回到家乡创办"九嶷山学院"，得到许多老领导的支持。乐天宇教授任董事长、院长。1985年团中央第一书记胡锦涛同志曾经给学生写信，鼓励师生艰苦创业、勤俭办学。1999年"九嶷山学院"更名为"零陵九嶷山专修学院"。2005年3月经湖南省人民政府批准设立"湖南九嶷职业技术学院"。2010年5月，经湖南省政府批准湖南九嶷职业技术学院由民办转为公办。

中华社会大学是1982年3月经原北京市成人教育局批准成立，由聂真、张友渔、刘达等著名教育家创办，是北京市第一所民办大学。学校实行董事会指导下的校长负责制，原国家教委副主任柳斌任董事长。彭真为"中华社会大学"题写校名。在中华社会大学开办之初，陈云、彭真、薄一波、邹家华、钱伟长、宋健、余秋里、肖克、袁宝华、高扬文等党和国家领导人及社会知名人士都先后题词祝贺或勉励，把中华社会大学的创办看作我国教育领域解放思想的一次尝试、一个标志。由于缺乏资金来源，中华社会大学办学艰难。

1984年对于我国民办高校的发展具有深远意义。这一年全国许多省市根据当地实际情况，尝试性地筹建了一批民办普通高校，实行省（市）内招生和承认大专学历文凭、自筹资金、自主办学，毕业生不包分配。与当时社会上普遍存在的姓"社"姓"资"政治环境相关，政府发展民办普通高校的政策还不明晰，审批的学校多以"公办民助"或"筹建"的名义居多。如北京城市学院（前身为北京海淀走读大学，1984 年），成立之初就是以"区办校助"的名义和形式获批的。西安培华学院（前身为西安培华女子学院，1984年）也有类似的情况，举办初期性质不明确，实际上还是偏重于公办的成分。而浙江树人大学（1984 年）则以"筹建"和"地方粮票"形式获得批准。像福建华南女子学院（1984 年）审批时就不明确是否"民办"。另外还有浙江中华美术专科学校（1984 年）和浙江东海学院（1984 年）、广西邕江大学（1985 年）等，全国约有 30 余所。这些学校的共同特点是，它们都是获得各地政府批准具有独立颁发学历文凭资格的普通高校，举办的都是国家计划内的普通高等教育，标志着政府开始对社会力量办学开放普通高等教育，因而具有特殊的意义，也从此正式开启了民办普通高校的办学历史。此后，每年都有一些民办普通高校筹建，其中也有因条件不符合后来停办的。

1996 年 3 月 16 日，国务院办公厅曾发出《关于一次性拨款资助中华社会大学建校资金等问题的函》："一、由财政部从中央预备费中拨款2000万元、国家计委拨款 800 万元、国家教委拨款 20 万元，合计2820万元，作为国家对中华社会大学建校资金的一次性资助。国家拨款2820万元所形成的资产属国家所有。二、国家教委和北京市人民政府应加强对中华社会大学的管理。要指定专人加入该校董事会，参与其重大问题的决策；要按照有关规定，严格监督管理该校的国有资产，防止国有资产的流失；要采取适当措施，逐步使该校办成一所高等职业学校，为社会培养更多的适用性人才。"[1] 2002 年 12 月，经北京市政府批准，中华社会大学改名为北京经贸职业学院，承担高等职业技术教育。

厦门大学副校长邬大光教授认为："我国民办高等教育的复兴究竟从何时算起，众说纷纭。有的认为其起点应从 1978 年 10 月湖南长沙中山业余大学创办补习班开始，有的认为应该从 1982 年 3 月北京创办的中华社会大学开始。目前比较公认的看法，是把长沙中山业余大学作为我国改革开放后民办高等教育的雏形，把 1982 年创办的中华社会大学作为民办高等教育诞生的标志。其实，无论是湖南长沙中山业余大学，还是中华社会大学，都只能说是

---

[1] 国务院办公厅：《关于一次性拨款资助中华社会大学建校资金等问题的函》，国办函〔1996〕19 号，国务院办公厅官网(http://www.gov.cn/xxgk/pub/govpublic/mrlm/201011/t20101114_ 6266.html)。

'助学机构'，而非严格意义上的学历教育。"❶

三、民高彰显强势　发展如雨后春笋

（一）民办高校数量在增加

以史为鉴，可知兴衰。中国教育之"大"，与发展民办高等教育是分不开的。民办高校的快速发展，改变了我国长期以来由国家包办教育的单一模式，初步形成公办教育与民办教育的共存、共兴、共荣的态势。伴随着我国改革开放和现代化建设的进程，我国政府对社会力量办学实行"积极鼓励、大力支持、正确引导、加强管理"的十六字方针，民办教育得到迅速发展，不仅在数量上已经达到相当的规模，而且质量逐步取得社会的认同，形成一定结构、层次的办学特色，逐步成为我国高等教育的重要组成部分，在我国高等教育迈向大众化的进程中发挥了重要作用。

民办高校数量逐渐增加。1998 年，全国有民办高校 21 所，占全国普通高校数的 0.69%。2001 年经教育部或教育部授权省（区、市）批准正式建校的民办高校地区分布（见表 1）。❷

表 1　民办高校地区分布　　　　单位：所

省、市、自治区	北京	天津	河北	山西	内蒙古	辽宁	吉林	黑龙江	上海	江苏	浙江
民办高校数	3	1	4	1	1	4	3	2	7	2	2
省、市、自治区	安徽	福建	江西	山东	河南	湖北	湖南	广东	广西	海南	重庆
民办高校数	5	6	3	7	4	4	2	8	1	2	4
省、市、自治区	四川	贵州	云南	陕西	甘肃	宁夏	西藏	青海	新疆		
民办高校数	2	1	2	5	1	1	0	0	0		

---

❶　邬大光、卢彩晨："艰难的复兴　广阔的前景——我国民办高等教育 30 年回顾与前瞻"，《中国高教研究》，2008 年第 10 期，第 12—16 页。
❷　资料来源：2003 年《中国民办教育绿皮书》。

由此可知，我国现代民办高校的地区分布很不均匀，发展较快的往往是经济比较发达、高等教育资源比较富裕、生源较多的地区，其中经济是否发达是其决定因素。

2008 年全国民办高校 640 所（含独立学院 322 所），2009 年民办高校 658 所（含独立学院 322 所）。至 2010 年年底，全国民办高校 676 所（含独立学院 323 所），比上年增加 18 所。从民办高校的办学层次结构而言，迄今为止，民办高等教育的办学层次还是以高等专科教育为主。在 2010 年全国 353 所民办普通高校中，民办本科院校只有 43 所，其中 3 所为中外合作办学学校，其余 310 所全部为民办专科教育。2013 年，全国民办高校发展到 718 所，其中，民办本科高校 100 所，独立学院 292 所，民办大专院校 326 所，占全国普通高校的 28.8%。❶

（二）民办高校学生快速增长

1998 年，民办高校在校生 1.2 万人，占全国普通高校在校生总数的 0.21%，据不完全统计，至 2001 年年底，民办高校已经占到我国高中后教育机构总数的 40%。而在整个普通高校、成人高校和民办高校的在校生中，普通高校、成人高校为 1174 万人，民办高校 128 万人，约占在校生总人数的 10%。2008 年民办高校在校生 401.3 万人，其中本科生 223.3 万人，专科生 178 万人。2009 年全国民办高校在校生 446.14 万人，其中本科生 252.48 万人，专科生 193.66 万人，全日制民办高校（含独立学院）在校生已经占到全部高校在校生总数的 20.8%。2010 年，全国民办高校招生 146.74 万人，比上年增加 6.6 万人，其中本科在校生 280.99 万人，专科在校生 195.7 万人。另有自考助学班学生、预科生、进修及培训学生 20.61 万人，民办非学历高等教育机构 836 所，各类注册学生 92.8 万人。❷ 2013 年，民办高校招生规模达到 160.19 万人。2013 年民办普通高等在校生数比 2004 年增加 417.7 万人，增幅达 298.8%，年平均增幅达 33.2%。

四、民办高校对社会的贡献及发展中的问题

（一）民办高校的发展特征

近年来，民办高等教育事业的发展呈现以下特征。

（1）民办高校对师资队伍建设普遍给予高度重视。专任教师、高职称、高学历教师、学科带头人、专业带头人不断增强，教师年龄结构逐步趋于合

---

❶ 王佐书：《中国民办教育发展报告（2013—2014）》，科学出版社 2014 年版。
❷ 教育部："2010 年全国教育事业发展统计公报"，《中国教育报》，2011 年 7 月 6 日。

理，教师梯队初步形成，"双师型"教师队伍建设取得新进展，教师的业务素质、教学水平稳步提高。

（2）学校管理不断科学规范。领导体制日益健全，班子建设获得新突破，组织建设、作风建设和思想建设有所加强，法人治理结构不断完善。

（3）教育教学质量稳步提高。学校根据不同层次、不同专业的特点，结合学生的学习基础，因材施教，坚持立德树人、育人为本、德育为先、能力为重、全面发展。

（4）学校特色逐步形成。民办高校坚持以学科专业建设为抓手，将传统学科与新兴学科结合起来，注意文理渗透，理工结合，推动学科综合化，专业特色初见端倪。

（5）就业质量逐年攀升。近年来，民办高校开始把提高就业质量提到议事日程，注意学生就业岗位与所学专业对口，就业待遇趋于合理，就业时间相对延长，学生对工作、生活、学习、未来发展的满意度有所提高，社会用人单位对民办高校毕业生的满意度也在向好的方向转变，学生的工作态度、职业道德、工作能力等不断获得认可。

（6）人才培养模式改革成效明显。强调理论知识够用，强化实践环节，加大技能训练，注重教学与生产企业对接，突出个性化人才培养模式、产学研紧密结合的人才培养模式、复合交叉型人才培养模式、协调创新型人才培养模式等。❶

（二）民办高校对社会的贡献

我国改革开放以来，民办教育在满足人民群众对教育的不同需求，促进教育改革和发展及培育国家需要的各类人才方面发挥着重要作用，已成为我国高等教育的重要组成部分，为社会做出了不可磨灭的贡献。下文以贵州民办高等教育为例。

贵州民办高校的创办者、管理者、办学者与省外民办高校的创办者、管理者和办学者一样，都具有献身于教育事业的崇高境界。正是他们的无私奉献，才成就了整个民办高等教育事业的发展。

1. 促进贵州高教体制的改革和创新，形成新的办学格局

民办高等教育的快速发展，改变了我国长期以来由国家包办教育的单一模式，扩大了教育规模，增加了教育供给，初步形成公办教育与民办教育的共存、共兴、共荣的态势，体现了以国际视野办学与国际教育接轨的意志，调动了社会力量投资兴办教育的积极性，建立和完善了社会主义市场经济体

---

❶ 王佐书：《中国民办教育发展报告（2013—2014）》，科学出版社 2014 年版，第 121—123 页。

制下以政府投入为主，多渠道筹措办学经费的投入体制。民办高校体制新、机制活的优势为改善中国高等教育产生了积极影响。其管理体制、运行机制、专业设置、教育内容、资源配置、经费筹措、后勤社会化、毕业生就业等方面充分体现了教育对市场经济的适应性，也为公办高校的改革和发展提供了有益的借鉴。

同样，贵州鸿源职业学院的诞生（2014年更名为贵州城市职业学院），改变了贵州高校教育体制单一、办学机制僵化、人员不能流动、经费来源单靠政府拨款、学校办社会、学生就业靠分配的状况。

2. 盘活社会资源，扩大高等教育资源的增量和存量

现在，贵州城市职业学院新校区总征地面积800多亩，建筑面积完成13万平方米，理论完成投资6亿元，实现支付4亿多元，在校生突破万人规模。计划2016—2020年完成3万人规模校园建设和实现升本工程。

3. 缓解人民群众日益增长的教育需求，为考生提供选择性教育

选择性教育是一种合理的教育需求，群众的选择需求总体上看是为了提高生存与生活的品质。比如，适应不同家庭对子女的期望，适应不同学生的个性发展，适应社会对不同人才的需求，适应市场变化影响下的就业形势，适应转岗能力的培训，适应提高文化生活质量等。

每年，公办大学新生录取工作渐近尾声，尽管近年来公办普通高校的招生比例大幅上升，但仍会有相当一部分学生因为各种原因与大学失之交臂。而摆在考生面前的路绝非一条。当今在民办高校就读的学生中，绝大多数来自中小城镇和农村，贵州城市职业学院约有85%的学生来自县城、农村，这与人们习惯认为民办高校的学生多是富家子弟的想法大相径庭。显然，民办高校为增加社会弱势群体子女求学机会、体现教育公平、缩小社会差距做出不可磨灭的特殊贡献。

4. 培养了大批社会急需的应用型人才，为当地经济建设做出应有的贡献

民办高校在培养人才方面具有紧贴市场、服务市场的特点。学校在专业设置、课程安排、实验实习实训方面，强调素质教育、创业教育和就业教育等方面更具特色，学生进入社会后更容易适应工作岗位的需要，人人都是市场经济的佼佼者。通过民办之路，高校为社会培养了一线技术型、适用性人才。15年来，贵州城市职业学院累计为各行各业培养了具有大专学历的毕业生近5万余人，为学生实现自己的人生价值，为服务社会、择业、创业、成才创造了极佳条件。总之，民办高校在培养人才，提高国民素质和思想文化水平，以及文明传承和文化创新等方面发挥了重要作用。

5. 扩大社会就业，为数万人提供了就业和再就业机会

贵州城市职业学院现有教职工 480 人，为学院的发展做出了突出贡献。同时，学院也为他们提供了工作条件和施展才华的机会，还为他们提高自身的生活水平、增加个人收入创造了条件。学院的后勤服务是一个庞大的群体，直接为师生服务的工勤人员、餐饮服务人员、商业服务人员约有 600 余人，同间接为学院服务的建筑行业、交通行业、通信行业、旅游行业等人员难以计数。

6. 缓解就业压力，稳定社会秩序

社会上有这样的传言，"多办一所民办高校可以少办一所监狱"，这句话不无道理。贵州城市职业学院所招收的学生多为高考落榜生，这些学生如果不进入民办高校学习，有一部分则成为社会闲散人员……该学院在贵州首创和发展，为广大青年提供了再学习机会。他们在校期间，不仅可以接受高等教育，提高精神文明程度，也可以暂时缓解就业压力。从这两方面而言，学院都直接、间接地为稳定社会秩序做出了特殊贡献。

7. 承担社会责任，为广大教师、学生及相关利益群体带来福音

一个社会组织的最大价值就是为与自己的利益相关者提供服务。一所民办高校就是一个社会组织，而它的利益相关者，一是学生，二是教职工，三是与之发生各种关系的事业单位、企业单位、社会群体及个人。民办高校的办学过程实质上就是为这些利益相关者服务，就是对社会负责。

贵州城市职业学院在办学的过程中，充分吸纳家长手中的闲置资金，在满足家长为子女能接受更高、更好教育的心理需求方面发挥了重要作用。同时，客观上减轻了国家投资教育的压力。民办高等教育诞生与发展，在弥补国家经费不足方面发挥了不可替代的作用。贵州城市职业学院投资者创办者周鸿静、王时芬勇敢地担当起为国家、为民族的兴旺强盛而举办民高教育这一重任，充分体现了他们的社会责任感。

8. 解除家长的后顾之忧，保障社会和家庭的和谐稳定

改革开放以来，家庭经济状况发生了巨大变化，家庭结构的小型化、多元化，学生求学、升学、就业等方面带来的竞争压力的扩大化，使家长和学生都希望能连续地接受高层次的教育和更优质的教育，以便在社会竞争中处于更有利的地位。而民办高校为排除家长对子女求学无门的担忧，消除子女因无学可上在社会上流浪甚至可能走上犯罪道路的担忧，消除因无一技之长无法就业的担忧，为成千上万的失学青年提供了重归学校的机会，为增进社会和谐和家庭和谐做出了重要贡献。民办高校正是在满足社会、家长、学生

需求中发展壮大的。

9. 拉动社会内需，促进经济发展

每办一所民办高校就可以拉动一片经济建设，带动当地社会经济的蓬勃发展。有人估算每生每年按1.5万元教育消费计，按在校生1.4万人计，则每年的学生消费支出就是2.1亿元左右，这对拉动学校及周边地区的基本建设、交通、通讯、商业、饮食、旅游等都起到了极大的推动作用。

10. 为挖掘人口红利，迈向制造强国做贡献

国务院印发的《中国制造2025》是未来十年我国实施制造强国战略的纲领性文件。如果说第一次人口红利是过去我国由"制造弱国"转变为"制造大国"的重要推动力，那么在第一次人口红利逐步消失的情况下，大力挖掘第二次人口红利、尽快造就一支高素质的劳动力队伍，将是实现中国制造业"强国梦"的关键因素之一。

改革开放之初，数量庞大、年轻且廉价的劳动力队伍是中国开始"制造大国"之旅的起点，也是当时中国最大的比较优势所在。据测算，过去30多年中，人口红利对经济增长的贡献率在25%以上。在巨大的人口红利拉动国民经济快速增长的同时，"中国制造"也迅速崛起。据统计，目前我国制造业产出占世界比重已超过20%，连续5年保持世界第一，在500余种主要工业产品中，我国有220多种产量位居世界第一。

然而，第一次人口红利在推动中国经济快速发展的同时，也存在诸多问题。目前，超过2.6亿农民工已占到我国产业工人队伍的70%左右，是名副其实的"主力军"。然而，这支庞大的产业工人队伍的素质令人担忧。国家统计局监测报告显示，迄今仍有76.2%的农民工只有高中以下文化水平，65.2%的农民工从未接受过任何技能培训，如果横向进行国际比较，在G20国家中，中国的人力资本构成指数（反映一国劳动力素质）一直徘徊在倒数三四位，指数值仅是美国的1/12，日本的1/10，差距明显。其结果是，中国制造业虽产出量大，但真正具有国际竞争力的产品不多。不仅如此，低素质产业工人队伍还容易导致产品质量不高、资源浪费严重等问题。由此可见，缺乏高素质产业工人队伍，已经成为我国从制造大国向制造强国转变的重大障碍。

近些年，我国一次人口红利正在逐渐消失。统计显示，早在2012年，我国劳动力资源总量就首次出现了绝对下降，比上年净减少345万人。人口拐点到来的具体表现就是工资迅速上升，"用工荒"现象加剧，还有一些人将这两年经济增速下滑也归咎于人口红利的减少。

在这种情况下，尽快挖掘二次人口红利就成为社会各界普遍关注的问题，

尽快提高劳动力队伍素质，以质量取代数量，已经成为大家的共识。要达到这个目的，一方面需要大力加强教育和培训，这既包括对基础教育的加强和均等化，也包括强化对现有产业工人队伍的职业技能培训；另一方面需采取多种措施鼓励更多大学生加入产业工人队伍，这既能在相对较短时间内优化产业工人队伍素质，还能缓解大学生就业难和农民工招工难的"两难"困境。

总之，制造业作为国民经济的主体和科技创新的"主战场"，必须坚持把人才作为建设制造强国的根本。"中国制造2025"离不开高素质的劳动力队伍。随着第一次人口红利的消失，我们也要进入人口和劳动力的新常态，若能抓住机遇，在提高劳动力素质方面取得实效，那么第二次人口红利就会提早涌流出来。这不仅是中国经济继续保持长期稳定增长的坚实动力，也是从"制造大国"向"制造强国"迈进的可靠保证。❶

（三）民办高校发展中的困顿

我国民办高等教育在过去35年取得了长足进步，但由于我国过去长期实行计划经济，以及由此导致的体制性障碍和制度性缺失，当前民办高等教育无论是宏观管理还是微观运行，都存在不少问题和矛盾，面临许多困难与挑战。

就外部宏观管理层面而言，影响民办高等教育发展的主要问题表现在以下几个方面。

1. 民办教育受到一些人的鄙薄

2009年4月22日，原教育部部长周济受国务院委托，向全国人大常委会报告职业教育改革与发展状况。他说："社会上有些人不把职业教育当作正规教育，存在鄙薄职业教育的观念。"在旧中国，鄙薄职业教育的传统观念影响相当大。毛泽东在《纪念白求恩》一文中，在称赞白求恩"他以医疗为职业，对技术精益求精"的同时，批评了一些同志，认为这对"一班鄙薄技术工作以为不足道，以为无出路的人，也是一个极好的教训"。

改革开放，经济体制变革带来的观念变化也非常明显。职业院校的毕业生要到市场上去选择或接受选择，这也是许多学生及家长不青睐职业院校的一个重要原因。❷

2. 民办高校与公办高校相比法律地位不平等

法律明确规定民办高校与公办高校处于同等地位，在现实生活中，民办

---

❶ 李长安："挖掘人口红利，迈向制造强国"，《环球时报》，2015年5月28日。

❷ 陈建华、葛力力："鄙薄职业教育的观念之传统与现实成因"，《职业论坛》，2009年12月21日，总第364期。

高校却难以享有与公办高校相同的、实际意义上的法律地位，政府部门对民办高校的重视程度远远不及公办高校，在很多领导者和公众心里，民办高校与公办高校永远有轻有重、有主有次、有强有弱。民办高校的招生批次、招生计划及专业设置等常常受到许多限制。民办高校的教职员工同样是为国家和社会培养人才，但在很多方面难以享受与公办高校教职员工同样的福利待遇。在对高校进行评估考核时，民办高校却使用与公办高校统一的评估标准和体系，这明显不利于民办高校的发展。

3. 有关民办高等教育发展的指导思想不甚明确

民办高等教育的存在价值尚未被全面认知，有的部门、有的人员，至今对发展民办高等教育的重要性和必要性认识模糊、重视不够。在对民办高等教育的看法上，一些地方政府还不同程度地存在"六论"：一是"多余论"，认为公办学校都"吃不饱"，发展民办教育是"多此一举"；二是"冲击论"，认为民办学校的存在影响了公办学校的发展；三是"营利论"，认为所有民办学校都是为了赚钱；四是"添乱论"，认为发展民办教育只会给政府添麻烦，不能给政府增光彩；五是"担忧论"，一些地方政府认为民办学校难管理、难控制，担心民办学校发展多了，出问题、增麻烦、添乱子一定不会少；六是"过渡论"，认为随着公办高校的发展，民办高校就没有必要存在了。

4. 民办高等教育的整体发展缺少长远规划

政府部门对民办与公办两类不同高校各自的培养目标、发展定位以及发展重点等问题，目前还缺少通盘考虑，尚未制订出台有关民办高等教育方面的发展规划，致使公办高校与民办高校之间出现了一定程度的重复建设和不适当竞争。

5. 生源危机

一方面，民办高校生源竞争激烈，要与同类民办高校、公办高校以及其他各种形式的高等教育机构竞争，尤其是独立学院的兴起及中外合作办学机构的发展，不断分割教育市场的份额，致使民办高校生源竞争压力越来越大。另一方面，考生及其家长选择民办高校就读的意愿程度远远低于公办高校，考生及其家长对民办高校的印象大大差于公办高校，考生的亲朋好友对其就读民办高校的支持程度明显差于公办高校。另外，民办高校招收的大部分是分数处于边缘、基础较差的学生，教学质量难以提高，不利于民办高校的进一步发展。

6. 师资市场处于弱势

博士研究生对民办高校的印象较差，一般不关注民办高校，也不情愿供职于民办高校。所以，民办高校在师资市场方面处于非常劣势的地位。而且，师资结构不合理，一是专兼职教师比例失调，兼职教师居多，专职教师较少，兼职教师中退休教师又占较大比例。二是教师年龄、学历职称结构不合理，青年教师所占比重过大，而青年教师一般没有职称或只有初级职称，具有高级职称的教师年龄又普遍偏高，工作精力有限，能为学校服务的年限也较短。

7. 办学经费问题

任何事业的发展都离不开资金的支持，教育事业的发展同样需要大量资金的支撑。我国民办高校的资金来源经历了一个艰难的探索发展过程，经过了以学养学，滚动发展到学校和企业相结合，再从贷款发展到多元化融资四个阶段，形成由举办人投入、学费和结余、民间融资、风险投资和信贷融资、社会捐赠、企业投资、校办产业盈余等多种途径构成的资金来源。

资金来源看似多样，实际却比较单一。学费收入是其主要融资渠道。据有关调查，根据办学经费的来源和多寡，将民办高校分成完全依赖型和部分依赖型两种。完全依赖型指办学经费主要来源是学费，并且完全依赖于学费开展教育教学活动；部分依赖型指办学经费中一部分依赖于学费，其他部分则靠多种渠道筹集。贵州城市职业学院走的是一条以学养学的道路，现在面临经费不足的危机。在起步阶段，校舍多是租借的，教师多是兼职的，行政管理人员多是退休返聘的，开设的是文科专业，不需要实验室、实习基地，靠着低成本，学院才有积累可用于发展。但随着政府对民办高校办学标准的提高，自有师资队伍的建立，教职工待遇的提高，工科类专业的开设，等等，教育成本提高较快，靠学费积累发展资金变得越来越困难。民办高校的融资困境带来的后果是显而易见的：一是限制了民办高校教育的持续发展，带来了民办高校的生存危机；二是减少了低收入阶层子女入学机会，加剧了教育不公平；三是影响了民办高校生源规模和质量的提高；四是导致民办高校师资、科研力量的薄弱，从根本上影响教育质量和发展后劲，民办高校再发展举步维艰。

8. 民办高等教育质量评估问题

长期以来，许多人对民办高校存在偏见，在他们的印象中，民办高校是与高收费、低质量联系在一起的。学校土地靠租、教师靠招聘、资金靠收费的"三靠"起步，而有关部门在教育评估中，却往往只用一个标准来衡量，使得社会对民办高校的偏见难以改变。从民办高校与公办高校的特殊性来看，也不应该用"一刀切"的办法来衡量。

从微观运行角度看，制约民办高校自身发展的问题和矛盾也不少，突出表现在以下五个方面。

第一，办学理念有偏差。一些民办高校存在明显的失范行为，如在招生宣传上夸大其词，在录取环节上违规操作，在就业统计上弄虚作假，在毕业文凭上欺骗学生等。这些失范行为不同程度地损害了民办高校的整体形象，影响了民办高校的社会声誉。

第二，内部运行不规范。有的民办高校董事会形同虚设，有的学校董事会不按章程规定和教育规律行事，相当一部分民办高校法人财产权尚未落实到位，客观上给这些学校的安全运行埋下了较大隐患。

第三，党的组织不健全，党组织的政治核心作用和监督保障作用难以发挥，甚至社会主义核心价值观缺失。

第四，教师权益无保障。一些民办高校举办者将教职工仅仅视作"打工者"，忽视教师队伍建设，致使学校缺乏凝聚力和向心力。造成人心不稳，人员流动频繁，直接影响学校的稳定发展。

第五，学校发展缺后劲。受办学经费限制，相当一部分民办高校教学投入不足，教育教学质量没有保障。

如何对待面临的一系列问题？2014年1月22日，习近平总书记在中央全面深化改革领导小组第一次会议上的讲话强调："对改革进程中已经出现和可能出现的问题，困难要一个一个克服，问题要一个一个解决，既敢于出招又善于应招，做到蹄疾而步稳。"❶ 在挑战与机遇并存的当今教育大环境中，民办高校要"蹄疾而步稳"是符合唯物辩证法的正确应对民办高校在发展进程中的困难与问题的方法和节拍。"蹄疾"让人激动，步伐更当稳健，就有足够的定力去迎接多种挑战，就能够在教育舞台上再放异彩。

五、功崇惟志，业广惟勤，城市学院艰难奋进

"功崇惟志，业广惟勤。"❷ 不管是国家要实现振兴，还是个人要成就事业，都必须具备两个条件，一为立志，二为勤勉。立志是前提，勤勉为保障，无志不足以行远，无勤则难以成事。贵州城市职业学院从创建到今近16年，三建校区（凯里校区、花溪校区、大学城校区）、三次易名（贵州鸿源管理工程职业学院、贵州亚泰学院、贵州城市职业学院），都是在困顿中前行。

在人们的印象中，贵州不仅"人无三分银，地无三尺平，天无三日晴"，而且教育事业表现贫瘠、发展缓慢。2001年3月16日，贵州民办高校的"独生子"——贵州鸿源管理工程职业学院（以下简称贵州鸿源学院），犹如一棵

---

❶ 陈锡喜：《平易近人习近平的语言力量》，上海交通大学出版社2014年版，第17页。

❷ 引自习近平："在十二届全国人民代表大会第一次会议上的讲话"，诠释见人民日报评论部：《习近平用典》，人民日报出版社2015年版，第105页。

从夹缝中破土而出的幼苗，历经坎坷，顽强地向上伸展；犹如大漠中的胡杨树，抗干旱拒盐碱，用坚忍不拔的身躯无怨无悔地守着这块阵地，艰难奋进。他们坚信一切苦境都可以由打拼去解脱，而一切乐境都要靠打拼去创造。

案例一

贵州鸿源学院 2002 年度教育教学工作总结

鸿源的路是艰难的，但鸿源的事业是宏大的；

鸿源的经济效益是负增长的，然而鸿源的社会奉献是无量的。

贵州省政府于 2001 年 3 月 16 日给贵州省第一家私立大学——贵州鸿源管理工程职业学院挂了牌子，给了相应的政策，学院走上了一条依法办学、从严治校、宽进严出、精心育才之路，赢得了社会广泛赞誉，博得了学生和学生家长的认可。

回顾学院从挂牌、招生到运行，鸿源人思绪万千。第一，是省政府的政策支撑和有关领导的关怀。第二，是职能部门的认真指导，特别是省教育厅。第三，鸿源根植于社会，社会给予了极大关注和支持。第四，鸿源人的艰苦创业精神。

从学院一年的运行而言，贵州鸿源学院仍处于起步探索阶段。万事开头难，但我们有信心一定走好。

一、学院基本情况

（一）学院教职工

学院院长（出资者、创办者）：周鸿静

学院常务副院长：周崇先

教职员工 19 人，其中教师均为兼职或退休者。

（二）在校学生数

2001 年，学院未纳入统招计划，自主招自考生 26 人。

2002 年 3－7 月，中技班保安专业 65 人，大专自考班计算机信息管理专业 29 人，共 94 人。

2002 年 9 月－2003 年 1 月，中技班计算机专业 60 人，大专自考班计算机信息管理专业 46 人，统招大专班计算机信息管理、物业管理、商务管理等专业 46 人。学生总计 152 人。

（三）开设课程及考试成绩

1. 中技班保安专业春季开设课程：应用文写作、计算机应用、语言艺术、消防、武术等，成绩合格，全部予以毕业，多数由学院推荐就业上岗。

2. 计算机信息管理专业春季开设课程：组织与管理、管理信息系统、财务管理、基础会计学、计算机综合运用等。2002 年 7 月参加贵州财院自考 16 人，应试 4 门及格情况（见表 2）。

表 2　2002 年学生应试学科和及格人数

序号	应试学科	及格人数（人）	总评分（分）
1	会计基础	5	45.6
2	组织与管理	3	46
3	管理信息系统	1	29.6
4	财务管理	0	21.2

3. 2002 年 9 月计算机专业自考开课科目：计算机应用技术、基础会计、大学语文、法律基础与思想道德修养、马克思主义哲学、高等数学、大学英语等。2003 年 1 月 10—12 日在凯里参加自考的学生有 46 人。

4. 统招大专班期末考试：应用文写作、邓小平理论概论、高等数学、大学英语和计算机应用等，平均及格率 65%。

二、教育教学探索

（一）首抓生源，向社会承诺"诚信"二字

一是招生面向农村、面向边远山区、面向教育落后地区、面向落榜学生、面向下岗职工。

二是学费从低，多种激励。实行"奖、贷、助、补、减"，减轻学生家长负担。

三是践行诺言，实行学院推荐就业与自主择业相结合。

四是设置专业面向市场、面向生产、面向企业，拾遗补阙。现已开设计算机信息管理、物业管理、商务管理三个专业。专业基础理论课具有一定的前瞻性，重视学生可持续学习能力的培养和创新意识的养成。

五是实行封闭式管理。9 月开学用半月进行军训，倡导学生学习解放军的优良传统和崇高的思想品德，锻炼和磨炼意志，为提高自身素质奠定基础。进入正课后，每星期授课 5 天半，每天授课 6 小时（不含自习）。星期六下午、星期日是学生自主支配活动时间，而且学校经常组织学生到校外实训（实习）。

通过广泛深入的宣传，学院渐渐被社会所了解，省内 9 个地州市的学子源源进入鸿源学院学习，甚至还有陕西的父母慕名送子走进鸿源。

（二）把握办学方向，重视一个"法"字

法律、法规是办学的依据和保证，学院一开始，便坚持依法办学，从严治校。鸿源学院创办之初，就明确规定了办学宗旨：以为社会培养技术型、应用型、创新型人才为己任。面向社会发展与经济建设第一线，培养懂理论、会实践的高新技术实施者；懂经营、会管理的社会生产组织者；有胆识、敢开拓的经济建设创业者；有涵养、会协调的人品德才兼备者。

根据培养目标的要求，学院建立和不断完善各项规章制度，实行制度化、规范化管理。目前，学院从行政、教学、财务到人事等方面的管理初步形成一整套切实可行的规章制度，使办学有法可依。其规章制度包括：《分管副院长工作职责》10条、《学院会议、学习制度》10条、《教职工管理制度》42条、《协助班主任老师工作职责》6条、《团支部书记工作职责》5条、《党支部书记工作职责》6条、《学生守则》14章79条。

（三）宽进严出，坚持一个"质"字

学院领导始终要求教师、班主任及管理人员必须牢固树立质量意识。一年来，通过不断探索，已基本建立起一套教学质量管理体系，其主要内容包括：

1. 目标系列。一是向课堂50分钟要质量。要求教师忠于职守，教书育人，做学生表率，对所担任学科质量负责。二是开展评教评学活动，学生不定时地填报《学生不记名评教表》21项；教科处定期填报《教学质量检查表》30项。三是把教学过程分解为备课、授课、辅导、作业、考核和研究六大环节，对每个环节都有规范化的管理要求。四是向课余时间要质量，向管理要质量，做到科任教师跟班自习辅导；班主任跟踪学生全方位管理。为提高学生综合素质，经常开展歌咏比赛、演讲比赛、全校性辩论会及运动会。五是利用休息日组织学生校外实训，其中包括到超市实训等。

2. 狠抓学生的到课率、独立完成作业率以及考试及格率。具体措施有：一是值周教师和学生认真填报每周教学日志、填报学院开辟的看板、管理各班考核绩效表。二是定期抽查老师批改的作业，了解作业次数及批改形式与效果。三是严格制订考试（考查）管理规定，严肃考纪考风，严禁考试作弊。

（四）组织管理到位，突出一个"严"字

企业靠管理出效益。民办高校要具有旺盛的生命力，科学、严谨的管理是核心。学院实行院长负责制；实行院、科室、班级三级管理体制，坚持实行人事、教学、财务由院长统一管理制度。学院要求各级管理干部（含班主任）在实际工作中要全心投入，懂教学、善管理，成为学生思想品德健康成长的引路人、学习上的辅导者和组织者。对参与管理的人员，有奖有罚，奖罚分明，严重不适者予以辞退。2002年3月6日，先后辞退34人，同年9月10日又辞退了5人。学院通过优胜劣汰，保证了教学质量。

（五）精心培育人才，抓好一个"师"字

大学之大，非大厦之大，而是大师之大。我们肩负着民办高校的历史使命，就必须有一支高素质的教师队伍。鸿源实行用人机制市场化，从教授到工作人员一律实行聘任制，按实设机构，按岗设人，因教聘人，不养闲人，择贤施聘。根据上述原则，学院的具体措施为：

1. 把好应聘求职关。一看档案，看是否为所教专业所用；二是进行答辩，测试口头表达能力、应变能力、知识面等；三是试教，广泛听取学生意见。

2. 重视对年轻教师的选拔和培育。2012年7月，从贵阳、湖南人才市场选拔了15位有志于到鸿源教学的高校毕业生进行有计划的半月培训，实行优胜劣汰。

3. 平时通过随堂听课和与学生座谈，对任课教师进行评估。此举对改进教学工作、提高教学质量起着推动性的作用。

4. 抓教师教学计划，检查教学进度。通过平时测试、半期和期末考试等形式认真分析学生成绩情况及补救措施。

三、亟待解决的问题

（一）学院领导体制

按省政府批文学院是"实行校董事会领导下的院长负责制"。董事会是大学最高决策机构，拥有资产管理、资金筹集、校长任免等权力。从贵州鸿源学院的运行过程中看，董事会组成严重缺员，表现苍白，形同虚拟。实有待健全、求效。院长负责制，并非家长制。由于当今学院使命重大，影响学院事务的内外因素越来越复杂，单凭院长个人的知识、能力和精力是难以应对的。因此，如何充分调动各个方面的积极性，依靠群体力量办校，是鸿源学院首要解决的问题。

（二）院级领导班子要结构合理，且要相对稳定

班子结构合理，相对稳定，其关键又在于人选。切忌饥不择食、感情用事。2012年9月，刚聘上任主管学生事务副院长，通过考核，不适宜此职，予以辞退。现任主管教学的常务副院长周崇先先生，虽为教授、省级优秀教师、州级先进工作者，有30多年教育教学管理经验，但已是花甲之年，力不从心。因此，院级领导班子要尽快通过适应性调整，力求提高工作效率。

（三）中层班子（含处科级、班主任）要年轻化、专业化、知识化

聘选上岗人员必须适应学院教育教学管理需要，凭其德才，各尽其能，各显神威。

（四）加强教师队伍建设

目前，鸿源学院教师队伍结构不合理。一是职称结构（职称比例）不适宜；二是学历结构偏低；三是专业结构狭窄。建议：

1. 凡任课教师要持教师资格证上岗；

2. 要创造条件评职称；

3. 学历要本科化，一般工作人员要达到大专水平；

4. 要顺应社会经济发展对宽专业、双专业、复合型人才需求的趋势，学院应选拔培养具有宽厚专业基础和较强适应能力的专业教师；

5. 在教师来源构成上，要逐步扩大"外源"教师比例和新兴专业教师比例。

（五）后勤社会化

后勤工作与学校工作剥离，便于学院加强教学管理和提高教育质量。

四、2003 年春季教育教学计划（略）

贵州鸿源管理工程职业学院常务副院长周崇先

2003 年 1 月 20 日

从案例一我们可以感受到几点：

（1）鸿源学院仅是一棵小草，非常脆弱；

（2）社会普遍不理解，有偏见，就读学生太少，回报为负数；

（3）鸿源学院的教育教学措施有特色，已吸引社会和家长眼球；

（4）出资人、创办者、鸿源学院院长周鸿静的坚定信念是：人生必须要有目标，目标可以创造出目的和意义。有了目标，才知道要往哪里走，去追求些什么，才会逐渐向成功靠近。

案例二

2005 级学生致院长的一封信

尊敬的院长：

　　您好！

　　我代表 05 级全体同学把我们的心里话告诉您。首先，我们尊敬您、敬重您、佩服您，也感恩于您。因为我们在高考落榜之后，迷失了方向，就像黑夜笼罩了大地。是您，是您给了我们光明，是贵州亚泰学院❶收留了我们，给了我们再一次求学的机会，更是您让我们圆了大学梦，我们永远感激您。

　　2005 年我们进校，看见学校才从凯里市迁入贵阳市的状况，的确艰难。同学该走的走了，我们那时也有一些绝望。在军训开始的第一天，您在烈日照射下的讲台上告诉我们，您会建公寓、建教学楼、建一所贵州唯一的优秀的民办大学，看见您的那份信心和决心，我们选择留下，我们也相信在您的带领下，亚泰的明天是美好的，令人向往的。我们没有学籍，您帮我们补，我们心里感激您啊！您不怕脏、不怕累，为我们建校、种树、挖土、修厕所等，我们看在眼里，记在心里。

　　您的恩情我们无以回报，可您的这份恩情永远存在于我们的心里。现在我们求您让我们读三年就毕业，因为我们 05 级的大多数同学来自农村，家里经济困难，这三年来父母亲为了我们读书不畏艰辛，日夜操劳，甚至让家里困苦不堪，为了我们背负了一个天文数字的债，我们内心很痛苦。我们这么大了每个月要家里寄钱，家里也无法再继续承受下去了。您知道农村家里一个月有多少收入啊！现在物价这么贵，我们很想毕业出去能为家里减轻负担，回报父母恩情。二老也过 50 岁，我们是该独立了，为了生活，我们真的无法选择，更不想带着内心痛苦的心情继续读书。您也有过大学时代，我想我们这些心情，您可以想象得到，也能理解。出于种种原因，我们只能恳求院长让我们早点毕业，早点出去，我们将无比感激。

　　我们毕业走上社会后，通过努力会扩大亚泰学院的名声，也会告诉人们亚泰学院有一位像父亲一样的院长，他的能力超乎常人。

　　走进亚泰，辉煌未来。

2005 级全体同学
2007 年 12 月 22 日

---

　　❶　贵州鸿源管理工程职业学院，2006 年经贵州省政府批准报教育部备案，正式更名为贵州省亚泰职业学院。

从案例二，我们可以了解：

1. "安得广厦千万间，大庇天下寒士俱欢颜。"杜甫诗中"大庇天下寒士"的文学意向，正代表着学院领导亲力亲为的实干精神和心系学生、情牵学生的胸怀。

2. 在学习方面，学生首先确定人生不可不读书，选定亚泰学院不动摇。

3. 在理想追求上，学生坚信成功之路都是自己走出来的，天上绝不会掉馅饼。

4. 在精神道德方面，学生懂得感恩和包容。

5. 在人生思辨方面，学生学会用联系和发展的眼光看问题，善于抓住事物的本质而不被困难所压倒。

2011 年 4 月 16 日，是贵州亚泰职业学院十周年校庆纪念日。当 05 级同学代表走进母校亚泰校园，走进亚泰校历馆；当师生有幸与周鸿静董事长，与同舟共济、共同创业共谋发展的王时芬副书记、王善怡书记等座谈时，都有道不完的感受。

第一，亚泰学院的领导都非常重视精神文化建设。他们从实践中深深感到学校的精神文化是学校文化的核心。学校精神文化一旦形成，就会以强大的影响力规范学校教育的精神气质；学校精神文化的形成，也意味着学校的办学思想、教育理念会成为全体师生的普遍自觉，会体现在每个师生的价值取向、期望和态度中，并始终影响每一个师生员工的教育行为。

第二，亚泰学院的创办者、投资者周鸿静董事长力抓学院物质文化建设，滚动发展。目前，整个校区绿树成荫、花香四溢、溪流潺潺、鸟儿流连、书声琅琅。

第三，学院用事业招天下人才，凝聚学科人才，实施专家治校。现有专兼职教师 320 人，其中副高以上 86 人，占 29%；"双师型"教师 162 人，占 54%。

第四，以创新为"魂"，面向学生，一切为了学生成人、成才、成功；面向社会，让专业设置紧扣市场，与市场对接，让理想职业从亚泰开始。

案例三

贵州亚泰学院院报 （2010 年 6 月 18 日刊载）

院建工系参加"贵州省教育厅和贵州省建设厅"举办的建筑技能大赛，获奖奖项全省高校排名第一，其中一等奖 3 名，二等奖 5 名，三等奖 4 名，集体三等奖6名。

院团委在省教育厅、文明办、团委组织的大学生校园文化活动中，我院获奖奖项：

王婷荣获先进个人奖。

学生08新闻张旭、08经贸陈贤在新中国成立60周年全省大学演讲比赛中分别获征文、演讲三等奖。

参加贵阳市红十字工作中获"优秀组织奖"。

参加花溪区志愿者活动中获"优秀组织奖"。

参加省级大学生男子足球赛获高职高专组第一名。

参加省级大学生女子篮球赛获高职高专组第三名。

参加省大学生校园文化活动中获"十大优秀学生社团"奖中5个奖项。

就业处组织参加全国大学生职业生涯规划大赛中龚尚云、张婷婷荣获大赛优秀奖。

贵州亚泰学院荣获全省高校职业技能大赛总分第一名。

参赛获奖情况详见表3~表7。

表3　建筑工程算量项目（高职一神机）

奖项	所属学校	参赛选手
一等奖	贵州亚泰职业学院	刘海峰（指导老师：付盛忠）
二等奖	贵州财经学院	吴东阳
	贵州大学明德学院	黎民建
三等奖	贵州大学明德学院	张露
	贵州交通职业技术学院	肖利琼
	贵州大学明德学院	刘熹
	贵州亚泰职业学院	封学凤

表4　建筑工程算量项目（鲁班）

奖项	所属学校	参赛选手
一等奖	贵阳市城乡建设学校	孙学成
二等奖	贵州亚泰职业学院	周柱波（指导老师：付盛忠）
	贵州省水利电力学院	莫朝兵

续表

奖项	所属学校	参赛选手
三等奖	贵州省城乡建设学校	吴军民
	贵州省水利电力学院	刘加应
	贵州省建设学院	李志龙

表5 建筑工程算量项目（广联达）

奖项	所属学校	参赛选手
一等奖	贵州省水利电力学院	陈昭
二等奖	贵州亚泰职业学院	周柱波（指导老师：付盛忠）
	贵州省水利电力学院	程雪桥
三等奖	贵州亚泰职业学院	邹德军（指导老师：付盛忠）
	贵州亚泰职业学院	方飞（指导老师：付盛忠）
	贵州省建设学院	王亚如

表6 建筑工程算量项目（高职一室内）

奖项	所属学校	参赛选手
一等奖	贵州亚泰职业学院	陈军（指导老师：文绍军）
二等奖	贵州亚泰职业学院	戴胜念（指导老师：文绍军）
三等奖	贵州工业职业技术学院	陈能
	贵州工业职业技术学院	华雅茜

表7 建筑工程算量项目（高职）

奖项	所属学校	参赛选手
一等奖	贵州交通职业技术学院	马骁、詹崧、田宁杨
二等奖	贵州工业职业技术学院	杨本德、郑家军、潘仁顺
	贵州交通职业技术学院	马青、吕操、陈砾

续表

奖项	所属学校	参赛选手
三等奖	贵州亚泰职业学院	张瑜、彭昭益、杨华
	贵州亚泰职业学院	吴学燕、林丽、曹念
	贵州交通职业技术学院	张俊、杨光发、杨通镜

案例四

培养成功意识　锻造创业精神

——亚泰学院喜获大奖，独特办学模式结硕果

贵州亚泰学院 9 年时间，从租赁校舍办学，到建成投资规模过亿元的现代化高校。在校学生人数从数十人到突破 6000 人，毕业生就业率历年来保持在 95% 以上，这就是贵州亚泰职业学院（以下简称亚泰学院）自 2001 年成立以来所创造的奇迹。

2010 年 5 月 23 日，贵州省教育厅、建设厅联合举办，省内 20 余家大中专职业院校参加的"2010 年贵州省大中专职业院校建筑职业技能大赛"，亚泰学院有 18 人获奖，连续第二年奖项数量位居全省第一，得到了主办单位及社会各界的高度评价和赞扬。特别是同年 7 月 17 日，在国家"十一五"教育规划重点科研项目结题表彰大会中，亚泰学院斩获二等奖，为我省乃至西部高等教育增光添彩，该校独特的办学模式终于结出了累累硕果。

以塑造学生成功意识为理念　以锻造青年经济骄子为导向

亚泰学院位于著名风景区美丽的花溪河畔，是 2001 年经省政府及教育部批准成立，纳入国家高校计划内统一招生的全省唯一一所民办大学，从 2002 年开始招生。亚泰学院的快速发展，受到了社会各界的关注。

同等规模的大学经过五六十年的发展，才能达到亚泰学院的水平，亚泰学院仅仅用几年时间就得以如此快速成长，原因何在？除了政府的大力支持外，更源自于其独特的人才培养模式。哈佛、耶鲁等大学之所以能够成为世界顶尖的高等学府，都是因为其作为私立学校，有灵活的办学机制与风格。亚泰学院的成功也在于其独特的人才培养模式和办学风格，其中一点就是根据学生实际，注重塑造成功意识，把学生锻造成为市场经济时代的弄潮能手。

大学培养的传统思维，是以理论教学为主，技能训练为辅，最后把学生抛向求职市场。而亚泰学院从传统的理论教学转向注重提高学生的人文素养，

激发学生的创造智慧。按照亚泰学院院长周鸿静提出的办学理念，"凸显心智道德培养于教学全过程，造就诚信服务于社会的经济人才""把聪明绝顶的青年学子，锻造成为站在时代经济浪尖上的骄子"，让学生们明白了需要具备什么样的技能，才能立足于社会，才能走向成功之后，就会主动学习，提高技能，为进入社会做准备。

以就业为导向　创新体验教学

当前的就业趋势表明，高分低能的毕业生，到了工作岗位往往做不了事，企业欢迎的是一上岗就能为企业创造利润的人。很多企业面试时不重文凭而重人格素养及实操经验，试用过程，就是要考察毕业生的实践能力。

亚泰学院注重学生职业素养的提高。毕业的学生几乎都是"能用"之人，实践能力强，进入工作单位，很快受到欢迎。为了实现这个培养目标，亚泰学院不惜投入巨资，购买设备，修建设施。例如学院中心位置的实验实训大楼，有上千台电脑供学生使用。最近省级实验室评估专家到亚泰学院参观后，感叹说："真没想到，亚泰学院的电脑配置比率，已超过了很多公办大学。"

如果把毕业生比作"产品"，与许多大学先生产"产品"，再拿出去推销不同，亚泰学院是先拿到就业市场需求的订单才开始生产，这样就避免了大学生"毕业即失业"的尴尬。近几年，亚泰学院的毕业生就业率一直保持在95%以上，供不应求。在如今大学生就业形势异常艰难之时，亚泰学院能脱颖而出，很大程度上得益于一直坚持以就业为导向的办学思想。

亚泰学院周鸿静院长早年做外企人事经理，深刻理解用人单位对人才的要求。长期以来，亚泰学院一直把职业生涯与择业课程放在首位，作为能力实训的特色课目之一，要求每个学生在校期间必须提交20份求职体验报告，目的是让每个学生进入大学后，首先要去体验求职失败的结果，从而真正明白，自己该学什么，该做什么。

在周鸿静院长的带领下，亚泰学院以就业为龙头，采取"主动出击、外引内联、上下合作、广开门路"的就业策略。与多家企业建立长期联系，并将其作为实习实训基地，组织学生到企业实践，增强他们的动手能力及技能水平。2009年，该学院在广东省深圳市建立学院教学实训新校区，加大产学合作力度，积极探索并提高订单教育的数量和规模，形成多内容、多形式、多模式的产学合作格局。2010年，该学院酒店专业有近20个学生顶岗实习后，直接就业于贵州天怡豪生大酒店、贵州饭店等多家高档酒店。

通过各种模式的校企合作，学院的教学内容得到及时更新，学生可以学到最新的专业技术，缩短了学生的知识结构与企业要求之间的距离，使学生在毕业时能达到为企业所用。

注重综合能力训练 激发学生创业热情

在亚泰学院，"低进高出"是学校一贯坚持的办学宗旨，进校的学生基础薄弱、起点普遍较低，可经过几年的大学学习，从亚泰学院毕业后，许多学生在短期内就能成为许多岗位上的管理人才，甚至自己创业成为老板，这是亚泰学院与其他大学本质的区别。

亚泰学院不把分数作为判断人才的唯一标准，而是积极去发现每个学生身上所具有的独一无二的无可替代的价值。学院在正视学生知识基础薄弱的同时，发掘他们身上的优点，例如聪明灵活，具有很强的适应能力等，注重学生综合能力训练，激发学生创业热情。

为了真正落实学生综合能力训练，激发学生创业追求，体现亚泰学院核心竞争力，该院领导层及各科教师费尽心思。首先，对大一新生实行封闭式教学，进行自我行为规范培养。每周安排"确立人生目标和职业生涯规划"讲座，使学生成为具备自我行为规范和职业行为能力的人。其次，从大二开始，对学生实施开放式教学。通过考核由学院发给学生就业资格证，上午安排专业理论课教学，下午安排学生到用工单位观摩、考察、应聘，晚上回到教室进行观摩应聘总结。再次，注重学生专业能力培养。学院实行学历证书和职业资格证书等多证制，培养高素质高技能专业人才和管理人才，使学生具备立足社会的各种基本条件和能力，为进入社会后的创业生涯打好基础。

亚泰学院周鸿静院长说："很多学校还在为就业率发愁的时候，我院已开始意识到培养学生的创业精神，从单纯追求就业率到提高学生创业率，真正把学生锻造成经济社会的主宰。大学生创业，一方面解决了自身就业问题，同时也为社会提供就业岗位，还增加了政府税收，实现了一举多得。我们全院师生将在创业的道路上披荆斩棘，奋勇前进。"❶

案例五

贵州万好教育投资集团"十三五"目标

一、"十二五"回顾

1. 贵州万好教育投资有限公司自 2012 年成立以来，先后组织建立了贵州城市职业学院新校区、独山万好国际中学、瓮安城院校区、天柱校区和开阳校区。贵州城市职业学院顺利通过了人才培养评估、思政评估和更名成功；

---

❶ 龚经贵、本报记者卢奕林："培养成功意识 锻造创业精神——亚泰学院喜获大奖，独特办学模式结硕果"，《贵州都市报》，2010 年 8 月 12 日。

组建了新的办学增长点——医护学院；同时实现了艺术学院改制；办学规模突破了万人大关。

2. 贵州城市职业学院自 2001 年创办至今，历经了三个五年发展计划。第一个五年规划（2001－2005 年）创立贵州第一所民办高校，并从黔东南州府凯里搬迁到贵阳；第二个五年规划（2006－2010 年）完成了花溪独立校园的建设；第三个五年规划（2011－2015 年）实现新校园投资 6 个亿的建设。第四个五年计划（2016－2020 年）将完成 3 万人规划校园建设和实现升本工程。

3. 2015 年，新校区目前总征地面积已达 800 多亩，完成土石方开挖土方 300 多万立方米，建筑面积完成 13 万平方米。理论完成投资 6 亿元人民币，实现支付 4 亿多元。

二、"十三五"总目标

1. 完成城市学院硬件升本指标体系的建设，到 2017 年要完成 8 万平方米房屋建设，使学校总建设面积达到 20 万平方米。

2. 2018 年投入 8000 万元用于完成学校升本指标体系的建设，包括图书、教学设备、实验实训和人才的引进工作。

3. 2019 年实现升本成功，形成使在校生规模达到 15 000 人的应用型本科大学办学格局。与香港城市大学联合办学，使城市学院成为贵州民办一流、在西南有影响力、全国知名的综合性普通高校。

4. 改造老校区独立申办贵阳育好国际中学或与贵阳矿灯厂联合办贵州电影职业学院。

5. 在贵安建立贵州万好幼教集团和集团总部。

第四章

凝练正能量　创新顶层设计

"要以踏石留印、抓铁有痕的劲头抓下去，善始善终，善做善成。"❶ "踏石留印、抓铁有痕"，比喻做事情不达目标不罢休。今天的世界是一个变革的时代，变革无处不在，时时刻刻都在发生。当我们思考问题，谋求发展时，就需要顶层设计❷要科学，要创新，要与时俱进，就需要顶层设计者具备卓越的战略思维能力、决策用人能力、沟通协调能力和思想政治工作能力等。

一、管理学派论说创新治理体制

（一）管理学派论

"治理"在《现代汉语词典》里的解释是：（1）统治、管理；（2）改造、整修。而按照政治学的理解，"治理"是统治、管理或统治方法、管理方法，即统治者或管理者通过公共权力配置和运用，以支配、影响和调控社会。《辞海》的注释是：治理即管理。"管"，我国古代指锁钥，引申为管辖、管制之意，体现权属归属。"理"本意是治理，引申为整理或处理。两个字连用，表示在权力的范围内，对事物的管束和处理过程。

人类懂得管理的作用，掌握管理的本领，享受管理的好处，可以说由来已久。人类社会自从开始群居、群猎时起，就知道"合群"抵御危险、征服自然，这种"合群"的目的无非是为了集结个人的力量，以发挥集体更大的作用。"合群"实际上就是人类社会中普遍存在的"组织"现象。可以说，有人类就有组织。所谓组织，是指由两个或两个以上的个人为实现共同的目

---

❶ 2013 年 1 月 22 日，习近平总书记在十八届中纪委二次全会上的讲话。
❷ "顶层设计"一词发明人刘鹤为三任中共中央总书记起草规划经济讲稿。他对此名词是这样解释的："顶层设计，包括基本的价值取向，要达到的主要目的，以及先后顺序。"

标组合而成的有机整体。组织是一群人的集合，但是组织的成员必须按照一定的方式相互合作，共同努力去实现既定的组织目标。这样，组织才能够形成一种整体的力量，以完成单独个人力量的简单总和所不能完成的各项活动，实现不同于个人目标的组织总体目标。组织需要合作、协作或协调，这样管理就应运而生了。

什么是管理？所谓管理是指在特定的环境下，对组织所拥有的资源进行有效的计划、组织、领导和控制，以便达成既定的组织目标的过程。对管理概念的界定，由于不同的学者分析、思考角度不同，因而对管理概念也有不同的表述。

决策论学派认为管理就是决策，决策就是管理。

过程学派认为管理就是对一个组织所拥有的人力、财力、物力和信息资源，在一定的时间和空间内，进行有效的计划、组织、协调、指挥和控制，从而有效地实现组织目标的过程。

行为学派把管理看作一种主管人员设法经由他人的力量，来完成工作目标的一系列的活动和行为。

管理人员的概念也随上述三种不同的管理概念而进行区分。按决策论学派的观点，管理人员就是主持工作的人员；按过程论学派的观点，管理人员就是负责对人力、财力、物力和信息等资源进行计划、组织、指挥、协调、控制的人员；按行为论学派的观点，管理有主体与客体之分，管理的主体指主管人员，管理的客体就是被管理者。那么，组织中的某个个体就可能既是管理者，又是被管理者。

我们综合各学派之所长，对管理的概念可表述为：所谓管理就是让人们同自己一起工作，并根据事物和客观规律，按照预定目的，对管理对象（包括人力、财力、物力、信息）进行计划、控制、组织、协调、领导，而达到组织目标的过程。管理的实质是一系列的管理职能结构，使人们为实现组织的目标而工作。

可见，组织与管理有着密切的联系。有组织就需要有管理，有了管理，组织才能有效而有意义地存在。组织是管理的对象，管理是组织生存的手段。针对组织的管理是一个复杂的过程，它包括组织职能结构的设立、发展计划、变革指导、激励、控制、对快速变换环境的决策，以及先进管理技术的应用等过程，涉及组织的人力、财务、物力、信息资源、时间资源与机构等各个方面，因而是一个系统工程。

被称为"现代经营管理之父"的法国人法约尔（1841－1925 年），在他的代表作《工业管理和一般管理》一书中，系统地讲述了管理的 5 种职能和

14 条原则。

1. 法约尔提出的 5 种管理职能

（1）计划。计划对预先订好的目标提供一种合理的方法，其重要性在于对未来的安排。一个好的行动计划必须指出所追求的目标、达到的行动计划，一般应具有统一性、持续性、灵活性与准确性的特征。要制订一个好的行动计划要求领导者必须具有管理艺术、超前的意识和积极性、开拓的勇气、领导者的稳健专业能力，以及处理事物和人文关系的一般知识。

（2）组织。组织意味着一个正式有意形成的职务结构或职位结构。

（3）指挥。指挥意味着让组织发挥作用，把任务和职责分配给各级领导，使每个领导者都承担起各自的任务和职能。对担任指挥的领导者应做到：第一，对自己的部下要有深入的了解；第二，淘汰消极工作的人；第三，做出榜样；第四，定期检查；第五，召集主管人员工作会议，统一领导和集中力量搞好工作；第六，要抓大事主流，不要在工作细节上耗精力；第七，要使职工团结一致，积极工作，勇于创新和忘我工作。

（4）协调。协调是指组织的一切工作都要和谐地配合，让事情和行动都有合适的比例、方法适应于目的。

（5）控制。控制就是要落实各项工作是否都与已定计划相符合，是否都与下达的指示和原则相符合。控制的目的在于指出工作中的缺点和错误，以便加以纠正并避免重犯。

2. 法约尔提出的 14 条管理原则

（1）劳动分工。

（2）权力与责任。权力就是指挥要求别人服从的强制力量。责任是权力的孪生物，是权力的当然结果和必要的补充，凡属权力行使的地方，就有责任。一个出色的领导人应具有承担责任的勇气，并使他周围的人随之具有这种勇气。

（3）纪律。为使事业顺利发展，纪律是绝对必要的，没有纪律，任何事业都不能兴旺繁荣。高层的领导人和下属人员一样，必须接受纪律的约束。

（4）统一指挥。统一指挥的原则就是下属人员必须接受领导人的命令。这是一个普遍的、永久必要的准则。

（5）统一领导。统一领导是指对于力求达到同一目的的全部活动，只能有一个领导人和一项计划。这是统一行动、协调力量和一致努力的必要条件。

（6）个人利益服从整体利益。

（7）人员的报酬。人员的报酬是其服务的价值，应该合理。

（8）集中。像劳动分工一样，集中是一种必然规律的现象。实行集中的目的是尽可能地使用所有人员的才能。

(9) 等级制度。等级制度就是从最高权力机构直至低层管理人员的领导系列。许多事情的成功就在于执行得快，所以应该把尊重等级路线与保持行动迅速结合起来。

(10) 秩序。所谓秩序就是指每件东西和每个人都有一个位置，每个东西和每个人都在他的位置上发挥其作用。

(11) 公平。公平产生善意和公道，做事公平要求有理智、有经验并有善良的性格。对待所属人员应特别注意满足他公平的希望，努力使公平感深入各级人员。

(12) 人员相对稳定。

(13) 首创精神。领导人和所属人员的这种精神是人类活动最有力的刺激力量。

(14) 人员的团结。团结就是智慧，团结就是力量，有了团结就有了成功的希望。❶

(二) 创新治理体制

治理同管理，既有联系，也有区别。管理一般是指自上而下的纵向管理、单向管理、垂直管理，而治理则既包括各方面的科学管理，也包括法治、德治、自治和共治等内涵。

1. 治理的内涵

一般认为，英语中的"治理"（governance）一词源自希腊语"sleering"，具有"掌舵、操纵、指导"的意思。也有学者认为，治理一词源于拉丁语"gubernare"，意思是"统治"或者"掌舵"。❷ 无论是源于希腊语还是拉丁语，其含义基本相同。长期以来，治理与统治（government）一词被交叉使用，并且主要用于与国家公共事务相关的管理活动和政治活动。1989 年世界银行在概括当时非洲情形时，首次使用了"治理危机"（crisis in governance）一词，此后"治理"便被广泛用于政治发展研究中。❸

20 世纪 90 年代以来，治理被赋予了新的含义。正如研究治理问题的专家杰索普（B. Jessop）所阐述的那样："过去 15 年来，它在许多语境中大行其道，以至成为一个可以指涉任何事物的或毫无意义的'时髦词语'。"❹ 在政治

---

❶ 杨觉英：《组织与管理概论》，经济科学出版社 2000 年版。

❷ 董圣足：《民办院校良治之道》，教育科学出版社 2010 年版，第 41、42 页。

❸ 杨索普："治理的兴起及其失败的风险：以经济发展为例的论述"，《国际社会科学（中文版）》，1999 年第 2 期，第 31—48 页。

❹ 转引自俞可科：《治理与善治》，社会科学文献出版社 2000 年版，第 2、3 页。

学、社会学、经济学等领域，有关治理的话语也随处可见。罗茨（R. Rhodes）详列了关于治理的 6 种不同定义❶：（1）作为国家管理活动的治理，系指国家削减公共开支，以最小的成本取得最大的效益；（2）作为公司管理的治理，系指指导、控制和监督企业运行的组织机制；（3）作为新公共管理的治理，系指将市场的激励机制和私人部门的管理手段引入政府的公共服务；（4）作为善治的治理，系指强调效率、法治、责任的公共服务体系；（5）作为社会控制体系的治理，系指政府与民间、公共部门与私人部门之间的合作与互动；（6）作为自治组织网络的治理，系指建立在信任与互利基础上社会协调网络的制度安排。本书语境中的治理，首先应该是指组织体中的治理。治理理论的主要创始人之一罗西瑙（J. N. Rosenau）在其代表作《没有政府统治的治理》和《21 世纪的治理》等文章中，将治理定义为一系列活动领域里的管理机制，它们虽未得到正式授权，但能有效发挥作用。与统治不同，治理指的是一种由共同的目标支持的活动，这些管理活动的主体未必是政府，也无须依靠国家的强制力量来实现。❷

政治学上对治理含义的界定，权威性最高的当属全球治理委员会所发表的题为《我们的全球伙伴关系》的研究报告。该报告对"治理"所做的定义是：各种公共的或私人的个人和机构管理其共同事务的诸多方式的总和。它是使相互冲突的或不同的利益得以调和并采取联合行动的持续的过程。这既包括有权使人们服从的正式制度和规则，也包括各种人们同意或以为符合其利益的非正式的制度安排。它有四个特征：治理不是一整套规则，也不是一种活动，而是一个过程；治理过程的基础不是控制，而是协调；治理既涉及公共部门，也包括私人部门；治理不是一种正式的制度，而是持续的互动。❸

改革开放以来，我国提出社会治安综合治理、企业法人治理、基层群众自治概念，党的十六大以来，我国提出治党治国治军以及党要管党、从严治党等概念。十八大提出推进法治中国建设；实现有效的政府治理；改进社会治理方式，实现政府治理和社会自我调节、居民自治良性互动，坚持系统治理、综合治理、依法治理、源头治理；推进社会组织依法自治；建立事业单位法人治理结构；完善学校内部治理结构；完善环境治理等概念。

党的十八届三中全会，着眼于维护最广大人民根本利益、最大限度增加和谐因素、增强社会发展活力，提出了创新社会治理体制的新观点、新要求，而且更加注重改革的系统性、整体性、协同性。这也是习近平总书记在 2012 年年

---

❶　参见俞可平：《治理与善治》，社会科学文献出版社 2000 年版，第 2-4 页。

❷　转引自金锦萍：《非营利法人治理结构研究》，北京大学出版社 2005 年版。

❸　董圣足：《民办院校良治之道》，教育科学出版社 2010 年版，第 41、42 页。

底中央政治局集体学习会上，作为改革的重要方法论提出来的。此后，他又在多个场合反复强调了这一点。党的十八届三中全会《中共中央关于全面深化改革若干重大问题的决定》把这"三个性"写入总目标，并体现在全面深化改革的各项部署和举措之中，这既体现了对全面深化改革的科学指导，也体现了解放思想、实事求是、与时俱进、求真务实的工作作风。❶

2. 创新社会治理体制的重大意义

创新社会治理体制，是马克思主义中国化的又一项最新成果，是我们党对社会发展规律认识和把握的又一个新飞跃，实现了我国社会建设理论和实践的又一次与时俱进。

（1）创新社会治理体制体现了马克思主义的群众观点。党的十八届三中全会提出：实现政府治理和社会自我调节、居民自治良性互动；促进群众在城乡社区治理、基层公共事务和公益事业中实行自我管理、自我服务、自我教育、自我监督；建立畅通有序的诉求表达、心理干预、矛盾调处、权益保障机制，使群众问题能反映、矛盾能化解、权益有保障；维护最广大人民根本利益，确保人民安居乐业、社会安定有序等。这些要求突出了人民在社会治理中的主体作用，坚持了社会治理为了人民、依靠人民、成果由人民共享，充分体现了当代中国共产党人对马克思主义群众观点的牢固把握和高度自觉。

（2）创新社会治理体制体现了我们党对社会主义建设规律认识的不断深化。党的十六届三中全会提出了完善政府社会管理和公共服务职能；党的十六届四中全会提出了加强社会建设和管理、推进社会管理体制创新和建立健全党委领导、政府负责、社会协同、公众参与的社会管理格局；党的十六届六中全会提出了创新社会管理体制、激发社会活力；党的十七大提出了完善社会管理、健全基层社会管理体制；党的十八大提出了城乡社区治理和加快形成党委领导、政府负责、社会协同、公众参与、法治保障的社会管理体制；党的十八届三中全会明确提出了创新社会治理体制、提高社会治理水平的新要求，这是我们党深入分析发展阶段性特征得出的新结论、引领社会进步的新标志，回应了时代新课题和人民新期待，充分体现了我们党对共产党执政规律、社会主义建设规律、人类社会发展规律认识的新升华。

（3）创新社会治理体制体现了党领导下的多方参与、共同治理理念和主张。党的十八届三中全会提出：坚持系统治理，加强党委领导，发挥政府主导作用，鼓励和支持社会各方面参加；推进社会组织明确权责、依法自治、发挥作用。

---

❶ 《中共中央关于全面深化改革若干重大问题的决定》辅导读本，人民出版社 2013 年版，第 31 页。

3. 实现政府治理和社会自我调节

（1）发挥政府治理的主导作用。强化政府研判社会发展趋势、编制社会发展专项规划、制定社会政策法规和统筹社会治理方面的制度性设计、全局性事项管理等职能，发挥好政府在社会治理中的主导作用。充分发挥社会力量在社会治理中的作用。落实已出台的社会治理政策措施，完成已提出的社会治理目标任务。

（2）增强社会自我调节功能。加强全民思想道德建设，加强社会公德、职业道德、家庭美德、个人品德教育，培育自尊自信、理性平和、积极向上的社会心态，引导人们自觉履行法定义务、社会责任、家庭责任，自觉维护社会秩序。依托工会、共青团组织、妇联、基层群众自治组织和社会组织，开展形式多样、方法灵活的平等对话、相互协商、彼此谈判、规劝疏导，化解不同利益主体之间的利益冲突。推进以行业规范、社会组织章程、村规民约、社区公约为基本内容的社会规范建设，充分发挥社会规范在协调社会关系、约束社会行为、保障群众利益等方面的作用，通过自律、他律、互律使公民、法人和其他组织的行为符合社会共同行为准则。

习近平总书记指出："一切企事业单位、社会组织都要严格依照法律开展活动、规范行为、承担责任。"❶ 国家治理体系和治理能力是制度与人的关系，制度再好，不"落地"就会"悬空"，不"运转"就会"僵滞"。所以，创新治理关键是落实，提高自治水平，激发活力，防范风险，有序地推进发展。

二、民办高校领导体制治理途径探索之路

（一）现代治理需要领导力

现代治理不同于管理，现代治理要少一点管理，多一点领导。管理重在管事，重在控制，追求秩序和效率。领导重在以人为本，重在激励、激发和凝聚力量。在很大程度上可以说，现代治理能力离不开领导干部的领导能力，更离不开领导干部领导力的修炼和提升。

尧舜时期，黄河流域洪水经常泛滥，危及百姓生活和生命安全。为此，尧命鲧负责治水，鲧认为洪水之所以危害百姓是因为没有把它"管"起来，所以，他管水的理念就是"堵"，水来土掩，造堤筑坝，试图把洪水围住、管住，结果是洪水冲塌了堤坝。鲧治水九年都没有成功，最后被放逐羽山而死。后来，舜又根据百姓的意见命禹继续完成这个重大任务，禹吸取鲧管水失败的教训，改"管水"为"治水"，变"硬堵"为"疏导"，顺应水向低处流的

---

❶ 何毅亭：《学习习近平总书记重要讲话》，人民出版社 2013 年版。

自然之"理",因地形之利把壅塞的川流疏通,把洪水引入疏通的河道,最终流向大海,从而平息了水患,治水终于成功。

二者一成一败的原因在于,鲧用管控的办法,禹用治理的方法。其实,不论是自然力量还是社会情绪,如果在相对封闭的空间里不断积聚,得不到释放,最终的结果必然是爆发,引起危机,带来危害。面对不断积累的新老问题,唯有治理的方法和艺术方能从根本上解决问题。现代治理有两个特点:一是顺势顺理,顺应自然和社会发展之规律,顺应事物发展的道理和情理;二是引导疏导,引导思想和方向,疏导情绪和心理。实际上,多理善导的领导力与现代治理是完全相通的。

领导力要又领又导,会领善导。"领"是带领率领,领方向,领队伍。"导"是善于引导,重在事前定目标和方向,激发组织成员的斗志;是善于辅导,重在事中进行业务工作的辅导;是善于督导,即事后的检查监督,跟进反馈,以提高领导工作的绩效;是善于教导,重在提升组织成员的能力和素质,重在人才的培养。多理善导就要把理论和实际结合起来,在理清工作头绪的基础上用柔隐的方式去引导组织成员满怀激情地投入各项工作中。❶

具体到学校,"治理"是指在管理学校的过程中,为了使学校、教师、学生等各利益主体之间不同的利益得以调和并且采取联合行动的目的,而采取的管理学校事务的诸多方式的总和。治理具有以下特征:(1)治理不是一套规则条例,也不是单一的活动,而是一个多种活动相结合的过程。(2)治理的建立不以支配为基础,而以协商为基础。(3)治理意味着一种持续的相互作用,而不是单一方向的强制行为。(4)治理不是单纯的管理外部行为,而是在培养内在观念的同时,约束外在行为。从"管理"到"治理",是管理思想和实践的跃升。对非营利性民办高校而言,内部治理是一个管理进程,即在内部治理的进程中,努力在教育行政部门、校长、教师、学生、家长、社会等众多不同利益主体之间取得一致或认同,以便实施学校目标的管理活动。在治理学校的过程中,要通过制度和程序等,确定各种权力的分配和行使方式,包括确定各主体的权利(力)范围,权利(力)的相互制约与平衡,对违法行为的制裁,以及在学校的活动中维护公共利益等。

(二)学校领导力的三德修炼

孔子认为,君子应"仁者不忧,智者不惑,勇者不惧"。换言之,学校领导干部要修炼三德,即仁德、智德和勇德。这里的仁德强调领导干部的作风,是广义的情商;智德强调领导干部的能力,是广义的智商;勇德强调领导干

---

❶ 全国干部培训教材编审指导委员会:《领导力与领导艺术》,人民出版社 2015 年版,第 4、5 页。

部的责任意识和担当精神，是广义的胆商。习近平总书记强调，领导干部要增强进取意识、机遇意识和责任意识。进取意识是提高情商和仁德修炼的重点；机遇意识是提高智商和智德修炼的重点；责任意识是提高胆商和勇德修炼的重点。

1. 领导干部的仁德修炼

仁者爱人，领导干部心中要有大爱，爱国家、爱人民，领导干部要有"绿我涓滴，会它千顷澄碧"的大仁大爱信念和全心全意为人民服务的宗旨情怀。领导仁德的重点是信念坚定，是为民服务，是清正廉洁，是作风优良。信念坚定是领导干部精神之"钙"，没有理想信念，理想信念不坚定，精神上就会"缺钙"，就会得"软骨病"，就会动摇前进的方向，就会动摇要走的道路。全心全意为人民服务的宗旨是仁德修炼的根本目的。

仁德是广义情商的概念，主要包括两个方面的内容：一是仁者不忧，二是仁者爱人。所谓仁者不忧，强调的是领导干部通常富有自信，能始终保持积极向上的阳光心态和奋发有为的进取精神，重在自我管理和自我激励。所谓仁者爱人，强调的是领导干部要关心他人，不仅关心部门和单位的发展，而且关心社会和国家的进步，重在了解他人和影响他人。广义情商主要是领导干部在情绪、作风、道德和意志等方面的品质，主要体现在领导干部既能够自我管理和自我激励，又善于把握他人情绪和影响他人，处理好自己和他人关系的综合能力。毫无疑问，领导干部只有具备高情商，才能管得住自己，管得住身边人，才能够坚定理想信念，大仁大爱，服务好并带领好群众。因此，二者在本质上是一致的。

2013 年 5 月，习近平总书记在天津与高校毕业生和大学生村干部交谈时指出，做实际工作情商很重要，更多需要的是做群众工作和解决问题能力，也就是适应社会的能力。习总书记这番话虽然是针对大学生村干部讲的，但对领导干部同样具有指导意义。领导力的本质是感召力，是影响力。因此，领导干部更需要积极进取、开拓创新，不用扬鞭自奋蹄，有效地传递正能量，激励广大干部群众奋发有为、积极向上。

2. 领导干部的智德修炼

智德修炼的重点是能力建设，是决策水平的提高，是勤政务实，是把中央精神和当地实际相结合，创造性地开展工作。领导干部要有机遇意识，知道什么该做什么不该做，知道什么时候该做什么事，善于取舍，把握机遇。要坚持党性和人民性的统一，坚持原则性和灵活性的统一，既要深刻领会中央和上级的施政理念、方针和政策，理解世界和国家发展的大势，把握住发展的方向和战略，毫不动摇，又要了解本地区、本部门的实际情况，有什么优势和劣势，有什么机遇和挑战，注重从实际出发，因地制宜、因时而变，创造性地开展工作，关键能够取得人民群众满意的实效。

3. 领导干部的勇德修炼

勇德修炼要求领导干部要有胆有识，敢于担当，不惧怕责任、压力和风险。勇德的重点是担当精神，重在敢于担当，重在责任意识。真正的领导干部就是责任、困难和风险的担当者。敢于担当是大智和大勇，是见识和胆识，是责任和使命。有的人对事情看得清清楚楚、明明白白、透透彻彻，但总是患得患失，关键时刻优柔寡断、犹豫不决、无法决断。领导工作不能怕担风险，更不能怕担责任，领导干部一定要有强烈的担当精神和巨大的政治勇气。

学校领导干部的担当精神直接关系到学校治理的成效，有多大的担当才能干多大的事业，尽多大的责任才会有多大的成就。"天下事有难易乎？为之，则难者亦易矣；不为，则易者亦难矣。"敢于担当要求领导干部坚持原则，认真负责，面对矛盾敢于迎难而上；面对危机敢于挺身而出；面对失误敢于承担责任，善于修正错误；面对歪风邪气敢于斗争，敢于亮剑。❶

（三）我国民办高校法人治理

国内学者一般把法人治理结构解释为所有者、董事会、监事会和高级管理人组成的组织结构。现代公司治理结构由 4 个部分组成，即公司股东大会（最高权力机关）、董事会（决策机构）、监事会（监督机构）和总经理（执行机构）。

我国民办高校内部治理状况，很大程度上取决于民办高校初期的举办或创办情况，特别是出资情况，而股份合作办学型，一般由出资人共同组成"股东会"——学校最高权力机构，由"股东会"推选产生学校董事会——决策机构，董事会指定其中一名董事或外聘专业人士担任学校校长（类似公司总经理）——执行机构。

1993 年，《民办高等学校设置暂行规定》出台，标志着民办高等教育正式结束了办学无章可循的状态。《民办高等学校设置暂行规定》第 16 条规定："申请筹办民办高等学校须报送以下材料：……学校章程；实行董事会制度的学校，还须报董事会章程和董事长、董事名单及资格证明文件……"第 17 条则规定："申请正式建校要报以下材料……学校组织机构、领导班子、教工队伍情况和骨干教师名单及其职称、专业……"

1997 年颁布的《社会力量办学条例》第 12 条规定："教育机构可以设立校董会。校董会提出校长或者主要行政负责人的人选，决定教育机构发展、

---

❶ 全国干部培训教材编审指导委员会：《领导力与领导艺术》，人民出版社 2015 年版，第 8—10 页。

经费筹措、经费预算决算等重大事项。校董会由举办者或者其代表、教育机构工作人员的代表和热心教育事业、品德端正的社会人士组成，其中 1/3 以上董事应当具有 5 年以上教育、教学经验⋯⋯"

2002 年颁布的《中华人民共和国民办教育促进法》首次明确提出"民办学校应当设立学校理事会、董事会或者其他形式的决策机构"，并对民办学校理事会或董事会的人员组成及其职权范围等做了较为细致的规定。《中华人民共和国民办教育促进法实施条例》在要求民办学校章程应就理事会、董事会或者其他形式决策机构的产生方法、人员构成、任期、议事规则等做出规定的同时，还就民办学校决策机构负责人的任职资格、理事会或董事会的议事规则等作了进一步规定。

目前，我国民办教育机构在内部管理体制上呈多样化，归纳起来大致有以下几种类型：董事会（理事会）领导下的校长负责制、校长负责制、教育集团统筹下的校长负责制、教职工代表大会民主基础上的校长负责制、校长主持下的校务委员会制、党委领导下的校长负责制等。各种模式都有它的合理性与不足之处。

（四）民办高校健全法人治理结构的重要性

借鉴相关治理理论，结合民办高校实际，我们可以对民办高校法人治理结构进行如下界定：所谓民办高校法人治理结构，是指民办高校作为独立的法人实体，在举办者（出资人）、决策者、管理者和教职工等权益相关人之间建立的有关学校运营与权利配置的一种机制或组织结构，以及通过这种组织结构形成的责、权、利划分、制衡关系和配套机制（如决策、指挥、执行、激励、约束和监督机制）等游戏规则构成的有机整体。在这种组织结构中，不同机构依据不同的职权，各司其职，各负其责，相互配合与制衡，以保障学校的正常决策和管理秩序。通过这一结构，出资人将自己的资产交由理事会（或董事会）托管经营。学校理事会（或董事会）是学校的最高决策机构，作为拥有治理权的常设机关，全权负责学校的经营活动，拥有对学校法人财产的支配权，对学校校长的聘用、奖惩以及解雇权。校长受聘于理事会（或董事会），作为理（董）事会意志的执行者，在其授权范围内管理学校。❶

构建完善的法人治理结构是民办高校建立现代大学制度的必然要求，也是其从自然人治理转向法人治理，确保公益性，实现可持续发展的根本保障。由于民办高校多利益主体的特性以及民办高校的举办者并非完全追求单纯的剩余价值索取权，因此，民办高校的法人治理结构既不同于企业法人治理结

---

❶ 韩民："民办学校法人治理机构如何完善"，《中国教育报》，2004 年 7 月 18 日。

构，也不同于公办高校法人治理结构。❶ 与企业法人治理结构都有股东大会或股东代表大会这一最高权力机构不同，民办高校法人治理结构中往往只有董事会或理事会等形式的决策机构，而没有一个"最高权力机构"，并且决策机构的组成人员更加多样化，也更加强调利益相关者的共同治理。与公办高校领导体制普遍实行党委集体领导下的校长负责制不同，民办高校一般都实行董事会或理事会领导下的院（校）长负责制，党组织在民办高校中主要起政治保障和纪律监督作用。❷

法人治理结构的重要性在于：

第一，规范和完善法人治理结构，是民办高校从自然人治理转向法人治理，实现可持续发展的重要制度保障。

第二，规范和完善法人治理结构，有助于民办高校建立起自主管理、自我发展、自我约束的机制，成为负责任的法人实体，有效地解决民办高校经营管理中的各种矛盾。

第三，规范和完善法人治理结构，有利于实现专家治校和民主管理。

（五）构建民办高校治理结构基本原则

建构非营利性民办高校治理结构必须遵循一定准则，以此保证民办学校内部治理结构的相互协调、相互平衡、相互制约，保证治理结构的上下有序、前后有度、左右有致、内外有别，保证民办学校的非营利性不变质、不变形、不走样。具体来讲，建构非营利性民办高校内部治理结构需遵循以下原则。

1. 方向原则

坚持非营利性办学，必须坚持正确方向。建构非营利性民办高校治理结构，必须在方向上着力把握三个方面。一是高举公益性旗帜，坚持非营利性办学取向；二是坚持立德树人，积极培育和践行社会主义核心价值观；三是坚持党对教育工作的领导和对学校的领导，全面贯彻落实党的教育方针。

2. 法治原则

要以党的十八届四中全会精神为指导，牢固树立法治观念，全面落实依法行政、依法治教、依法治校，善于运用法治思维、法律方式，解决学校改革和发展进程中所遇到的各种问题。学校治理要严格遵守国家法律法规和政策文件规定，以法律为最高活动准则，不得与法律相冲突。

---

❶ 董圣足："民办高校法人治理结构构建与思考：基于上海建桥学院的个案分析"，《教育发展研究》，2006（11B），第64-69页。

❷ 董圣足：《民办院校良治之道》，教育科学出版社2010年版，第84页。

3. 制衡原则

非营利性民办高校建构治理结构，要实现所有权、决策权、执行权、监督权相对分离，对权力运行形成有效制约，从制度设计上避免任何形式的擅权专权。尤其要注重平衡学术权力与行政权力的关系，回应方方面面的诉求，善于在权力制衡中扩大学校办学资源，实现学校长期发展和稳定。

4. 民主原则

这是现代学校治理必须遵循的基本原则。建构非营利性民办高校治理结构，要以民主为导向，体现广泛代表性，并充分调动各方利益相关者对学校管理和决策的参与。要着力完善学校治理规则和程序，做到公开透明。学校治理要充分听取广大师生的意见，尽最大可能凝聚共识，同时也要注重少数人的合理合法诉求。

5. 监督原则

建构治理结构的重要目标，就是要对权力形成有效监督和制约。对非营利性民办高校而言，这一点尤为重要。要通过治理结构的完善，对负有管理权力和责任的部门和人员，进行有效监督。监督原则是落实制衡原则、民主原则的保证。

6. 公益原则

公益性是非营利性民办高校的核心诉求，是学校办学声誉的基础和重要保障。完善的非营利性民办高校治理结构，要将维护和促进公益性作为重要目标，通过治理结构的完善，构建保障公益性的制度屏障。

（六）贵州城市职业学院依法治理结构案例

贵州城市职业学院从 2001 年建校至 2009 年实行院长负责制。自 2010 年后，根据《中华人民共和国民办教育促进法》（以下简称《民办教育促进法》）的精神，实行董事会领导下的院长负责制。

民办高校实行的董事会领导、党委监督保证的校长负责制是比较科学的。学院董事会、党委会、行政委员会成员交叉任职，真正做到决策、监督、管理职能的三能合一。董事会的建设，充分体现民办高校的特点，要建立和健全董事会领导下的校长负责制。

第一，在董事会人员的组成上，《民办教育促进法》第 20 条规定，董事会"由举办者或其代表、校长、教职工代表等人员组成，其中三分之一以上的理事或者董事应当具备五年以上的教育教学经验"。要求董事会成员应是知识型人才，院长、副院长应该是管理本行（专业）和做大事的教育专家。

第二，董事长和董事会产生通过选举与推荐，学校创办人为董事长。

第三，为了维护学校利益和扩大学校影响，董事会实行任期制。

第四，明确董事会的职能。（1）聘任和解聘院长；（2）修改学院章程和制订学院的规章制度；（3）制订发展规划，批准年度工作计划；（4）筹集办学经费，审核预算、决算；（5）决定教职工的编制定额和工资标准；（6）决定学院的分立、合并、终止；（7）决定其他重大事项。

第五，对于未能尽职的董事并给学校造成损失的应予撤换，同时依法追究责任。另外，除董事会外，还设置两名以上监事作为学院最高领导机构成员，其职责是负责监督学校的运营和董事会的工作。

从民办高校实际出发，在董事会的职能划分上，要处理好以下三个方面的关系。

1. 妥善处理董事会与学院院长之间的关系

实践表明，要真正做到科学决策和民主管理，就必须实现决策权与执行权的有效分离，即董事会与院长之间的权限范围必须加以严格划分，董事会的主要职责在于决策拍板，而不应直接参与学院微观管理事务，涉及学校内部教育教学和行政管理等的活动，都应交由以院长为中心的学校行政班子独立负责。只有这样，才能做到专业化决策，实行专家化治校。

2. 妥善处理董事会与学院党组织之间的关系

与公办高校实行党委领导下的校长负责制不同，民办高校实行的是董事会领导下的校长负责制。

3. 妥善处理董事会与教代会、工会之间的关系

《民办教育促进法》第26条规定："民办学校依法通过以教师为主体的教职工代表大会等形式，保障教职工参与民主管理和监督。民办学校的教师和其他工作人员，有权依照工会法，建立工会组织，维护其合法权益。"因此，民办高校的董事会必须充分尊重并支持教代会、工会依法施行民主管理和民主监督权力。

总之，董事会制度的优点是非常明显的，使学院工作的决策层和管理运作职能部门各司其权，各尽其职，使决策与执行两方面都达到专深地步，工作运作更加有效。重大办学事务由董事会决定，既能发挥董事会的集体决策作用，保证决策的正确性，又有利于院长专心致力于学院的全面管理工作，减少失误。

三、校长正能量与管理策略

一个好校长就是一所好学校，一个好校长就是一面旗帜。中国著名教育

家陶行知有句金石名言："校长是一个学校的灵魂，要想评论一个学校，先要评论它的校长。"中国著名校长卓立指出："一个优秀的校长应该有创新的精神，有超前的意识。"学校有先进的办学思想，树立正确的教育观、发展观、人才观、学生观、教师观、质量观，形成符合素质教育要求，能够凸显学校的办学品位与特色，能够体现现代学校特征，并成为全体师生所认同的学校文化。

（一）确立校长的地位

民办大学与公办大学，它们共同的特质在于"大学"，它们肩负共同的使命和责任。民办高校校长和公办高校校长，从管理学校的基本职能来说也是一致的。他们都要贯彻党和国家的教育方针，培养社会主义建设的合格人才。但是，由于民办高校独特的办学体制和现阶段的发展现状，使得民办高校校长与公办高校校长在面对的工作任务和环境方面具有以下显著差异。

一是民办高校校长要自筹学校运行资金，没有钱不能向政府伸手。学费使用也要精打细算、"差额管理"，绝大部分民办高校都需要积余部分经费用于学校的建设和发展。

二是民办高校的自主权比公办高校的自主权大得多，在办学体制和机制方面具有公办高校难以比拟的优势。但是如果不注意运用或者运用得不恰当，也有可能将民办高校带入危机。

三是我国民办高校发展历史不长，大多数民办高校仍处在初创阶段，缺乏现成而完备的办学条件，成长过程中又恰逢高等教育快速进入大众化，规模扩张和资本积累阶段迅即穿越。突如其来的高考生源的快速下滑、人民群众接受高等教育自主权和选择权的增强以及高等教育发展方式的转变，对正在成长中的民办高校是一个严峻的考验。

作为校长需要有更强的开拓精神和克服困难的坚强毅力，在困境中挺身而出，举起旗帜，亮相社会，带领全校教职员工凝心聚力，充满信心，洞察市场，努力拼搏，用自己的智慧处理好各方面的关系，带领全校员工创造并赢得更大的发展空间。❶

民办大学的校长是学校组织的最高管理者，不仅要发挥组织、协调、激励的管理职能，还要充当战略管理者、资源配置者、任务分配者、危机处理者、变革执行者和运行考核者等各种不同的角色。他对外代表学校，对内主持校务，处于大学治教者（教师）、治校者（管理人员）和求学者（学生）

---

❶ 徐绪卿：《我国民办高校内部管理体制改革和创新研究》，中国社会科学出版社 2012 年版。

三大群体结构的顶层，是具有最高行政权力的治校者。❶ 民办大学校长的作用对民办大学办学的影响甚大，他的办学思想、办学行为决定一所学校的成败。

因此，加强民办高校校长队伍的建设，非常必要，非常急迫。

（二）校长应具备的能力

实践证明，校长自身素质和能力的高低，在很大程度上决定了学校管理水平的高低，决定了学校的发展速度与水平。作为一名优秀的民办高校校长必须具备以下能力。

1. 科学决策的能力

古人曰："一着不慎，满盘皆输；一着占先，全盘皆活。"

一位英国学者强调：为了在动荡不定的世界上求得生存，就必须做出精明的决策。

决策民主化方面，校长如果事事亲力亲为，事必躬亲，除了累死自己，下级不满之外，更坏事的地方在于精力误用，只见树木，不见森林，捡了芝麻，丢了西瓜。时间被各种琐事耗掉，没有时间和精力去考虑决策大事，这就等于自己在自己建筑的囚笼内打转。

另一种校长是盛气凌人，生活在自己制造的肥皂泡之中，既不知己，又不知彼，终有一天气泡破了，校长再没有一支能战斗的队伍帮他杀出重围。因此，校长要制造一个环境，使自己的意见能受到挑战，事事与下级商量。在决策的过程中，要把握以下三个最基本也是最关键的环节。

第一，正确制订管理目标。胸中始终装着既定目标，包括宏观的、长远的目标和阶段性的、近期的与当前的目标。

第二，善于分解目标。善于将学校管理目标转化为学校各部门和全体师生的职责和美好期望；善于通过有效途径，实现师生对美好目标的向往，并把对美好目标的向往化为实施目标的积极行动。

第三，搞好目标实施过程中的严格监测与调控，防止指标计划、措施彼此脱节或不落实的"空运"。如果不抓落实，那么任何科学的决策、缜密的计划、完善的措施都会成为一纸空文。

2. 把握全局的能力

校长把握全局，主要应做到以下三个方面。

第一，要有远见卓识。校长要善于将各方面的信息如个体与群体、形象与抽象、常规与非常规、静态与动态、定性与定量等分析综合，做出准确的

---

❶ 史飞翔："论民办大学校长在构建办学特色中的核心作用"，《学理论》，2011年第15期。

判断。

第二，要平衡协调。校长要做钢琴家，不仅要掌握"抓中心"的艺术，而且要有卓越的协调平衡技能，善于统筹兼顾。

第三，要胸怀全局。"不谋全局者，不足谋一域。"面对目前民办高校发展态势，校长应对大局了然于胸，对大势洞幽烛微，对大事铁画银钩，才能因势而谋，应势而动，顺势而为。

3. 知人善任的能力

《道德经》云："知人者智，自知者明。"作为校长，不仅要知己，还要知人；不仅要知人，还要善于用人。校长要克服几种不良心理：一是任人唯亲。凡事以我为中心，唯派是亲，关系至上，近亲繁殖。二是论资排辈。把资历深浅、年龄大小作为提拔和使用人才的主要依据。三是偏信谗言。屈原《卜居》有言："尺有所短，寸有所长，物有所不足，智有所不明。"既然人无完人，那么顺理成章的结论，是对人才不要偏信谗言，不要求全责备。简言之，校长知人善任，就是把一大批优秀教师、优秀管理人才吸引到自己周围并调动其积极性，发挥其创造性。

4. 开拓创新的能力

首先，需要转变理念。由过去的职务型校长转变为职业型校长，由事务型校长转变为科研型校长，由权力本位型校长转变为能力本位型校长。

其次，创新管理制度。应构建一种适应新时期特点的新模式，比如人文管理和制度管理的相辅相成；在安全管理中孕育危机，在危机管理中酿造安全，即通过关心教职工，满足需要，创造稳定的工作环境，使教职工安居乐业。同时，通过一系列途径让教职工有适度压力，从而积极工作，把这两者有机地结合起来。

最后，必须打破常规，跳出思维定势。遇到问题时要思考：常规之外是不是还有别的办法？是不是还有其他解决问题的途径？还要培养有效的创新思维方式，如逆向思维、发散思维等。一招不新，满盘皆输，因循守旧，后患无穷。时时要创新，事事要创新，把创新当成一种习惯，事业才会久盛不衰。

5. 指导课堂教学的能力

增强指导课堂教学的能力，校长要引导教师处理好四种关系：

一是在课堂教学价值取向上，必须处理好"知识课堂""智能课堂"与"生命课堂"三者之间的辩证关系，让学生更爱学、更会学，实现师生生命价值的同步发展。

二是从课堂教学目标上看，必须处理好生成性教学目标与预设性教学目标之间的辩证关系，坚持预设与生成的辩证统一。

三是在课堂教学方式上，强调突出"学"（自主学习、合作学习、探究学习）的同时，还要坚持"学""导""教"相结合。

四是在课堂教学内容上，必须处理好教材知识和其他知识的辩证关系，既重教材又不拘泥于教材，不是"教教材"而是"用教材"。

6. 和谐人际关系的能力

校长在和谐学校人际关系上要注意以下三点。

第一，和谐源自公平。在和谐人际关系的创建过程中，校长必须处事公平，待人公正，做到"一碗水端平"。

第二，和谐源于激励。学校和谐的人际关系也是校长激励出来的。校长要把握时机，适时采取不同的激励方式，包括物质激励和精神激励、正激励和负激励、内激励和外激励等，以达到持久的作用和效果。

第三，和谐源于教职工之间的互信互尊，互谅互让，互相理解，互相帮助，积极合作。

7. 引导教师专业发展的能力

一个学校教师专业发展的实现在很大程度上取决于校长的成功引领。校长只有切中教师专业发展的脉搏，具备统筹管理大局的能力并富有深厚的人文情操，才能给予教师专业发展强大的动力。

校长要成为教师专业发展的领航员，要做好"四要"：

一要增强教师专业发展意识，掌握教师专业发展理论，熟悉教师专业发展规律。

二要根据本校实际、教师的专业优势和需求，制订出特征鲜明的发展目标和具体可行的发展规划，同时指导和督促每一位教师制订出自己的专业发展计划。

三要协调、整合学校各处室、系办的力量，从财力、物力上大力支持。实施机制调动、个体内动、同伴互动、骨干带动、专家助动、校际联动"六动"教师培训策略。

四要改变管理方式，坚持以人为本，对于不同发展阶段的教师，给予差异性管理。研究每一位教师的教学起点和发展潜力以及个人的性格特点等，提出相应的发展建议，为教师创造自由的发展空间。

8. 称职的领导力

美国学者曾尖锐指出，中国教育的本质问题在于没有真正意义上的校长。当下学校的指导思想、教育理念、价值追求、管理模式、教育教学方式和服务形式几乎千校同面。那么，面对现实，校长该如何做？

首先，校长的领导力应该建立在人品上，即道德领导。道德领导指校长具有良好的道德修养、高尚的人格魅力，在学校管理中率先垂范，以德治校。香港教育署对校长的道德领导能力做了具体的规定，一个称职的校长必须具有以下道德能力，在专业操守及个人道德方面均可作为模范；在校内推广合乎道德的行为及诚信的精神；接纳并善于体会校内成员的个别差异，就学校运作的公平性、效能及效率，向学生家长、教职员、董事会及社会各界人士负责。❶

其次，校长的领导力应该建立在执行力上。校长执行力是校长贯彻教育方针政策和学校战略意图，履行岗位职责，完成既定任务，实现预定目标的行为能力。每位校长都有自己美好的愿景，但要如何做到？一是加强学习与研究，提升其理解力，即理解政策，理解学生，理解学校教育，理解学校管理；二是加强反思与修炼，提高其内驱力；三是加强转化与实践，提高操作力。

最后，校长的领导力应该建立在眼界与心胸上。校长的眼界决定学校的发展高度，校长的心胸关乎学校的发展思路。校长的眼界、心胸不仅在一定意义上决定学校的出路和发展空间，而且决定着教师和学生的眼界。在人们的心目中，校长是学校的代表，是连接校内、校外诸多元素的桥梁。❷ 校长作为协调者，就学校内部看，需要为教师、学生做好服务；就学校外部看，家长、社区、社会相关组织单位与学校有着不可分割的联系，需要校长代表学校与他们建立融洽的、积极的关系，赢得各方支持，实现双赢、多赢。校长作为协调的"大使"，应具有先进的人文素养，富有仁爱之心、包容之心、助人之心，具有与人为善的能力、友好合作的能力。

9. 凸显的人格魅力

如何使校长成为学校的"魂"？人们的共识是校长要努力增强自身的人格魅力，应该使自己成为具有现代人格意识、人格素质的领导者。美国心理学家赫兹格的"双因素理论"告诉我们："物质因素对积极性仅仅起保障作用，并不能起到激励积极性的作用，只有精神因素才是重要的激励因素。"要唤起教师的进取意识和创造精神，营造凝聚力工程，校长的人格魅力尤为重要。

(三) 校长的办学思想

所谓办学思想是指在一定社会文化的影响下校长对办学方向、指导思想、办学原则、办学目标和办学途径等的系统认识。

---

❶ 杨海燕："香港与内地校长培训制度比较"，《内蒙古师范大学学报》，2006 年 4 月。

❷ 严华银：《今天，如何做校长》，华东师范大学出版社 2011 年版。

校长办学思想的关键就是要解决培养什么样的人和如何培养人这两大问题。

《国家中长期教育改革和发展规划纲要（2010—2020年）》明确指出："坚持以人为本、推进素质教育是教育改革发展的战略主题，是贯彻党的教育方针的时代要求，核心是解决好培养什么人、怎样培养人的重大问题。"

1. 培养什么样的人

《国家中长期教育改革和发展规划纲要（2010—2020年）》的指导思想强调要"全面贯彻党的教育方针，坚持教育为社会主义现代化建设服务，为人民服务，与生产劳动和社会实践相结合，培养德智体美全面发展的社会主义建设者和接班人"。战略主旨也指出："重点是面向全体学生，促进学生全面发展，着力提高学生服务国家人民的社会责任感、勇于探索的创新精神和善于解决问题的实践能力。"

校长的职责就是将这些要求具体转化为学校可以操作的办学思想和办学行为。如何让党的教育方针有效地"落地"生根，是关键所在。没有"转化"与"操作"，学校实施素质教育和学生的发展根本就是纸上谈兵。

2. 如何培养人

民办教育与公办教育既共同发展又相互竞争。民办高校为加强科学的规范和管理，在市场化运作中选择了个性化和特色化的发展道路，形成自己独特的办学模式和灵活的竞争机制，进而更好地面向教育市场，把民办高校办成"有吸引力的磁铁学校"。

（1）以创新为"魂"。创新，是一个民族的灵魂，是事业兴旺发达的不竭动力。贵州城市职业学院以"创新思维"治校、治教、治学。

第一，办学思路创新。学院始终与社会、经济、就业、市场接轨，坚持为国分忧，为民解难，以"招收一生，育成一人，就业一人，致富一家，带动一片"为目标，实现家长、学生、学校的共同期盼。

学生通过在校三年的锻造，锤炼成为具有健全人格、全面和谐发展而又能够生存发展的人；成为具有时代特征，适应社会需要，能够为经济社会发展做贡献的人；成为具有崇高的理想信念，为民族振兴乃至人类社会做出奉献而有名气的人。

因此，贵州城市职业学院在教育教学的过程中，实施全员、全过程、全方位育人，一切为了学生，一切服务于学生。同时，通过实训、实践，培养学生的实践能力和创新精神，让学生将自然科学知识、人文知识等各种理论消化、固化、融合、升华。

第二，教育机制创新。主要是抓好学院五支队伍建设。一是领导班子建设。要求领导班子成员深入处室，深入教室，深入宿舍，深入学生中，以身作则，搞好服务，做到"团结、勤政、廉洁、务实、高效、民主、创新"。二是班主任队伍建设。认真选拔班主任，强化班主任的责任意识、主动意识和创新意识，多进班级，多进宿舍，多与学生家长沟通。三是教师队伍建设。强化师德，要求教师博学强技，用心工作，用爱育人。四是学生会干部和班干部队伍建设。自报竞选岗位，择优选拔，加强培训，严格管理，正确引导，逐步由他律变为自律。五是学生队伍建设。学院要求教师树立正确的学生观、人才观——"人人有才，人无全才，扬长避短，人人成才"。坚持把德育放在首位，不断对学生进行安全教育、纪律教育、学风教育、礼仪教育和感恩教育，引导学生在校良好的道德行为，引导学生做好职业生涯规划，做有理想、有追求、有素养的人。

第三，教学机制创新。教学是学校教育的主体，教学机制与效果是一所学校的真正实力所在。贵州城市职业学院在教学机制创新方面，一是尊重学科特点，注重改革创新。正确处理教学内容的丰富性与教学时数的有限性矛盾，合理地精简和更新教学内容，增添学科前沿知识内容和培养学生实际能力的内容。二是注重教师的学历结构、专业结构、职称结构和年龄结构。三是所有教职工一律按制度进行招聘、选拔、培训、考核。四是有效地利用网络、信息和电化等教学手段。

（2）市场为"根"。《国家中长期教育改革和发展规划纲要（2010—2020年）》明确指出："确保到2020年我国基本实现教育现代化，基本形成学习型社会，进入人力资源强国行列。"面对教育市场化、全球化、资源区域化的办学立校现实，社会对教育提出了质量、水平、责任、效果的全新要求，学校必须坚持科学发展，以市场为根本。

第一，专业始终以市场经济和就业气候为导向，不断调整办学思路与办学方向，力求做到办学理念、教学体制、管理机制、专业设置、师资建设等与市场、社会的无缝对接、同步共振，以"办学实践"去履行社会、经济、企事业单位需要什么样的人就办什么样的学的改革创新精神，在职业教育遇到严峻挑战的时候，学院上下求索，走出一条以市场为根本的成功之路。

第二，推行"双证融通"的教学模式，在提升学生专业技术应用能力和专业竞争力的同时，把职场生存和发展必需的意识和观念渗透到学生的思想行为中，润物无声地塑造学生的职业精神。

第三，学院针对高职教育的特点，扎实有效地开展人文素质教育，引导学生形成良好的技术价值观，使学生既掌握做事的能力，又学会做人的本领；既有迅速上岗的能力，又有面向职业生涯的可持续发展能力。

第四，培养魅力社团。为进一步加强和改进大学生思想政治教育，促进大学生全面健康发展，学院提出了以思想政治理论课为渠道，以学生社团活动为载体的学生思想政治教育新模式。

（3）发展为"理"。发展才是硬道理。教育发展依赖于市场，而学院的发展更要紧贴市场。为了发展，贵州城市职业学院一直在努力做好"三完善"工作。

第一，完善以市场为导向，以学生为主体的办学思路。为实现"招来一生，育成一人，就业一人，致富一家，带动一片"的办学目标，提供了可靠的保障。

第二，完善"专家治校，学者督教，优师治学"的办学机制，以质量求生存，以管理谋发展，创名优学校，立名牌专业，为学生建立起牢固的"就业、创业、乐业"的平台。

第三，完善资源共享的合作意识，拓展与企事业单位的合作空间，发展办学模式。近几年来，学院合作的企业多、类型多、项目多、元素多，从学生的认知、课程、上岗、实训、毕业等方面吸引企业走进校园，让学生踏实地走向企业岗位。

（四）校长的管理智慧

1. 校长怎样用好权

著名校长孙均昌有句名言：一个称职的校长，不应成为做事最多的人，而应成为做事最精的人。校长的权力是学校董事会给予的，校长的权力本质是指校长的影响力、控制力。在学校管理中，权力是能够改变人行为的一种力量，是统一行为的保证，是校长管理好学校的条件。校长用权，应在"公""正""廉""明"的基础上用好权，发挥权力的最大效应。这包括校长应该灵活、适当地集权与放权，让下属都有与其职位相对应的权力，在信任上放权，在放权上信任。

2. 校长用权需掌握"度"

中国古代教育家孟子的观点是"权"，然后知其轻重，"度"，然后知其长短；物亦然，心甚然。校长要用好手中的权力，有两个字最重要，一个是道，一个是度。道是指方向性、原则性的东西，度是指分寸尺度。领导者有分寸感，对度的问题悟得深、把得准、用得好，就能使"道"得到全面贯彻落实，唱响"主旋律"，架起"连心桥"，倡导"齐步走"，克服"左右左"，增强向心力，从而实现主观与客观、动机与效果的统一。

3. 校长要学会有效授权

美国著名心理学家查雪尔说过：一个杰出的领导者必定是一个高明的授权者。所谓授权，就是管理者为了达成工作目标，通过授予权力特别是做决策的权力，让被授权的人围绕上级或部门设立的工作目标进行工作。正确的授权使校长有更多时间来确保发展方向和战略的正确，总揽全局，从而不被日常琐事缠身，校长可以把更多的时间和精力放在学校的人力管理、激励教职员工和自身的完善和学习上，去更好地建设学校团队精神，从而提升学校的质量和品位。

4. 校长用权重在激励

美国著名管理学家艾柯卡指出，所谓管理，实际上就是调动人的积极性。激励，就是遵循人的行为规律，运用物资和精神相结合的手段，采取有效的方法，最大限度地激发下属工作的积极性、主动性和创造性，以确保其用权目标的实现，即收到 $1+1>2$ 的优化水平，从而能够使校长有效用权、高效用权！

（五）校长是学术前沿引领者

1. 校长要注重教研科研

当今世界，科学技术比历史上任何时期都更加深刻地决定着经济发展、社会进步。世界各国都把教育科研能力列为校长任职的必备条件之一。苏联教育家苏霍姆林斯基说过："如果你想让教师的劳动能够给教师一些乐趣，使天天上课不致变成一种单调的义务，那你就应当引导每一位教师走上从事一些研究的这条幸福的道路上来。"学校是学术的殿堂，是学生学习知识、形成技能、启迪智慧的地方。学校研究氛围和学术力量是学校发展的不竭动力。如果学校不搞学术活动，不搞教研科研，就不会有大发展，不会有稳步的提高，不会有特色。随着教育改革的日益深化与发展，"科研兴教"与"科研兴校"已成为教育界的研究主题，时代的发展要求校长的角色从行政领导者向"科研型""学者型""专家型"校长转变。目前，高等学校已经成为我国科学研究的重要力量。因此，校长只有成为研究者，认真研究自己的学校，研究学校所处的社区环境，研究学校在区域性教育中的位置及学校发展历史，尤其是研究学校现在面临的问题、困难和积淀下来的优势，才能不断用先进的科学理论指导实践，不断地总结先进的管理经验，探索教育规律。总之，校长只有持续地开展研究才能成为"科研治校"的专家。

2. 以丰厚学识底蕴把握学校发展方向

校长要形成丰硕的学术成果，前提是必须涵养厚重的学识底蕴。途径有三：博学之、时习之、精研之。

"博学之"，即要博览群书。古今中外，典籍也好，杂书也罢，能读多少便读多少。读经典的书、大师的书、实践的书，追求熔铸中外、积淀古今的博大思想与丰富学识，使自身在业务上始终处于高屋建瓴的态势，能以先进的教育理论指导学校发展和老师教育实践。

"时习之"，就是对所读之书要结合教育工作实际内化为学术感情，课堂教学是学校发展的核心环节，也是学校学术氛围建设的落脚点。校长学术的引领必须实现课堂教学的引领。上课、听课、评课，亲近课堂，以身作则，行为示范，努力做一个行动者、实践者。通过实践了解学校教学的第一手情况，体味读书收获的感悟，为开展学术研究提供可靠依据。

"精研之"，可用一个"省"字表述。分内省与外省两种。内省为个人行为，是把读书、学习获得的感悟通过个人思考进而形成学术思路。遵循教育规律，提升教育科研素质，把在教育教学第一线所获取的丰富经验总结出来，提炼成科研课题。外省为团队行为，是通过组织学术活动，研究科研课题，让每个人的学术感悟经过互相交流、碰撞、辨析、启迪，形成学术合力，把"悟"升华为"理"，始终站在时代前沿思考和把握学校发展方向。

3. 营造良好学术风气，积蓄学校发展内力

校长的治学，非个人治学，乃团队治学。要将其转化为团队的具体治学行为，营造良好的学术环境是校长工作的"重中之重"。学风是学术软环境中最重要的因素。良好学风的核心是"民主、自由"。好校长善于孕育民主、自由的学术风气，树立高尚学术之风，建立学校组织，搭建学术平台，为每个教师提供展示其学术才能的广阔舞台，指导学术交流，用研究精神和研究成果鼓舞教师参与研究。同时，校长自身要耐得住寂寞，潜心研究，以厚实的学养做基础，引领整个学校学术水平不断提升。❶

4. 校长引领提升科研水平

第一，加强科研创新队伍的建设。通过学校学术委员会，组织跨学科、跨领域的科研与教学相结合的团队，吸引培养和稳定一批中青年学术带头人。

第二，加强重点科研创新基地与科技创新平台建设。学校要与科研院所、企业合作，共享科技教育资源，统筹"项目、人才、基地"的建设。

第三，围绕重大理论问题和现实问题进行攻关。目前，民办高校特别要以重大现实问题为主攻方向，主动面向国民经济和社会发展的主战场，解决发展中的问题；加强与国家科技重大专项牵头部门的沟通合作，积极做好组织协调、资源配置和人才储备工作，为民办高校承担重大专项研究任务创造良好的条件。

（六）支持校长独立创新工作

《民办教育促进法实施条例》第 21 条明确规定："民办学校校长依法独立

---

❶ 李生滨："校长要站在学术前沿和道德高地上"，《人民教育》，2010 年 12 月。

行使教育教学和行政管理职权。"校长一旦受聘于董事会，就享受国家法律赋予的相关地位，其独立办学权受法律保护。对于民办高校校长的职权，《民办教育促进法》及其实施条例、国务院办公厅〔2006〕101号文件和教育部25号令都做了明确的规定。董事会及学校党委、职代会都应该依法维护校长权威，尊重校长的领导，支持校长独立开展工作，让校长做到有职有权，令行禁止，以提高学校经营团队的凝聚力和决策的执行力。

1. 要明确校长的职权与责任

《民办教育促进法实施条例》第21条明确：民办学校校长依法独立行使教育教学和行政管理职权。民办学校内部组织机构的设置方案由校长提出，报理事会、董事会或者其他形式决策机构批准。为充分保障民办高校校长职权的有效行使，《民办教育促进法实施条例》还特别规定，"民办学校的举办者参加学校理事会、董事会或者其他形式决策机构的应当依据学校章程规定的权限与程序，参与学校的办学和管理活动"，而不能任意地干预学校事务。国务院办公厅下发的《关于加强民办高校规范管理引导民办高等教育健康发展的通知》（国办发〔2006〕101号）中也规定："民办高校要依法健全内部管理体制。学校理事会（董事会）为学校决策机构，依法行使决策权；校长依法行使教育教学和行政管理权。"这些法律、法规的制定，为民办高校管理体制的建设和完善，提供了明晰的法律依据和有效的指导。落实"董事会领导下的校长负责制"，就要全面地、不折不扣地落实上述各项法定的校长职权，进一步明确校长在依法治校中所肩负的责任，充分保障校长以自己独立的办学理念、卓越的学术水平和高超的管理能力，对学校进行有效的指挥，实行科学管理。

2. 要建立健全校长的激励机制

一是要建立对校长的高度信任，激发校长投入学校的工作热情，给予校长较大的"组阁权"，为校长工作创造良好的环境。二是要建立具有民办高校特点的校长薪酬制度。如何设计一套对外有竞争力、对本人有诱惑力、对内又不失公平性的校长薪酬制度，是一件极为重要的事情。三是要尝试建立隐性激励机制。隐性激励机制，又称"信誉机制"。

3. 要建立完善的校长考核制度

为了最大限度地调动校长的工作积极性、主动性和创造性，应该健全校长目标管理与绩效考核制度。校长的绩效考评以校长的工作职责为依据，以实现学校使命、愿景和目标为基础，以成功的校长领导特征为参照，进而通过设定具体的评价指标来引导校长的行为并对其最终成果进行评定。

4. 要加强校长团队建设

民办高校管理是一个庞大的管理系统，工作千头万绪，校长能力再高，也不可能有三头六臂。一个高水平的领导班子，一支高素质的干部队伍是民办高校内部管理的关键。因此，建立以校长为班长的民办高校领导团队，注重团队的分工协作，充分发挥民办高校自身管理队伍的优势，调动全体领导成员的工作积极性和主动性，有利于民办高校办学体制和运行优势的发挥，有利于提升和加强民办高校决策的执行力。

5. 选拔好其他领导

支持校长独立开展工作，提高民办高校决策执行力，还要注意选拔好民办高校其他领导。

6. 注意中层机构的设置、干部的培养和选用

中层部门和中层干部作用十分重要。中层干部在学校运行中起着承上启下、上传下达、工作落实的重要职责。他们既是学校各种决策的参与者，又是执行者；既是服从者，也是服务者。因此，中层干部管理水平的高低，执行力的强弱，常常决定着一个学校管理的好坏和各项工作的运行状况。"赢在中层"的思想已经为许多管理理论所关注。❶

四、民办高校党组织发挥政治核心作用

（一）民办高校党组织政治核心作用的有关文件规定

1993 年，教育部《关于印发〈民办高等学校设置暂行规定〉的通知》（教计〔1993〕129 号）首次明确要求："民办高等学校应坚持党的基本路线，全面贯彻教育方针，保证教育质量，培养合格的人才。学校要建立共产党、共青团和工会组织，以及必要的思想政治工作制度。"

2000 年，中共中央组织部和教育部党组联合下发了《关于加强社会力量举办学校党的建设工作意见》，这是第一个针对民办学校党建工作的指导性文件，使民办高校党建工作在地位、任务和要求上得到了基本明确。文件特别强调"社会力量举办学校党组织在教职员工和学生中发挥政治核心作用"。概括地讲，是在坚持正确的办学方向、全面贯彻党的教育方针中发挥好政治核心作用；在加强以师德建设为核心、以提高学科水平和教学质量为重点的建设中发挥好政治核心作用；在大学生思想政治教育、正确成才观教育中发挥好政治核心作用；在强化对学校工会、共青团、学生会等

---

❶ 徐绪卿：《我国民办高校内部管理体制改革和创新研究》，中国社会科学出版社 2012 年版。

群团组织领导中发挥好政治核心作用；在牢固树立"育人为本"的观念，逐步形成"全员育人、全程育人、全方位育人"的整体合力中发挥好政治核心作用。

2002年，《中华人民共和国民办教育促进法》正式颁布。该法虽对民办高校党组织的地位与作用未做出明确界定，但其中的条文明确规定：民办教育事业属于公益性事业，是社会主义教育事业的组成部分。要求民办学校应当遵守法律、法规，贯彻国家的教育方针，保证教育质量，致力于培养社会主义建设事业的各类人才，将民办教育置于社会主义教育事业的体系中。

2006年，根据不断变化的情况，中共中央组织部、教育部党组联合下发了《关于加强民办高校党的建设工作的若干意见》（教党〔2006〕31号），指出民办高校党组织发挥政治核心作用。主要职责是：（1）宣传和执行党的路线方针政策，执行上级党组织的决议，坚持社会主义办学方向和教育公益性原则，致力于培养社会主义建设事业的各类人才。（2）引导和监督学校遵守法律法规，参与学校重大问题的决策，支持学校决策机构和校长依法行使职权，督促其依法治教、规范管理。（3）支持学校改革发展，及时向上级党组织和政府职能部门反映学校的合理要求，帮助解决影响学校改革发展稳定的突出问题。（4）全面加强学校党的思想、组织、作风和制度建设，做好党员教育管理工作。（5）领导学校思想政治工作和德育工作。（6）领导学校工会、共青团、学生会等群众组织和教职工代表大会。（7）做好统一战线工作，支持学校内民主党派的基层组织按照各自的章程开展活动。根据这一文件精神和民办高校的实践，归纳起来，民办高校党组织政治核心地位的确立，主要在于落实政治上的领导权、管理上的参与权和行动上的监督权三个方面。政治上的领导权主要体现在宣传和执行党的路线方针政策，切实保证民办高校坚持社会主义办学方向，全面领导学校党建、思政工作和德育工作。管理上的参与权主要体现在参与学校改革、建设和发展以及教学、科研、行政管理等工作中重大问题的讨论与决策。根据相关文件精神，民办高校党委要通过多种途径对学校的发展规划、人事安排、财务预算、基本建设、招生收费等重大事项，提出意见和建议，直接参与研究、讨论和决策，并且根据学校决策，支持学校改革发展，及时向上级党组织和政府职能部门反映学校的合理要求，帮助解决影响学校改革发展稳定的突出问题；支持董事会和校长依法行使职权，组织开展教育教学活动。行为上的监督权主要体现在引导和监督学校坚持教育公益性原则，引导和监督民办高校依法治教、规范管理、诚信办学。坚持党管干部、党要管党的原则，监督学校党员领导干部廉洁自律的原则，加强党风建设。党委通过政治核心作用的发挥，确保民办高校始终坚持社会主义办学方向，确保马克思主义的理论指导地位，提高民办高校大学生的思想政治素质和社会主义核心价值观，确保民办高校在社会主义市场经济条件下健康有序发展。这是 21 世纪以来就加强民办高校党建工作的又一个专门文件。文件明确规定：民办高校党组织应发挥政治核心作用，要充分发挥民办高校党组织凝聚人心、推动发展、促进和谐的作用，为促进民办高校的健康发展提供坚强有力的政治保证。

2007 年，教育部第 25 号令《民办高等学校办学管理若干规定》也指出：民办高校必须根据有关规定，建立健全党团组织。民办高校党组织应当发挥政治核心作用，民办高校团组织应当发挥团结教育学生的重要作用。该项法律条文第一次对民办高校党组织的政治核心地位做出了法律规定。

2009 年，党的十七届四中全会《决定》要求高校党组织"要把全面贯彻党的教育方针、培养社会主义建设者和接班人贯穿高等学校党组织活动始终，发挥党组织在推进教育改革、搞好教书育人、加强教师队伍建设中的领导核心作用"。对非公有制经济组织、新社会组织中的党组织则提出"要围绕贯彻党的方针政策、引导和监督遵守国家法律法规、团结凝聚职工群众、维护各方合法权益、促进健康发展等职能探索发挥作用的途径和方法"的要求。民办高校既是我国高等学校的重要组成部分，也是新社会组织中的重要成员。从民办高校的这一基本特征出发，民办高校要坚持社会主义办学方向，贯彻执行党和国家的教育方针，培养德智体美全面发展的社会主义事业合格建设者和可靠接班人。民办高校必须非常明确地坚持党的领导，这是原则问题，不能有半点含糊。更为重要的是，如何保证民办高校的办学方针沿着正确的方向前进，是党和国家赋予民办高校党组织的历史任务，也是民办高校党组织肩负着的保证监督作用。❶

（二）发挥好民办高校党组织政治核心作用的内容

中共中央组织部、教育部党组《关于加强民办高校党的建设工作若干意见》对民办高校党组织的政治核心作用的发挥提出了七个方面的内容。

（1）宣传和执行党的路线方针政策，执行上级党组织的决议，坚持社会主义办学方向和教育公益性原则，致力于培养社会主义建设事业的各类人才；

（2）引导和监督学校遵守法律、法规，参与学校重大问题的决策，支

---

❶ 宋斌：《新时期民办高校党组织作用发挥研究》，浙江大学出版社 2011 年版。

持学校决策机构和校长依法行使职权，督促其依法治教、规范管理；

（3）支持学校改革发展，及时向上级党组织和政府职能部门反映学校的合理要求，帮助解决影响学校改革发展稳定中的突出问题；

（4）全面加强学校党的思想、组织、作风和制度建设，做好党员教育管理工作；

（5）领导学校思想政治工作和德育工作；

（6）领导学校工会、共青团、学生会等群众组织和教职工代表大会；

（7）做好统一战线工作，支持学校内民主党派的基层组织按照各自的章程开展活动。

归结来说，民办高校党组织发挥政治领导作用，主要体现在以下三个方面。

1. 把握方向

把握方向，即保证正确的办学方向。民办高校作为我国社会主义市场经济条件下的一个新生事物，在筹资渠道、资产性质、领导体制、管理方式等方面都与公办高校有着明显的区别，但其培养社会主义建设者和接班人的根本任务与公办高校没有差异，所以同样必须坚持社会主义的办学方向。民办高校大多为投资办学，经费来源、办学动机和人员层次差异很大。民办高校内部实行董事会领导下的校长负责制，作为投资主体的董事会成员对学校的发展和管理拥有较大的决定权，在办学中可能考虑经济利益方面较多些。部分民办高校功利思想抬头，影响学校的办学方向和育人环境建设，制约学校的可持续发展。其中一些投资者的功利思想严重。为了牟取私利，一些投资者有意无意地在民办高校弱化党的影响，对民办高校坚持社会主义办学方向持怀疑的态度，影响党对学校育人工作的领导。因此加强和完善民办高校党的政治核心作用，对于全面贯彻党的教育方针、坚持社会主义办学方向、促进民办高校健康发展，具有极其重要的意义。

2. 保证质量

保证质量，即确保人才培养政治思想品德和科技文化的质量。目前我国民办高校在高等教育体系中处于弱势，民办高校在录取学生时属于最后批次，其生源的普遍状况是知识储备不够，学生的学习兴趣、学习习惯和学习的自觉性、积极性都比较欠缺。在世界观、人生观、价值观方面，他们思想开放、独立，发现问题敏感，处世务实，有自己的见解，但是还存在很多不成熟。民办高校党组织发挥政治核心作用的基本任务中就有领导学校思想政治工作和德育工作的职责。因此，面对民办高校不断发展的新情况和新形势下高校德育的新要求，要实现培养高素质的人才目标，确保民办高校的育人质量，就必须坚持党的领导，加强党的建设，充分发挥党组织在民办高校中的政治核心作用。并且通过党政工团，齐抓共管，做深入细致的思想政治工作和扎实有效的德育工作，坚持马克思主义的主导地位，从而保证培养德智体等全面发展的社会主义事业建设者和接班人的质量。

3. 维护稳定

维护稳定，即维护学校安定团结的政治局面。由于民办高校投资主体的多元化，创办之初教师和管理人员一时难以到位，引进和聘用人员的来源复杂，学生的综合素质相对较差，这就使得民办高校中存在诸多不稳定的思想因素。加上民办高校是一个利益相关者构成的组织集体，投资者与办学者、董事会与校长、学校与教师之间、教师与学生之间矛盾错综复杂，稍有疏忽就可能酿成群体性事件，影响学校稳定，并可能为社会的稳定带来影响。因此，民办高校保持稳定的任务十分繁重。

（三）民办高校党建问题

中央政治局委员、国务委员刘延东在第十九次全国高校党建工作会议的讲话中指出："近年来，民办高校党建工作得到了重视，取得了一定成绩，但还存在薄弱环节，主要表现在：党组织在民办高校还没能做到全面覆盖，有的党组织隶属关系还未理顺，党组织、行政和董事会的职能职责不清，组织发展工作比较薄弱。"

（1）思想认识上的"越位"带来行动上的"乱作为"。有些人认为，要加强党对民办高校的领导，坚持社会主义办学方向，无论公办、民办高校都应该由党组织来讨论研究决定学校的一切大事，民办高校仅发挥政治核心作用是不够的，也应处于领导核心的位置。这种是思想认识上的"越位"，可能导致党组织与董事会、院行政关系的矛盾。

（2）思想认识上的"错位"带来行动上的"少作为"。有人认为，民办高校是民办的而不是公办的，大小事情都由董事长、院长说了算；民办高校党组织既没人事权，更没有财权，说话不响，解决问题无力；党组织负责人受董事会选聘，有依附思想，创新的动力不足。

（3）思想认识上的"缺位"带来行动上的"不作为"。有人认为，董事会做决策，院长依法管理教学、科研、行政、生活后勤和学生工作等方面的日常工作，而党组织插不上手，说不上话，不去理直气壮地开展党建工作。

随着经济全球化迅猛发展，世界各国间的科技文化交流更加广泛，这为我们学习和借鉴外国先进科技的优秀文化成果提供了广阔的空间，但与此同时，也为一些国家推行所谓的"普世价值"提供了便利条件。它们凭借自己的经济实力、科技实力或军事实力，强行推行了一种价值、一种文明、一种社会制度，以"普世主义"的态度和眼光打量着世界上许多国家，也包括中国，特别是在大学师生中，这种"普世主义"也在或多或少地冲击着社会主义核心价值观。价值取向呈现多样化的趋势，在正确的与错误的、先进的与落后的、主流的与非主流的思想观念相互交织中，我们要建设好社会主义核心价值体系。

正是在这个意义上，我们反对把某一种具体的价值观普世化，也就是反对把资产阶级的价值观普世化。其实，任何具体的价值观都不可能普世化。美国人权的现实形式搬到亚洲和非洲就不灵了，搬到欧洲和大洋洲也不行，甚至美国不同的州，其人权的实现形式也会有所不同。这就如同美国人做了一张具体的"桌子"，之后他就要求全世界只能依照这一张桌子去做桌子，否则他就宣布你所做的桌子不能叫做桌子。这肯定行不通。相信美国人自己也不会做这种傻事。己所不欲，勿施于人！自己不干的事，为什么要求别人去干呢？可是，叫人想不通的是，我们为什么要嚷嚷着去做把西方资产阶级的价值观搬到中国大学讲台上来的傻事呢？❶

2013年12月，中央办公厅印发《关于培育和践行社会主义核心价值观的意见》，将24字核心价值观分成3个层面：富强、民主、文明、和谐，是国家层面的价值目标；自由、平等、公正、法治，是社会层面的价值取向；爱国、敬业、诚信、友善，是公民个人层面的价值准则。美国学者英格尔斯认为："那些先进的制度要获得成功，取得预期的效果，必须依赖运用它们的人的现代性格、现代品质。无论哪个国家，只有它的人民的心理、态度和行为，都与各种现代形式的经济发展同步前进，相互配合，这个国家的现代化才真正能够得以实现。"❷在中国大学必须积极培育和践行社会主义核心价值观。现阶段，我国正处在大发展、大变革、大调整时期，社会思想更加多样，社会价值更加多元，社会思潮更加多变，需要积极培育社会主义核心价值观，使社会主义核心价值观成为全体人民的共同价值追求。要充分认识加强社会主义核心价值体系建设，是巩固全党全国各族人民团结奋斗统一思想的迫切需要，是夺取中国特色社会主义新胜利的迫切需要，是提高国家文化软实力的迫切需要。邓小平指出："中国稳住了，而且实现了发展目标，社会主义就显示出优越性……中国肯定要沿着自己选择的社会主义道路走到底。谁也压不垮我们。只要中国不垮，世界上就有

---

❶　孙熙国："大学的使命与教师的职责"，《环球时报》，2015年2月15日，国际论坛7。

❷　英格尔斯：《人的现代化》，殷陆君译，四川人民出版社1985年版，第6页。

五分之一的人口在坚持社会主义。我们对社会主义的前途充满信心。"❶

培育和践行社会主义核心价值观，要从小抓起，从学校抓起。把社会主义核心价值观落实到教育教学和管理服务各环节，覆盖到所有受教育者。近些年，高校宣传思想工作是难啃的硬骨头。中共中央办公厅、国务院办公厅于 2015 年年初印发《关于进一步加强和改进新形势下高校宣传思想工作的意见》（以下简称《意见》），同年 1 月 19 日一经公布，互联网上反响强烈。《意见》触动了中国当下一个重大问题，在舆论存在严重分歧的时候，《意见》首先表达了中央的明确态度，这对中国所有高校来说都有着特殊意义。

高校宣传思想领域不仅需要职业工作者，更需要有志于为社会主义中国培养积极向上人才的大量"志愿者"。他们可能是讲授与思想政治课相关的老师，也可能出自物理、计算机或者医学等不同专业。他们自己热爱国家，支持把中国引向繁荣的现实政治道路，同时他们有能力用自己的价值观影响学生，帮助学生正确对待现实中的各种问题和困难。

如果一个大学里学术上最受尊敬的教授都有明显的爱党爱国倾向，都愿与国家同呼吸、共命运，那么这所大学的学生就一定会受到正能量的熏陶。如果老师们的科研和对外交流都传递出清正的事业观、荣辱观，那么学生就不会小小年纪学得油头滑脑。老师们以及学校行政工作者的亲身示范和他们对学生们说什么同样重要。

《意见》在大学的推进不能仅仅是个行政过程，它还应当是对责任感和热情的广泛唤醒。这项工作既涉及高校每一个课堂，也需要每一个教职工身体力行。在校园里传播政治负能量应受到蔑视，嘴上都是正能量，行为丑陋者则是"高级黑"。一个大学有风清气正的教职工群体，才会涌现大批思想积极向上的学生。

（四）推进党组织作用途径

1. 构建民办高校党组织作用发挥体系

民办高校党组织作用发挥体系可体现在如图 1 所示的模型中。

---

❶ 《邓小平文选》第三卷，人民出版社 1993 年版，第 320、321 页。

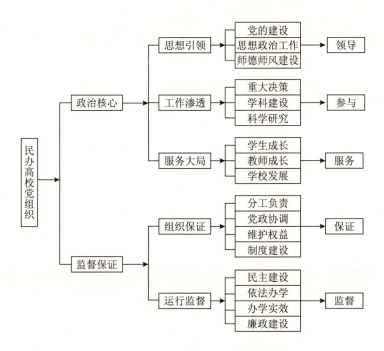

图1 民办高校党组织作用发挥体系

2. 发挥好民办高校党组织的政治核心作用

民办高校党组织的政治核心作用集中体现在思想引领、工作渗透、服务大局等方面。其中，在学校党的建设、思想政治工作、师德师风建设等方面起着领导作用，注重在重大决策、学科建设、科学研究等方面的工作渗透，立足于服务学生成才、教师成长、学校发展等，以确保实现其政治核心作用。同时，民办高校党组织还要通过制度建设确保权利的实现，并实行分工负责、党政协调，注重维护师生权益，以此实现党的组织保证这一优势。

在民办高校，党组织肩负着另一重大的职能即学校的运行监督。要在加快民主建设、推进依法办学、提高办学实效、加强廉政建设等方面实现监督作用。

（1）通过发挥党的政治核心作用凝心聚力，艰苦创业，引导学校始终沿着正确的办学方向前进，办社会主义大学。

（2）通过发挥党组织的监督保证作用，引导和监督学校依法治校，规范管理，诚信办学，办有社会责任感的学校。

（3）通过发挥党组织的桥梁纽带作用，沟通、协调董事会与学校行政、学校举办者与师生之间的关系，及时化解矛盾，形成合力，办人民满意的学校。

（4）通过建立和完善各种制度，建立和健全维护民办高校安全稳定的工作机制，推进民主建设，办和谐稳定的学校。

（5）通过推进以社会主义核心价值体系为主导的校园文化建设，营造科学、文明的学习生活氛围，办立德育人的学校。

（6）通过构建培养社会主义合格建设者和可靠接班人的育人模式，坚持全面发展，促进学校改革、发展和稳定，办有生命力的学校。

（7）在党建工作中，院党委、基层党支部紧紧围绕学校改革、发展与稳定，积极探索新载体，提出新举措，开展具有特色的创新活动。

（8）加强"校风、教风、学风"建设，从严治教，从严治学，弘扬"言传身教、循循善诱"的教风和"乐思好学、明理强技"的学风，形成"团结拼搏、求实奋进"的校风。❶

（9）注重队伍建设。贵州城市职业学院近几年加强了学院业余党校的培训工作。2009~2014 年，学院有4882名教工和学生向党组织递交了入党申请书。2009~2014 年，学院党委举办了共 11 期业余党校培训，有3785名教工和学生进入党校学习培训。其中，有1800多名学员获得了党校颁发的结业证书。2009~2014 年，有 872 名教工和学生加入中国共产党。

（10）强管理，重措施。贵州城市职业学院党委一是坚持办学理念，创新性地开展思想政治教育，二是加强思想品德课和哲学社会科学课建设；三是加强校园文化建设，营造良好的校风和学风；四是建立学生党员和入党积极分子文明示范宿舍，向全院学生提出"一个党员，一面旗帜，从我做起，构建文明和谐的大学生宿舍"❷。

（11）组建一支精干的辅导员队伍。民办高校学生辅导员工作在学院思想政治教育的第一线，履行着教育和管理的职责，他们与大学生朝夕相处，一言一行对大学生有着潜移默化的影响，是大学生健康成长的指导者和引路人。学生辅导员同时也是民办高校党建的一支重要队伍，是基层学生党建的具体负责人，他们的工作成效直接影响到民办高校基层党组织的战斗力，直接关系到党在青年学生中群众基础的巩固。加强辅导员队伍建设是加强和改进民办高校大学生思想政治教育，确保党建工作的重要组织保证，是全面贯彻党的教育方针，把大学生思想政治教育的各项任务落实

---

❶ 蒙永福："贵州城市学院'三风'建设暨控烟誓师大会讲话"，《贵州城市学院学报》，2014年第 1 期。

❷ 王善怡、张发清："加强思想政治教育，培育高素质技能人才"，《贵州亚泰学院院刊》，2013年第 4 期，第 32 页。

到实处的现实要求。❶

案例六

贵州城市职业学院"三风"建设措施

一、强化组织领导及指导

1. 学院加强校风、教风、学风建设，并作为学院升本工作的一个重要组成部分。

2. 学生处、教务处共同组织实施、指导检查工作。对于在学风方面表现较好的班级予以通报表扬，并将学风方面的各项工作纳入对二级学院、教学和学生工作以及辅导员的考核中。

3. 各职能部门要深入各二级学院，了解二级学院的工作情况，并帮助解决各二级学院在实际工作中的困难。要按照职能和分工，加强对二级学院工作的指导、监督和考核，对各二级学院工作中取得的经验和成绩要予以充分的肯定，并向全院推广；对于工作中存在的问题，要求限期整改。

4. 学生处及团委要组织开展深化"中国梦"及"两加一推"战略等系列活动，促进学风建设工作。

5. 图书馆要热情为学生读书、学习提供服务与咨询，并联合各二级学院开展学生读书比赛和征文比赛活动。

6. 保卫处、学生会、团委及督查处和行政处要认真组织值班、巡逻，纠察违纪和不文明行为，维护校园文明。

7. 各二级学院要按照加强学生管理的总要求，对触犯校纪、校规的学生进行处罚，以严肃校规、校纪并形成良好的遵纪守纪氛围。

二、大力开展宣传活动

要充分运用校园网、简报、校园广播、宣传栏、微博等舆论阵地，采取丰富多彩的形式，大力宣传各二级学院的先进典型、好做法、好经验和实际成效，努力宣传活动情况，营造活动氛围。

三、加强检查和督察

1. 加强对活动的检查与督察。按照各个阶段的工作安排，学院校风学风建设领导小组着重检查各部门、二级学院的工作进展、工作质量等情况，定期通报活动动态和检查结果。

---

❶ 王时芬："民办高校辅导员队伍建设的思考"，《贵州亚泰学院院刊》，2013年第1期，第39页。

2. 教务处、学生处对各学院教学、学生日常管理进行每日跟踪检查，并及时通报、反馈情况。

3. 学生处、保卫处、后勤处、宿管科要定期开展安全、文明、卫生大检查，对于卫生和安全不合格的楼道、教室、办公室、学生宿舍要加大通报批评和惩处力度。

4. 学院督察工作小组也将各部门、二级学院校风、教风、学风建设工作列入督察范围，着重督查工作不作为和失职行为。

四、"三风"建设近期具体要求

1. 遵守大学生日常行为规范，养成良好文明习惯。所有师生在校内一律戴带校徽，衣冠服饰要整洁，语言行为要文明，举止动作要得体，学生见了师长要主动行礼问好。

2. 遵守各项规章制度，自觉养成守时、勤奋好学的良好习惯。教师应提前 10 分钟到达教室进行课前准备，学生应提前 5 分钟进入教室准备上课，并与老师互致问候。衣冠不整及穿拖鞋者不得进入教室。

3. "创建无烟校园"和"清洁文明校园"，人人争做文明学生、文明员工。不在教室、图书馆、宿舍等公共场所大声喧哗、吸烟、吃零食；不随地吐痰、乱扔果皮纸屑烟头；不折花，不践踏草坪，自觉维护校园的清洁、卫生、绿化美化和净化，激发青年学生的爱国主义情怀和爱校好学向上精神。

4. 每周周一开展以升国旗、奏唱国歌和校歌为基本内容的晨会活动，并利用课余时间在图书馆开展阳光读书活动。

5. 要求班级建设良好学习氛围，能互帮互学，积极进取。

6. 要求学生"礼仪文明""以学为荣"，课余时间主动进图书馆学习，养成良好的学习习惯。

7. 要求学生上课、早晚自习准时率高、学习效果好，出勤率保持在 90% 以上。

8. 要求学生公寓清洁卫生好，学生按时归寝，杜绝晚归及夜不归宿现象；杜绝酗酒现象，并养成爱护公物、节约水电的良好美德。

9. 要求考风考纪、安全纪律教育效果良好，杜绝考试舞弊及其他违纪现象。

案例七

贵州城市职业学院党委书记王时芬论 《"创"时代人文管理新常态》

在经济形势呈现新常态、"创"时代的商业巨变下，企业冰火两重天，一批批新企业在短时间内迅猛崛起，引领时代。同时一批批传统企业却走到十字路口，方向难辨。还有一大批企业呈零增长、负增长，垂死挣扎。在这科学技术、技能迅速发展的年代，我们培养的学生是否适应市场，把握机会是关键，学校的生存与市场的需求息息相关。商场如战场，紧迫的危机感迫使我们必须行动起来，与时俱进，积极改革，创新教学，同时领悟以下理念，让管理回归简单，立竿见影见成效。

一、学校请你来做什么

1. 请你是来解决问题而不是制造问题。

2. 如果你不能发现问题或解决问题，你本人就是一个问题。

3. 你能解决多大的问题，你就坐多高的位子，就能拿多高薪水。

4. 让解决问题的人高升，让制造问题的人让位，让抱怨问题的人下课。

二、问题就是你的机会

1. 学校的问题，就是你改善的机会。

2. 学生的问题，就是你提供服务的机会。

3. 自己的问题，就是你成长的机会。

4. 同事的问题，就是你提供支持建立合作的机会。

5. 领导的问题，就是你积极解决获得信任的机会。

6. 竞争对手的问题，就是你变强的机会。

三、对领导而言，爱下属就要严格要求他

1. 对你严格要求的领导，才是能真正帮助你成长的好领导。使我痛苦者，必使我强大。

2. 如果你真正爱你的下属，就要考核他、要求他，高要求、高目标、高标准逼迫他成长。

3. 如果你碍于情面，低要求、低目标、低标准养了一群小绵羊、老油条，这是对下属最大的不负责，这只会助长他们的任性、嫉妒和懒惰。

4. 作为领导者该懂得以身作则、身先士卒，在团队面前树立榜样。

5. 作为领导更重要的职责——提升团队凝聚力、战斗力。让你的下属变得更强，变得更会协同，更能办事，更能增长才华。

四、融入团队、不做单干

1. 始终跟着团队一起成长，不断学习新的知识，不断前进。

2. 与团队同心同德、同舟共济、同甘共苦。

3. 不计较个人得失、顾全大局。

4. 团队的问题就是你脱颖而出的机会，抱怨和埋怨团队就是打自己耳光，说自己无能就是在放弃机会。

5. 心怀感恩之心，感谢学校给你的平台，感谢领导对你的栽培，感谢同事对你的配合。

6. 遇到问题请先思考，只反映问题是初级水平，思考并解决问题才是高级水平。

五、用人原则：人品第一、态度第二、能力第三

1. 教师这个特殊的职业对教师本人提出了严格的思想道德和职业道德要求。古人常说"德高为师、学高为范""师者虽非人君之位，心有人君之德"。可见有德且德高方能为师。德是师之本，德高方有严教。反之，教育者的德行如非优于受教育者，又岂能为师！

2. 做人做事总有失败或困惑的时候，但能始终以敬业之心，以乐业的耐心、恒心、爱心，以孜孜不倦的态度顽强坚持者，才有成功的可能。所以我们看人不要只看表面的形象怎样，而是要看他做人做事的态度。

3. 人始终不要只看能力，因为能力有的时候只是人的一个发展的基础。能力具有互补性，彼此间相互支持、理解才会共同进步和提高。不管你在哪里上班，请记住这几个法则：

第一，工作不养闲人，团队不养懒人。

第二，入一行，先别惦记着能赚钱，先学着让自己值钱。

第三，没有哪个行业的钱是好赚的。

第四，干工作没有哪个是顺利的，受点气是正常的。

第五，赚不到钱赚知识，赚不到知识赚经历。

第六，只有先改变自己的态度，才能改变人生的高度；只有先改变自己的工作态度，才能有职业高度。

第七，让人迷茫的原因只有一个——那就是本该拼搏的年纪却想得太多，做得太少。

送君一个字：干！

人无所舍，必无所得。

五、民办高校行政管理精干高效相对稳定

（一）高校行政管理的含义

俄国著名教育家乌申斯基说，学校有三要素——行政管理、教育和研究。高校的行政管理是大学实现其教学、科研两大社会功能的基础，是提高行政部门对学校事务的组织管理活动，是高等学校为了实现学校教育工作的目标，依靠一定的机构和制度，采用一定的措施和手段，发挥管理和行政职能，带领和引导师生、员工，充分利用各种资源，有效地完成学校工作任务，实现预定目标的组织活动。

（二）民办高校行政事务管理特点

行政事务管理的内容很广泛，包括收发文档、接待来宾、收支买办、车辆、安全福利、卫生、后勤补给及保障等方方面面的日常工作。根据管理体制的不同，具体到民办高职院校，行政管理的内容可以根据本校的特点有所不同。

贵州城市职业学院根据学校的特点及管理制度，行政事务被划分为三个部门管理：办学资质、学院发展、办学融资、干部培训、车辆管理归行政处管理；院长办公室、会议、接待、文件收发及档案等归院务处管理；党委文件的收发处理、教职工及党员活动等归党委办公室管理。这就意味着行政处统筹决策行政事务，院务处执行具体的行政事务管理，党委办公室负责师生思想管理。

（三）行政管理体系简政高效

1. 提倡人本管理、提高服务意识

科学发展观，第一要义是发展，核心是以人为本，基本要求是全面协调可持续，根本方法是统筹兼顾。坚持以人为本，这是行政管理的根本出发点和落脚点。以人为本，就是要强调在行政管理中必须尊重人、理解人、关心人、解放人、依靠人和为了人，实现好、维护好、发展好教职工和学生的根本利益。领导就是服务，要用服务的观念来要求和引导每一位行政工作人员，在行政管理中牢固树立职权、责任、服务三位一体的概念。

2. 坚持公平正义

公平指的是一种合理的社会状态，它包括学校成员之间的权利公平、机会公平、过程公平和结果公平。切忌亲疏有别、拉帮结伙、搞小团体主义。正义是对学校成员的基本道德约束。学校在行政管理过程中，只有遵循公平正义原则，才能取得学校各层次的共识与认同，才能获得学校成员

的支持；只有遵循公平正义原则，才能有效调节各种利益关系和处理各种矛盾，使学校各成员受益；只有遵循公平正义原则，才能有效地整合学校各种资源和力量，实现全校上下团结与合作。

3. 加强对教学和科研的重视程度，破除行政本位思想

学校最根本的任务和目的是为社会各行业培养合格的实用性人才。表现在工作中，就是要坚持以教学科研为中心，摒弃行政本位的旧观念，树立起教学为优、教学为先的管理新理念，努力做到行政为教师服务、教师为学生服务的理念。因此，在资源配置上必须向教学科研倾斜，对学术、教研、科研要给予政策、时间、资源上的支持，增强专家、学者在学术管理、教学管理活动中的主动权，充分发挥各类专家、拔尖人才在学校管理中的作用。

4. 精简管理机构，提高各类机构的办事效率

行政管理是一个不间断的流动过程，流程的长短，直接关系到效率的高低。从学校行政机构改革的实际出发，科学、合理界定各机关的职能，该精简的就精简，该合并的就合并。同时，减少行政审批事项，把基层能够承担的事项一律下放给基层，变审批为检查和监督。这样，二级院机构拥有一定的办学自主权，实现事权、财政和一定的人事管理权的统一，由原来的缺乏自主权的虚体变成有一定自主权的实体，从而有效地调动各二级院办学的积极性、主动性和创造性，提高办事的效率和质量。

5. 制度管理与人本管理有机结合

在目前的行政管理中，并存两种行政管理理念：既实行制度管理，以"法"治政、以"法"治教，又提倡实行人本管理，要求各项管理做到以人为本。作为学院，行政管理工作者，必须清醒地认识到，只有弄清制度管理和人本管理的区别，比较制度管理和人本管理的优缺点，在此基础上正确处理好制度管理和人本管理的关系，才能科学地进行管理，做好行政管理工作。

六、强化督导问责制　确保教育科学发展

进入 21 世纪以来，党中央、国务院明确了职业教育作为"我国经济社会发展的重要基础和教育工作的战略重点"的重要地位，指出"发展职业教育是推动经济发展、促进就业、改善民生、解决'三农'问题的重要途径，是缓解劳动力供求结构矛盾的关键环节，必须摆在更加突出的位置"。

2010 年 7 月，教育部教育督导团办公室主任何秀超答《教育时报》记

者问时，明确回答了有关问题。

答记者问（摘要）

问：我国是何时建立教育督导制度的？

答：我国在清末引入西方近代教育视导制度，是较早对学校实行视导制度的国家。新中国成立后，视导司是教育部最初设立的一厅五司之一。后来由于各种原因，督导机构和队伍渐渐弱化。1986年，国家教委正式设立督导司。1993年，国家教委成立国家教委教育督导团，后更名国家教育督导团。国家教育督导团的日常办事机构是教育部教育督导办公室，是教育部内设司（厅、室）之一，主要负责"研究制定教育督导与评估的方针、政策、规章制度和指标体系；对地方人民政府贯彻执行国家有关教育方针政策的情况进行监督、检查、指导、评估，保障素质教育的实施和教育目标的实现"。建立教育督导制度的目的简而言之，就是要发现问题、解决问题。

问：近年来，党和政府顺应民意推出不少教育改革发展措施，但往往是一执行就走样，如何解决？

答：我国作为发展中国家，举办着世界最大规模的教育。随着经济社会的快速发展，教育的重要作用日益凸显。当下教育领域出现的许多热点难点问题，如学前教育资源不足，义务教育的"择校""减负"，职业教育的办学能力，高等教育的质量、办学自主权，教育乱收费，投入保障水平以及民办教育发展等许多问题都有法律、法规可循，但有的没有认真执行，有的在执行中走了样。归根结底，是监督检查不到位，查处问责机制不健全。

改革教育督导体制，用督导问责检验推动政策执行力，既是转变教育部门职能、提高教育政策执行力的迫切需要，也是有效行使督政职能、协调有关部门和地方政府履行教育职责的迫切需要；既是落实教育规划纲要，建立管、办、评相分离的教育行政管理体制的迫切需要，也是借鉴世界其他国家做法，顺应各地教育督导发展需求的迫切需要。

案例八

关于对贵州亚泰职业学院进行检查督导的通知

贵州亚泰职业学院：

根据《中华人民共和国民办教育促进法》及其实施条例和教育部有关

文件要求，为进一步规范我省民办高校管理、提高办学水平和教育教学质量、促进其健康持续发展，2009 年，我厅制定下发《关于进一步加强贵州亚泰职业学院管理的意见》（黔教民办发〔2009〕359 号），近期拟对你校落实情况进行检查督导。现将有关事宜通知如下：

一、检查督导内容

（一）依法办学

1. 重点检查督导学校的教育思想观念，办学指导思想、质量意识等是否符合我国高等职业教育培养的基本原则和要求等。

2. 学校按审批机关批准的办学类型、层次（高等职业教育、高等教育自学考试助学和中等职业教育）开展招生和教育教学活动及设置专业和每个专业学生人数等情况。

（二）管理体系

3. 学校是否设立了理事会（董事会）并制定章程；理事（董事）中的 1/3 要具有 5 年以上教育教学经验，并提供理事（董事）的有效资质材料。

4. 学校是否按有关要求配备合格的校长；学校是否配备专职的德育工作者；学校的各系科、专业是否配备具有高等教育工作经历同时具有副高级以上专业技术职务的负责人。

（三）资金资产管理

5. 学校是否建立健全会计和财务管理机构，配备具有会计从业资格的财会人员；学校是否建立财务、会计和资产管理制度，并按国家有关规定设置会计账簿；办学经费是否在学校的资金账户中统一管理使用，有无与办学无关的支出；学校是否按价格部门核定的项目和标准收取费用，并向社会定期公布。

6. 出资人投入学校的资产是否经注册会计师验资并过户到学校名下；目前，学校租用的办学用地是否已签订完善租用合同，对尚未进行过户的资产，特别是办学用地和行政教学用房的产权的手续办理情况。

7. 每个会计年度结束时，学校是否委托社会中介机构依法进行财务审计，编制财务会计报告报送主管部门。

（四）质量管理

8. 每年学校的招生简章（广告）是否报送审批机关进行备案；学校兑现招生简章（广告）中的承诺情况。

9. 学校是否严格执行省教育厅下达的招生计划，按照国家招生规定和程序招收学生，并对纳入国家计划、经省招生考试中心统一录取的学生发放录取通知书；学生入学后，学校招生部门是否按照国家规定对其进行复查，合格后予以电子注册并取得相应的学籍。

10. 学校是否制订具有高等职业技术教育特色的完备的教学计划、教学大纲和健全的教学管理制度，且实践教学课时占教学计划总课时的40%左右（不同科类专业可做适当调整）；学校制订的教学计划中规定的实验、实训课的开出率是否在90%以上。

11. 学生对学校的课程安排、教学内容、教学水平和教学效果以及后勤管理等是否满意。

（五）师资队伍

12. 学校是否与受聘教师、职员签订聘用合同，提供签订的劳动合同，聘用教师的学历、教师资格和专业技术职称等证明材料。

13. 学校的专职教师是否占教师总数的1/3以上，具有大学本科以上学历的专任教师是否达200人以上，副高级专业技术职务以上的专任教师人数是否占本校专任教师总数的25%，每个专业至少配备副高级专业技术职务以上的专任教师2人，每门主要专业技能课程至少配备相关专业中级技术职务以上的专任教师2人；学校是否按不低于1：200的师生比配备辅导员（需达到20名），每个班级配备1名班主任。

14. 学校是否制订师资队伍建设规划，建立教师培训制度，加强师德师风建设。

（六）教学设施

15. 学校是否配备与专业设置相适应的必要的实习实训场所、教学仪器设备和图书资料，其中，是否教学仪器设备总值不少于2000万元，适用图书30万册以上。

（七）安全稳定

16. 学校是否建立健全安全稳定的工作机制，配足人员，制定安全稳定工作的规章制度。

17. 学校是否按要求安装配置防火、防盗等安全防范设施，加强对学校教学、生活、活动设施的安全检查，防食物中毒、防踩踏事故、防侵犯学生人身安全事故的发生，落实各项安全防范措施，维护校园安全和教学秩序。

二、检查督导方式

检查督导工作小组将采用召开座谈会、实地走访和翻阅资料等形式对学校进行检查督导。

二〇一〇年十一月十五日

注:《通知》的"我厅"为贵州省教育厅,"亚泰学院"即贵州城市职业学院前身。

案例九

贵州城市职业学院教育教学督导制度

为确保教学质量的稳定和提高,确保学校各项教学管理工作更加科学规范,及时了解教学过程中的各种信息,学校成立教学督导机构,建立教学督导制度。

一、督导目的

对教学工作进行督导的目的在于加强对教学工作的管理和对教学质量的监控力度。在教学实施和管理过程中,建立监督和反馈系统,对教学和管理工作进行监控、评估。通过对现场教学过程的督察,了解教师的教学过程和教学效果,分析问题,总结经验,提出解决问题的意见并加以反馈;通过督导意见的反馈,促进教学质量和教学管理水平的提高。

二、督导机构

学校实行二级督导制度。

1. 学校成立督导团为学校的专门督导机构,由主管教学院长直接领导,受教学院长委托开展督导活动,并向教学院长负责。督导团设团长一名。

2. 教学督导团是主管教学院长领导下的教学咨询和监督机构,不同于教学行政职能机构,对学校的各种教学工作和活动主要行使检查、监督、指导、咨询、评价、帮助等职能。

3. 系成立督导组作为本单位的教学督导机构,分别向学校督导团和本院系主管教学领导负责。督导组设组长一名。

4. 教科处为学校督导团的秘书机构,督导团的日常工作由教科处负责。

5. 学校对教学督导工作给予专项经费支持。

三、督导机构成员的聘任

1. 学校督导机构的成员实行聘任制。

2. 校级督导团成员由两部分人员组成。

常任督导团成员:常任督导团成员必须保证能参加经常性的教学督导工作。由学校在岗的教授或副教授等具有中高级职称教师中聘任,聘期一般为2年。

非常任督导团成员:非常任督导团成员由学校临时聘任某一课程或相关课程的同行专家或校外专家担任,不定期参与教学督导工作。

3. 系级督导组成员由系从在岗的教授或副教授等具有高级职称教师中聘任，聘期一般为2年。

四、督导机构工作职责

1. 教学督导团工作职责

主要以日常教学工作和教学管理工作督导为主，对教学计划、教学过程、教学秩序、教学质量、教学基本建设、教学管理等环节进行检查、监督、参谋、反馈，主要包括以下一些方面。

（1）对教学秩序、教学管理情况进行监督和检查，巡视日常教学秩序，及时通报情况和所发现的问题。

（2）执行检查性听课制度，了解检查各类课程的课堂教学情况，检查教师、学生上课情况，了解教师授课效果以及学生课内外的学习情况，及时反馈师生在教学活动中的信息。

（3）对学校教学工作提出意见和建议，受学校委托进行专题调查研究，反馈给决策部门，对教学工作实施监控。

（4）对深化教学改革，提高教学质量，提出咨询建议，向校领导反映教育教学工作中的重要情况。

（5）召集有关教师和学生座谈会，进行专题调研，协助学校了解教学工作的有关情况，向学校提出加强与改进教学工作的建议和意见。

（6）了解学生的课堂纪律、到课率、作业完成情况等与学习有关的学风情况。

（7）参与学期教学检查，协助学校开展课程评估和教学质量检查评估工作。

（8）教学督导团每学期应有计划地开展工作，每学期结束前做出本学期的工作总结。

（9）教学校长委派的其他需要教学督导的工作。

2. 系督导组工作职责

主要以本系本科日常教学工作和教学管理督导工作为主，对本系各专业的教学计划、教学过程、教学秩序、教学质量、教学基本建设、教学管理等环节进行检查、监督、参谋、反馈，主要包括以下一些方面。

（1）对本单位的教学秩序、教学管理情况进行监督和检查，巡视日常教学秩序，及时通报情况和所发现的问题。

（2）执行检查性听课制度，了解检查本单位各类课程的课堂教学情况，检查教师、学生上课情况，了解教师授课效果以及学生课内外的学习情况，及时反馈师生在教学活动中的信息。

（3）对系教学工作提出意见和建议。

（4）召集本系教师和学生座谈会，了解学生的课堂纪律、到课率、作业完成情况等与学习有关的学风情况。

（5）参与学期教学检查，协助学系开展课程评估和教学质量检查评估工作。

（6）教学督导组每学期应有计划开展工作，每学期结束前做出本学期的工作总结。

（7）教学领导委派的其他需要教学督导的工作。

五、教学督导团的工作方式

督导团每学期在校领导的指导下制定自己的工作计划，定期向校领导汇报工作。具体工作方式可采取以下几种形式。

1. 经常性深入课堂听课。

2. 到有关院（系）、部、处、室个别访问交谈，召开师生座谈会。

3. 执行例会制度，定期召开工作会议。

4. 到有关院校学习考察，学习借鉴有关教学文件资料。

5. 编辑发行《教学督导通报》。

六、工作准则

1. 学校教学督导团和系教学督导组的成员应坚持公正性和科学性，在督导过程中注重"督"与"导"的结合，强化"导"的功能。

2. 认真负责、实事求是，评议客观公正。

3. 与学校、系（教研室）协调配合，相互信任，相互尊重，通力合作。

4. 严守纪律，对评议意见不得随意传播。

七、教学督导结果

教学督导结果作为构成教师教学质量评价结果的指标之一，与教师晋升职称、年度考评挂钩。

七、市场营销理论引入民高管理

（一）市场营销理论概述

1. 市场营销的概念和作用

市场营销，是市场营销学中的基本概念，创立于美国。第二次世界大战以后，日本从美国引进市场营销学，并进行了广泛深入的研究与实践，使其在日本得到了普及和发展。实践证明，战后日本经济的发展，国际市场竞争实力的增强和国内外营销管理的成功，与市场营销学的普及和应用有着密切的联系。正是由于市场营销具有很强的实用性，各国企业界、经济界都非常重视对它的研究和应用。

针对现代企业而言，市场营销是指营销主体为了实现一定目标，主动适应和利用市场环境，选择目标市场，运用一定的营销要素和策略（如价格策略、营业推广、广告等）所进行的产品或服务的产（销）前、销售和售后的一系列经济活动。其目的是通过满足社会和消费者各种需要，实现商品的交换和产品使用价值的实现，提高经济效益。由于市场营销具有交换功能、商品实体流通功能和便利功能，所以市场营销在现代社会经济活动中，具有十分重要的作用。

2. 市场营销观念

在供不应求的卖方市场和我国传统体制的市场条件下，企业由于产品不愁销路，因而只注重生产，以"生产什么，就卖什么"的观点来指导企业生产经营，以"皇帝闺女不愁嫁"的姿态来面对市场。一般将这种观念称为生产观念。

产品观念，即以产品为中心的观念，认为"只要质量好，不怕卖不了；只要有特色，不愁无顾客"。这种以产品为中心的观念会引发"营销近视症"——过分注重产品本身，而忽视顾客的真正需求。

推销观念，是以销售为中心的观念。这种观念，本质上也是以生产为中心，是"以产定销"。

市场营销观念，是以顾客需要为中心的观念，即生产前用超前的眼光洞察市场，真正达到"消费者需要的产品我们生产，我们生产的产品消费者需要"的标准。然而，市场营销观念回避了顾客需要、顾客利益和长期社会福利之间隐含的冲突，因此需要一种新的观念代之，即社会营销观念。

社会营销观念与市场营销观念的主要区别在于：市场营销观念强调顾客利益和公司利益的平衡，而社会营销观念强调顾客利益、公司利益和社会公众利益的平衡，所以有的把社会营销观念叫"人本观念""生态观念""社会责任观念"等。

（二）营销理论引入民办高校管理

1. 营销理论引入民办高校管理的必要性

在市场经济体制条件下，企业家普遍认为，不懂得市场营销理论，就无法领导和维持企业的生存和发展。同样，营销理论在教育领域的应用和发展，为民办高校科学管理提供了理论和实践基础；日益激烈的市场竞争要求民办高校开展营销管理；高等职业教育的买方市场趋势要求民办高校开展营销管理；民办高校现状，表明了开展营销管理已是当务之急。

2. 民办高校营销管理的特点

民办高校属于典型的非营利性组织，它既不同于政府，又不同于企业，它所提供的产品（或服务）具有非公共产品属性，这就决定了民办高校营销管理的特点，即营销目标的多重性、服务对象的多元性、公众监督的广泛性、营销产品的服务性和营销过程的伦理性。

3. 民办高校的顾客

中国民办高校教育的崛起是在社会、政治、经济、文化、教育等多重因素影响下所形成的一种历史必然。它是顺应中国改革开放的历史趋势，适应社会主义经济的发展和教育改革的需要所做出的历史性选择。民办高校教育的主要目的是让学生获得从事某个职业或行业，或某类职业或行业所需的实际技能和知识，完成这一层次学习的学生获得进入劳务市场所需的能力和资格，即为生产、建设、管理、服务第一线培养、输送具备某一特定职业或职业群所需综合职业能力的高等技术应用型人才。

因此，就民办高校而言，其所提供的产品和面临的顾客均具有两重性。

其一，民办高校是在高中阶段教育基础上向学生提供专门知识、技能和职业道德教育，以使学生获得适应某种职业需要的职业技能和资格的组织，民办高校所提供这种高等职业教育服务就是其产品——服务，而购买这项产品的学生就是民办高校的顾客。

其二，民办高校是培养并输送适应社会发展和经济建设需要的高级应用型专门人才的组织，因而其所培养的高级人才即产品——服务；而接受和使用这些高职人才的用人单位就是民办高校的顾客。为便于区分这两类顾客，我们将前者称为民办高校的"学生顾客"，后者则称为民办高校的"用人单位顾客"。❶

（三）民办高校营销策略的影响因素

1. 宏观因素

宏观因素是指民办高校运行的大环境，它既不可控制，又不可影响，但是它对其营销是否成功起着十分重要的作用（见图2）。

---

❶ 李大洪：《高职院校管理新论——基于营销学范式的研究》，江苏大学出版社 2009 年版，第 92、93 页。

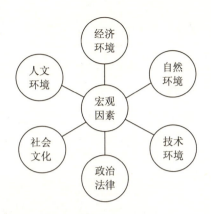

图2　影响民办高校营销策略的宏观因素

（1）人文环境。①社会因素，主要指家庭、社会地位阶层等影响细分市场的因素。②人口因素，主要包括人口数量与市场构成的关系、人口城市化与市场的关系等。③人口地理迁移因素，主要包括客流的移动特点、规律与地理环境的关系以及购买动机与地理环境的关系等。

（2）经济环境，主要包括学生顾客家庭收入情况。

（3）自然环境，主要包括环境的恶化、疾病的影响等。

（4）技术环境，主要指技术对民办高校竞争的影响、技术对消费者的影响等。

（5）政治法律环境，主要包括政治格局的稳定、国家的政治、法律环境等。

（6）社会文化环境，主要包括教育水平、传统习惯等。

2. 微观因素

微观因素主要是指存在于民办高校周围并密切影响其营销活动的各种因素和条件（见图3）。

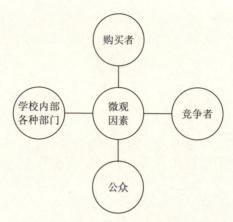

图 3　影响民办高校营销策略的微观因素

（1）购买者，主要包括学生购买顾客和用人单位顾客。对学生购买顾客而言，影响其"购买"的因素有以下几个方面。一是对民办高校的认知程度，即人们是如何看待该院校的，该院校在人们心目中的地位如何。二是相关群体的影响。潜在学生顾客购买该院校教育服务，受到其家庭、亲友、老师、同学和邻居等影响。其中，家庭对购买者的行为影响力很大。高中毕业生选择高校时主要是听从家长的意见。老师的意见是影响学生购买行为的另一个重要因素。三是高考成绩的影响。四是就业预期。教育消费者在选择高校时，考虑得较多的往往是毕业后的就业去向。五是家庭经济状况。对用人单位顾客而言，购买高职院校服务时，主要考虑高校的知名度、学生专业适用性等。

（2）竞争者。影响其营销策略的竞争者，主要来自两个方面：一是竞争者数量和规模；二是消费者需求量与竞争供应量的关系。

（3）公众。影响其营销策略的公众主要是政府公众、企业公众及一般公众。

（4）学校内部各部门。营销策略须由学校内部各部门分工合作，相互配合。

一是学校的基本情况分析：学校提供了哪些教育服务产品？教育质量如何？社会评价如何？学校内部教育教学各环节的协同性如何？学校的发展历史和社会地位如何？学校以前的成就、地位，发展的原因是什么？学校过去几年的主要目标是什么？实现程度如何？过去几年采取的战略模式是什么？成功没有？在省区或者全国范围内，学校所处的地位如何？

二是领导者和管理人员的素质：学院主要领导者的教育和管理理念是否先进？是否具有战略意识？统率全局的领导能力怎样？领导班子的执行力如何？是否能够协同管理带领学校持续发展？领导层的管理思想和领导作风是否有利于调动下属积极性？中层领导在管理和控制本部门工作中是否具备相应的专业能力和管理能力？是否具有全局意识和团队精神？

三是学校组织结构：学校组织结构基本模式是什么？院校一系列改革是否适应其发展？责任如何落实？如何进行监督？规章制度建设是否完善、科学、合理，有利于学校、教师和学生发展？是否建立起有效地与外部沟通的组织和机制？

四是教职工的基本情况：教职工的数量、专业结构、职业能力总体水平能否满足日常教育、教学、后勤保障和管理业务的需要？是否建立起可以带动学校发展、占教师总数20%以上的骨干教师队伍，是否培养出能在少数几个专业领域中教学、教育科研做出成就的高层次教师，并有相应机制充分发挥他们的作用？教职工的心态是否与学校的发展要求相一致？人事制度是否有利于调动教师的积极性和促进教师发展？工资和薪酬政策是否与学校发展要求相匹配，是否有资源保证？学校教职工中是否存在学习和自我发展的氛围和机制？

五是学校建筑、设备和设施情况分析：学校的建筑设备设施是否满足教学需要？现有的设备设施使用效率如何？如没有充分利用，原因何在？设备是否与合作企业共享？

六是学校的资金运作情况分析：有无资金使用和筹措计划？对资金的使用效益有无明确指标、核算系统和监督措施？资金来源渠道有哪些？有无与学校规划相配套的财务计划？财会主管人员是否具备能力协助领导把握战略性资金收入和支出？

七是学校发展能力分析：学校是否有稳定的机构、人员或学校的发展规划？学校管理人员有无一些具备整体开发能力和项目开发能力的人员，是否有相关的培养机制？有无在某些专业领域取得突破并持续发展的机制？收集加工处理和传播外部发展信息的能力如何？学校形象的自我推介能力、社会资本的构建能力和服务产品的推销能力如何？

（四）民办高校营销策略选择

1. 民办高校的联合与重组

诺贝尔经济学奖获得者斯蒂格勒曾指出："这一百年到现在，世界上前五百强的大企业，无一不是通过资产兼并而扩展起来的，没有一个是仅仅靠内部积累发展起来的。"如同企业的经营一样，学校除了在现有的资源条件下，通过控制成本，提高办学效率，拓展新的教育服务等内部管理战略外，还可以通过广泛实施战略联盟，进行联合与重组，实现资产的优化组合。利用优势互补，走联合经营之路无疑是一部分民办高校迅速走出困境的一种重要选择。

《中华人民共和国职业教育法》第23条规定："职业学校、职业培训机构实施职业教育应当实行产教结合，为本地区经济建设服务，与企业密切联系，培养实用人才和熟练劳动者。"产教结合要求教育与产业保持密切的联系，教育发展规划的制定要参照并体现产业规划，促进职业教育规模、专业设置与经济社会发展需求相适应。

2. 民办高校集团化发展

职业教育集团是职业教育资源共享、优势互补、集约发展的有效途径，是深化校企全面合作、推进产学深度融合的重要平台，是创建职业教育品牌、特色、优势的重要手段，也是中国特色职业教育办学模式的有益探索。

职业教育集团是一种职业教育管理机构，是由总部与学校组成，总部对集团董事会负责，同时监事会对公司与学校的经营与管理起到监督作用。集团化是经济学的一个概念，其内涵是将经济领域中分散的、生产规模比较小的实体以集团的形式有机组织起来，形成规模较大的经济运行实体，以规模优势来提高企业经营中的规模效应。在国外，职业教育集团最早出现在 20 世纪 60 年代，如巴西的职业学校连锁机构 Objective/Unip 成立于 20 世纪 60 年代中期。进入 90 年代以后，职业教育集团发展迅速。我国的职业教育集团最早起步于 1993 年，到 20 世纪 90 年代末，我国的职业教育集团化办学快速发展。贵州万好教育投资有限公司自 2012 年成立以来，先后组织建立了贵州城市职业学院新校区，独山万好国防中学、瓮安校区、天柱校区和开阳校区。

3. 立足地区经济，与区域经济互动发展形成区域型职教集团

这类集团一般由区域教育行政管理部门参与或牵头，区域职业教育资源做一定整合后形成。这类集团与区域经济的联系紧密，可以共享区域经济发展的各种优惠政策，在为区域经济服务等方面形成难以模仿与替代的优势。如根据区域发展要求制定职业教育发展规划，建立与区域产业对口的精品专业，培养的学生直接面向区域支柱产业。建立区域政府对职业教育引导型的管理模式，搭建区域经济和职业教育的信息交流平台，提供动态的岗位需求信息、经济和技术发展信息、毕业生生源和相关文化与技能素养的信息，构建宽松有序的融资环境，包括协助建立教育基金、助学基金，设立扶持职业教育的税金政策等。这类集团可建立与区域内企业群联合发展和合作开发人力资源的机制，如企业通过订单委托方式与职业院校建立供需联系，联合培养学生，联合开发双证教育，学校为企业提供培训条件，企业向学校提供最先进的实训基地和最好的培训师资。

4. 加盟国内外的教育连锁集团，实现特许经营

即使有一些目前经营状况较好的学校，由于缺乏有利的经济支撑，发展

仍然面临巨大的挑战，特别是市场竞争日益激烈，为了寻找新的发展出路，有的学校加盟其他成功的教育连锁体系，采取特许经营的方式，实现低成本扩张。特许连锁经营是连锁经营的高级形式。加盟特许经营有以下三方面好处。

第一，可在基本保持其独立办学的同时，分享国内外教育集团的品牌、服务、信息等方面的优势，以及品牌既定的教育服务群体，享用集团总部随时提供的市场情报及信息，扩大可利用的资源。

第二，可以得到教育集团统一的教育培训和各种有效的管理，提高经营管理水平，从而享用特许者成功的经营管理经验。

第三，学校作为集团的连锁分支机构，在必要时，还可获得集团的经济投入，从而降低加盟者自己承担的风险。目前，有很多学校在计算机培训、各种资格考试等方面已经获得了多家教育集团的特许经营权，扩大了学校生存与发展的空间。

5. 走民办公助的发展道路

对于私立大学来说，从社会上获得支持，特别是得到政府的直接财政帮助，的确不是一件容易的事情。就拿澳大利亚这样高福利而又十分发达的国家而言，想像美国那样从慈善机构获得支持也是很难的，由于资金严重匮乏，迫使澳大利亚一些私立大学不得不去接近政府。所以，私立大学在一定意义上摆脱不了对政府的依赖。实际上，从一些国家的经验也可以看出，政府补助私立大学要比另建一所新大学的负担轻得多。在当前，我国政府支出的教育经费缺口较大的情况下，要求政府立刻为所有的民办大学提供补助金是不大现实的。但是政府有责任有选择地资助一些能够依靠学费成功地发展起来的民办高校。政府对这些高校的奖励与资助，将有助于激励民办高校之间的自由竞争，推动民办高等教育的发展。

6. 学校与企业的联姻

珍妮特·沃斯在《学习的革命》中曾经预言："一种新的特殊的商业联合式正在全世界产生，而最具有吸引力的潜在联合行业是教育和商业。"企业对滚动发展的民办高校垂涎已久，企业拥有投资能力，却缺乏教育管理经验，特别是对教育市场格外陌生，而滚动发展起来的民办高校，资金是制约其发展的"瓶颈"，企业和民办高校几乎是可以一拍即合。投资者能够从发展的眼光，看好教育的长期投资，从而使民办高校得到依托。❶

---

❶　胡卫、何金辉、朱利霞：《办学体制改革，多元化的教育诉求》，教育科学出版社 2010 年版，第 126 页。

第五章

发挥正能量　打造特色专业与课程

职业教育的专业培养目标是通过课程实现的，不同专业培养目标可由不同的一组相关课程来实现，专业与课程有着直接的相关性。为保证专业培养目标的实现，课程的开发、实施与评价应紧密围绕培养目标进行。经济、科技和社会变革引发的专业培养目标的调整、变化，也必定引发课程的内容、结构和实施方式的相应调整和变化。从总体来看，专业是自变量，课程是因变量，专业决定课程。

一、拓展专业新空间

（一）"十三五"时期我国发展指导思想

党的十八届五中全会通过《中共中央关于制定国民经济和社会发展的第十三个五年规划的建议》（以下简称《建议》）明确指出了"十三五"时期我国发展的指导思想：高举中国特色社会主义伟大旗帜，全面贯彻党的十八大和十八届三中、四中全会精神，以马克思列宁主义、毛泽东思想、邓小平理论、"三个代表"重要思想、科学发展观为指导，深入贯彻习近平总书记系列重要讲话精神，坚持全面建成小康社会、全面深化改革、全面依法治国、全面从严治党的战略布局，坚持发展是第一要务，以提高发展质量和效益为中心，加快形成引领经济发展新常态的体制机制和发展方式，保持战略定力，坚持稳中求进，统筹推进经济建设、政治建设、文化建设、社会建设、生态文明建设和党的建设，确保如期全面建成小康社会，为实现"两个一百年"奋斗目标，实现中华民族伟大复兴的中国梦奠定更加坚实的基础。❶

---

❶ 《党的十八届五中全会〈建议〉学习辅导百问》，党建读物出版社、学习出版社 2015 年版，第 8 页。

（二）优化学科专业布局和人才培养机制

《建议》提出："优化学科专业布局和人才培养机制，鼓励具备条件的普通本科高校向应用型转变。"这为深入贯彻党的十八大和十八届三中全会精神、推动"十三五"时期我国民办高等教育更好适应经济社会发展需求明确了前进方向。

第一，这是全面建成小康社会战略机遇民办高等教育内涵式发展的核心要求。改革开放以来特别是进入21世纪以来，我国民办高等教育有了显著发展。为更多适龄青年提供了深造机会，为社会主义现代化建设输送了数以千万计的高层次专门人才后备力量。随着民办高等教育规模逐年扩大，教育质量问题显得越来越突出，尤其是经济发展新常态下的经济发展方式转变和产业就业结构变化，促使所有民办高等学校都要深刻思考和积极探索人才培养机制创新。

第二，这是民办高等教育人才培养加快形成适应经济社会发展需求机制的主要途径。从宏观政策层面来看，优化学科专业布局和人才培养机制，是对所有高等学校提出的普遍要求。两个举措的共同目的是，更好适应国家和区域经济社会发展的多样化需要，更好满足人民群众接受高等教育的多样化需求。按照《建议》的要求，我们要在优化学科专业布局和人才培养机制方面加快步伐，更加精准地面向社会需求，构建动态调整机制，促进民办高校办出特色，争创一流。把办学思路真正转到服务经济社会发展上来，转到产教融合、校企合作上来，转到培养应用型技术技能型人才上来，转到增强学生就业创业能力上来，使民办高校能够为学子们谋生发展、就业创业提供更为有用的教育。完成好上述任务，对"十三五"时期坚持创新发展、协调发展、绿色发展、开放发展、共享发展，非常必要也十分紧迫。❶

第三，这是指导民办高校人才培养目标应研究选择的模式。

贵州城市职业学院的选择模式有以下几种。

（1）校企合作、工学交替的培养模式。大力推行工学结合、校企合作的培养模式，逐步建立和完善半工半读制度，在部分专业中由学生自愿开展勤工俭学，学生通过半工半读实现学费和生活费自给。贫困学生入校后进行三个月基本训练后，安排学生进入企业半工半读，产学合作教育，与企业共同培养，实行校企"双管制"。

（2）学历证与多证技能联动培养模式。评价学生系统的三年制高等职业

---

❶《党的十八届五中全会〈建议〉学习辅导百问》，党建读物出版社、学习出版社2015年版，第164页。

教育，其身份基础就是国家认可的大专毕业证书，而这个毕业证书必须经历三个阶段，一是高考录取注册过程，二是自我行为规范形成过程，三是技术能力成长过程。就这三个过程还不够，还应根据社会发展的需要，在这些过程中不断增加符合专业岗位需要的技能培训，获取更多的行业技能证书，这有利于学生掌握专业知识的同时还具备较高的操作技能，使学生进入社会即具备强大的岗位竞争力。

（3）"2+1"企业顶岗实习培养模式。学生在第五学期的 12 月 1 日至第六学期 5 月 30 日，安排就业体验顶岗实习。

（4）"国际合作教育"培养模式。把发达国家的办学思路、经验、做法、教师、教材引进来，选择与本校学生和就业岗位群相适应的教材体系，构建成功的民办人才培养模式。

二、运用营销学基本理论

（一）营销定义与观念

1. 营销定义

营销大师菲利普·科特勒于 1996 年对营销给出的定义："营销是个人和集体通过创造，提供出售，并同别人交换产品和价值，以获得其所需所欲之物的一种社会和管理过程。"由此可知，营销是一种满足顾客需要的创造性行为；营销的本质目的是促使交换的实现；营销所追求的交换不仅仅是产品的变换，更是营销双方价值的交换；营销活动是一种系统的社会和管理过程，这个过程就是对产品的设计、定价、促销和分销活动进行规划与实施。

2. 营销观念

一是生产观念。生产观念是以生产为中心的观念，其适用的条件是：市场上产品需求大于供给，因而顾客关心的是能否得到产品。二是产品观念。产品观念是以产品为中心的观念。认为顾客最喜欢高质量、多功能和具有某些特色的产品。三是推销观念。推销观念是以销售为中心的观念。通过推销组织，积极主动促销，劝说顾客购买和多买自己的产品。四是市场营销观念。市场营销观念是以顾客需要为中心的观念，它注重买方需要，是一种全新的经营理念。五是社会营销观念。社会营销观念又称"人本观念""生态观念""社会责任观念"。社会营销观念与市场营销观念的主要区别在于：市场营销观念强调顾客利益和公司利益的平衡，而社会营销观念强调顾客利益、公司

利益和社会公众利益的平衡。❶

（二）营销学理论应用

1. 目标营销策略

从营销学角度讲，高职院校的主要任务是面向学生顾客和用人单位顾客两大顾客市场，提供高等职业教育服务和培养输送高职人才。从学生顾客而言，他们对高等教育的层次和偏好是其购买要求的一个重要特征，有的学生喜欢选择文科类专业，因为他们对理工类不感兴趣，或担心自己学不好；有些学生顾客则更喜欢理工类专业，认为这些专业将来容易就业。根据学生的要求，校长确定学校的产品组合，调整专业设置。

2. 市场定位策略

所谓市场定位，就是在目标顾客心目中为自己的产品或服务确立一个位置，形成一定特色，以区别于竞争者，使目标顾客能获得在其他竞争者那里不能得到的某种利益。市场定位的主要任务，就是通过集中若干竞争优势，将自己与其他竞争对手区别开来。要突出高等职业教育服务和高职人才的"职业性"特色。贵州城市职业学院在培养目标方面的特色是培养生产建设、管理和服务等第一线的高级应用型人才；学院在培养过程方面的特色是以综合职业能力为主线设计教学体系和培养方案，以应用为主旨和特征构建课程和教学内容体系。学院培养条件和特色是：专业教师（即"双师型"）既懂理论又懂实践，既能上讲台又能顶岗操作；学生有足够的时间参加仿真训练和顶岗实习，训练职业技能和应用能力，练就从事某个职业所需要的技能和适应新的一线工作所需的能力。

3. 专业体系异化策略

一所高职院校需要设置哪些专业？在学校专业设置这个重大管理决策中，贵州城市职业学院的专业设置把握了三个原则，即：首先是稳定性原则。一是根据较广的职业覆盖面设置专业；二是根据职业岗位群设置专业；三是根据技术水平设置专业。其次是前瞻性原则。高职院校人才培养周期一般为 3 年，设置专业的前瞻性非常重要。贵州城市职业学院的经验是要前瞻，不能"跟风"。最后是对应性原则。作为职业教育，它必须对应于一定的职业范围，使学生能够顺利就业、迅速上岗，体现较强的适应性。❷

4. 课程设计差异化策略

一要以就业为导向，实现课程教学与就业需求紧密结合。二要以能力为

---

❶　周崇先：《市场机制建设与民族经济振兴》，华夏出版社 1999 年版。

❷　周崇先："追梦——专访侗族教育家周鸿静先生"，《黔东南社会科学杂志》，2014（3）。

本位，即使学生获得在适合的岗位上工作所需要的各种能力是职业教育的主要任务。"以能力为本位"的"能力"不仅仅是指"技能"，而且包括职业道德和行为规范、思维能力、表达能力、团队合作能力、继续学习能力、职业发展能力和创新能力等。"以能力为本位"就是要结合社会、企业、职业、学生等因素的动态变化，最大限度地满足企业对应用型高技能人才要求的取向。三是以学生为中心，即高职教育课程体系的构建应从学生顾客的实际出发，既要反映社会对毕业生知识、能力、素质的要求，又要有利于学生个性的充分发展、身心的全面发展和人的可持续发展。唯有如此，课程体系改革才能与职业教育人才培养目标一致，才能与学生的发展相一致，才能和社会经济变化的发展相一致。

三、专业内涵与专业划分

专业设置与课程设置是民办高等教育全局性的基础性工作，是一项根本性的建设工程。它直接关系民办高等教育办学机构的发展方向和人才培养规格；是学校工作的龙头，是影响学校招生、学生就业最重要的条件；是学校能否较好地服务于社会、能否发展的决定性因素之一。民办高校要想取得竞争优势，在于灵活地改变专业和课程设置，以适应社会对人才的动态需求，只有这样，民办高校培养的人才才能更加符合社会的需要。

（一）专业的内涵

顾明远《教育大辞典》关于专业的定义："中国、苏联等国家高等教育培养学生的各个学业领域。大体相当于《国际教育标准分类》的课程计划或美国高等教育的主修。"《辞海》的定义为："高等学院或中等专业学校根据社会分工、经济和社会发展需要以及学科发展与分类状况而划分的学业门类。"

在职业教育领域中，专业的含义是指学生今后的工作领域和当前的学习范围。所以，专业可以建立在不同的基础上，它首先决定于培养目标确定的人才类型。

（二）专业划分依据

专业划分是专业设置的基础与前提，不仅应具备科学性、规范性、权威性，同时还要具有不断适应发展需求的灵活性。科学划分专业需要符合客观规律，符合社会分工、经济发展的客观实际。

1. 社会分工

根据专业与职业的关系，一个专业的独立存在，社会上应当存在对应的职业或职业群。因此，专业划分的教育外部依据是劳动市场中职业的划分，社会职业在经济社会不同的发展阶段呈现出不同的社会分工程度。职业是指从业人员为获取主要生活来源所从事的社会分工种类。职业具有目的性，每种职业对从业人员都有一定的素质和技术、技能要求，有明确的服务或岗位指向。职业具有社会性，即职业是从业人员在特定社会生活环境中所从事的一种与其他社会成员相互关联、相互服务的社会活动。职业具有稳定性，即职业在一定的历史时期内形成，并具有较长的生命周期。职业具有规范性，即职业活动必须符合国家法律和社会道德规范。职业具有群体性，即职业必须具有一定的从业人数。职业具有动态性，是指随着社会的发展，社会职业也在不断变化，新的社会职业的产生，原有职业的分化与综合，旧职业的消亡，这一延续不断的演化过程，决定了专业划分的相应变化。

2. 学科发展

根据专业与学科的关系，一个专业的独立存在，应当具有与本专业相关联的学科基础理论和专业理论体系，有本专业的主干专业课程和相关的课程体系。无论采用哪种专业化教育途径，其专业划分，都必须把当代科学技术发展现状作为主要参照依据之一。

3. 教学组织

根据专业与教学组织的关系，一个独立专业的存在应当符合教学规律，便于设置课程、组织教学。如果包容的专业服务方向过多，或学科基础过宽，则很难组织教学。

4. 人的全面发展

根据专业与人的发展的关系，专业划分要充分考虑人的全面发展，要以人为本。

5. 交流合作

在教育的国际交流与合作中，通过借鉴外国的先进经验，也会对专业划分起到启发作用。但是，国外专业模式不能成为本国专业划分的依据，更不能照搬。即使在一国之内，由于经济、教育发展的不平衡，不同行业、地区对专业划分的选择也不完全一样。各国职业教育的专业划分模式之所以有较大区别，其原因是专业划分所依据的实际情况有较大差别。而且一个国家在教育的不同发展阶段，专业划分也不尽相同，皆因所依据的社会经济发展的客观实际情况不同所致。

（三）专业设置原则

1. 人文教育与科学教育相结合

在科学技术高度发达的今天，人文教育与科学教育的互补作用越来越明显，那种只重视科学技术的片面教育目标，应从根本上加以校正，从而确立科学教育与人文教育并重的教育目标，将科学与人文置于同等重要的地位。在课程门类、学时数量、学习要求、课程建设等方面，关注人文学科，保证人文教育的要求，使科学教育与人文教育相互渗透、交相辉映。要在加强科学精神的培养和科学方法教育的同时，适当增加哲学和美学、历史的教学内容，引导学生树立人文精神，懂得正确认识和处理人与自身、人与他人、人与社会、人与自然的关系，努力把人文精神与科学精神相融合，形成热爱真理、追求真理、敢于探索和积极创新的品格。

2. 理论教学（掌握知识）与实践教学（提高能力）相结合

贵州城市职业学院探索"2+1"与"双证书"联动模式，以下是这种联动培养模式的主要内容。

（1）在教学时间上将人才培养分成以职业基本教学为主的"2"和以企业真实环境工作训练及应用为主的"1"两个部分。

（2）在实习实训内容上将知识、能力、素质为主要培养目标的"2"与实习实训和顶岗现场的综合能力为主的"1"相结合；

（3）在模式上将以课堂教学和知识考核为主的"2"与现场教学与项目能力考核为主的"1"相结合；

（4）在评价学生上以学校导师为主的"2"与企业专业教师、企业导师、职业导师考核的"1"相结合；

（5）在专业素质培养上，学校的综合性核心能力培养与企业的实践精神相结合，实现应用型职业人才培养的全面创新。

（6）在培养过程上实行全面质量管理控制方法，建立教学质量监控体系，坚持过程质量控制，实现培养目标。

（7）在培养规格上坚持"厚基础、宽口径、能力强、上手快"的培养目标，造就具有应用型职业基本理论与工程应用能力的应用型专门人才。

（8）在"2"阶段完成初、中级考证，"1"阶段完成从业的基本训练，毕业1年后即可顺利申报助理工程师、技师或助理经济师。❶

3. 强化顶岗实习

所谓顶岗实习，是指在基本完成理论教学任务和学过大部分基础技术课之后，到工作现场直接参与生产经营管理过程，综合运用所学的知识和技能，以完成一定的生产任务，并进一步获得感性认识，掌握操作技能，学习工作

---

❶ 蒙永福："高职院校构建应用型人才培养模式新探"，《贵州亚泰学院学报》，2013年第1期，第5页。

常识，养成正确劳动态度的一种实践性教学形式。顶岗实习教育活动的目的，除夯实理论基础外，要突出以就业为导向，以提高学生职业能力和工作素养为目标，改革课程体系，做好顶岗实习等实践教学活动，使学生更加贴近企业工作流程，进入企业后胜任工作，这样培养的学生才能真正学到技能，建立良好职业素质，成为社会有用之才。

以下为开展顶岗实习的思路。

（1）重新审视顶岗实习工作，明确顶岗实习的就业体验意义，统一开展顶岗实习的思想，制定相关的政策，采取相关的措施，切实做好学院顶岗实习工作。

（2）正确宣传顶岗实习教学实践活动，从招生宣传开始至大学教育全过程，坚持正确引导，客观宣传，促进顶岗实习工作后期的正常开展。

（3）建立顶岗实习工作机制，成立学院顶岗实习工作领导小组和机构，定期研究顶岗实习工作，制定统一顶岗实习的规章制度，有效地领导、规划、组织和实施好顶岗实习工作。

（4）选择与企业工作关联的专业如工商企业管理、工商行政管理等经济管理类、技术类专业作试点，实施全体学生必须参加统一顶岗实习的规定。

（5）从教育教学的高度，规范、管理和实施顶岗实习工作，建立相应的考核奖惩办法，保障顶岗实习的正常进行。

（6）建设一支精干高效的顶岗实习工作队伍，统一对顶岗实习工作的认识，贯彻落实国家、省和学院各项顶岗实习的规章制度，正确实施顶岗实习工作。

（7）加强对学生顶岗实习教育工作的跟踪与监督，确实按学院制订的人才培养方案落实顶岗实习工作，坚持学生顶岗实习合格与否对毕业一票否决原则。

（8）加强与家长的交流与沟通，把国家、省和学院关于顶岗实习的意义和作用传递给家长，取得家长对学生参加顶岗实习的理解、支持和配合。❶

4. 做人教育与做事教育相结合

高等教育的首要使命是育人，育人的首要目标是陶冶人性，培育学生优良的品格，引导学生树立科学的世界观、人生观和价值观。民办高校要转变以做事为中心的教育思想，树立做人与做事相结合的教育观念，促进学生全面成长。为此，民办高校要创新思想教育的模式。首先，要创新"两课"教

---

❶　申群宁："高职学生参与学校组织顶岗实习工作现状的分析——以贵州城市学院为例"，《贵州城市学院学报》，2014年第1期，第77页。

学模式，改革教学内容和教学方法，使政治理论课更具时代性和针对性，更有说服力和亲和力，能回答现实生活中的疑点、热点问题，在学生参与和师生互动中，使邓小平理论、"三个代表"重要思想和科学发展观真正入脑入心。其次，要创新课外活动模式。民办高校要发挥党组织在学生思想教育工作中的政治核心作用，发挥共青团和学生会等组织的骨干带头作用，引导学生社团、公寓、校园网络开展"寓教于学""寓教于乐"活动，力求内容健康向上，形式丰富多彩，贴近学生思想，发挥育人作用。再次，要创新个别思想教育模式。坚持以人为本，与人为善，一把钥匙开一把锁；提倡一对一、面对面、心换心，对学生进行思想引导、学业辅导、生活指导、心理疏导；坚持尊重人、理解人、关心人、鼓励人，多用引导式、鼓励式、参与互动式的思想教育方法，杜绝说教式、高压式的教育方法，做到以理服人，以情感人。

表 8 为部分民办院校人才培养模式。

表 8　民办院校人才培养模式

学　　校	人才培养模式
贵州城市职业学院	推行"2+1"与"双证书"联动培养人才
广东培正学院	强化"实训实验、社会实践、实习"三位一体的实践教学模式
江海职业技术学院	"职业理想、职业技能、职业规范、职业道德"的人才培养模式
潍坊科技学院	"以素质为核心、能力为基础、技能为重点"的人才培养模式
厦门软件职业技术学院	实施"模块化、项目化、职业化"的教学模式，采用"高等教育、师资培养、生产实习"三位一体的办学模式
福州外语外贸职业技术学院	积极推进以企业岗位为基础的"订单式"人才培养和"学做合一""多证并举"等多样化人才培养模式改革
河北美术学院	推行工作室教学模式
上海中华职业技术学院	做学并进、学制分段、模块课程、弹性学分、定单培养、人才培养形成系统工程
黄河科技学院	"独特的创新精神和实践能力"的人才培养模式
大连艺术学院	形成以学分为纽带的三个课堂联动的实践教学体系

续表

学　校	人才培养模式
浙江树人大学	社会工作专业的职业化人才培养模式、计算机科学与技术专业的"3+1"服务外包人才培养模式、现代教育中心的"互动新媒体创新试验班"
北京吉利学院	"311"就业导向教育模式
重庆正大软件职业技术学院	"英语+软件+能力＝国际化软件人才"的人才培养模式
民办四川天一学院	"三能"人才培养体系
北海艺术设计职业学院	学院与清华大学美术学院建立长期合作关系，学生第三年在北京学习、实践，由清华美院安排教学
云南科技信息职业技术学院	按照"大专文凭+职业技能证书+外语等级证书+计算机技能证书"的模式，突出职业教育特色
湖南外国语职业学院	"订单式"教育模式，分别建立"青苹果班""皇庭班""SWL国际服务外包班"等

四、课程开发创新

（一）课程含义

由于认识的角度不同，对课程这一概念的理解存在很大差异。国际上关于课程的定义达八九种之多。但从形式上来看，对课程的理解一般有广义和狭义两种。广义的课程概念认为，课程为"所有学科（教学学科）的总和"或"学生在教师指导下各种活动的总和"，简言之，课程是"一整套学科"或"一整套活动"；狭义的课程概念则认为，课程为"一门学科（教学学科）"或"一类活动"。[1] 这是课程的外延。

从实质上来看，按照《中国大百科全书·教育》的解释，课程是"课业及其进程"。如果涵盖课程的工具性，则课程"就是教学内容及其进程的总和"；[2] 或者说"课程就是有组织的教学内容"，"是实现各级各类学校培养目标的教学设计方案"。[3] 也有的学者认为，"课程是对学校教育内容、标准和进程的总体安排与初步设计"。[4] 这是课程的内涵。

---

[1] 陈桂生："课程辨"，《课程·教材·教法》，1994（11）。
[2] 王策三：《教学论稿》，人民教育出版社1985年版。
[3] 吴也显：《教学论新编》，教育科学出版社1991年版。
[4] 刘要悟："试析课程论与教学论的关系"，《教育研究》，1996（4）。

总之，不论是形式还是实质，都意味着课程要对教学目标、教学内容、教学方式和教学方法进行规划和设计。一般来说，对教育机构尤其是学校，这些规划和设计是在三个层次上进行的。第一层次是教育机构课程的总体规划，主要是学校的课程方案，包括培养目标、教学年限、教学领域、教学学科或教学活动的设置、教学进度、课时安排、考试考核及教学法说明等；第二层次是教学课程的分科要求，即每一教学学科或教学活动的课程标准，包括教学目的、教学内容、课时分配、教学方法和教学手段说明等；第三层次是课程的具体内容，即课程教材，是对每一教学学科或教学活动内容的具体选择，并按照一定逻辑顺序或心理顺序加以组织。❶

由此，可以这样认为，教学计划是课程方案的具体化，是所有教学学科或教学活动的计划；教学大纲是课程标准的具体化，是一门教学学科或一类教学活动的计划；教材则是课程内容的具体化，是每一门教学学科或每一类教学活动具体内容的结构形式。教材作为课程内容的载体，既包括印刷载体（教科书、图表、挂图等）、音像载体（录音录像、幻灯片、光盘等），又包括多媒体（计算机教学软件、网络教材）等。

既然课程是教学内容及其进程的总和，那么职业教育的课程就不仅包括所有理论教学的内容，而且包括所在职业学校或企业及其他机构实施的实践教学活动。所以，职业教育课程是职业教育机构教学计划、教学大纲及教材所规定的全部教学内容和全部教学活动的总和。

（二）课程开发

课程开发，也称课程设计、课程编制，实质上是课程结构的设计。这里包括课程整体结构即课程方案的设计，课程具体结构即课程标准和课程教材的设计。在实际工作中，课程开发主要指课程标准即教学计划、教学大纲以及课程载体即教材的编写，是对教学计划、教学大纲和教材所应达到的目标、选择的内容、采取的结构、评价的标准进行的可行性研究。

一般来说，学科体系的课程开发模式有三种。一是目标模式，即"通过分析学习主题的活动内容来选择课程内容，旨在引起所期望于学生的那些具体行为"的目标模式。二是过程模式，即"以知识的学科体系为中心，重在学生认知的形成过程而不在于预定的行为目标"的过程模式。三是环境模式，即"强调课程即学习经验，以及教师、学生及环境相互沟通与影响"的环境模式。

作为课程开发最常用的目标模式，包括四个阶段：确定课程目标、选择

---

❶ 李秉德：《教学论》，人民教育出版社 1991 年版。

课程内容、组织课程内容和实施课程评价。

在课程开发的过程中，最关键的两个内部要素：一个是课程内容选择的标准，一个是课程内容排序的标准。一般认为，制约课程开发的三个外部要素是社会需求、知识体系和个性发展。❶

1. 社会需求

社会需求是课程开发的前提，在课程开发中起着主导作用。社会需求体现了在一定的社会制度、政治制度、经济制度及与之相应的教育制度下教育的培养目标和任务。特别是，职业教育作为就业导向的教育，这是影响课程开发的最直接因素。根据社会需求，将国家总的教育目的具体化为课程的教育目标、教学目标和相关的内容，是课程开发的首要任务。而作为教育与经济的结合点，以培养生产、管理和服务第一线的技能型、应用型人才为目标的职业教育，社会需求在课程开发中占有更重要的地位。职业教育课程要满足社会需求，主要表现为满足经济发展的需求，满足动态发展的劳动市场的需求。这是职业教育的社会性目标。

2. 知识体系

知识体系是课程开发的基础，在课程开发中起着支撑作用。知识体系不仅包括传统的以理论知识为主的学科体系，而且包括现代的以经验知识为主的行动体系。知识体系体现了人类的集体智慧，作为需要继承的文化遗产，它是人类历史经验的总和；作为不断发展的科学体系，它是人类最新成就的总和。要从这浩瀚的人类智慧的总和中选择最需要的内容，并且尽可能地按照这些内容的逻辑顺序去组织教学材料，是课程开发非常艰巨的任务。职业教育课程在选择内容时，既要强调根据社会需求，根据职业实际的需要，有针对性地确定内容，又要把握知识体系中最核心、最基本的东西，遵循理论知识和经验知识这两类不同类型的知识构成的逻辑系统，有顺序地组织内容。这就要求集约化而不是简单化。

3. 个性发展

个性发展是课程开发的纽带，在课程开发中起着核心作用。个性发展体现了教育对提高学生素质、增强其社会生存与发展能力的重要性。这是人本性的目标。由于"活动是控制和支配个性发展的基本手段"❷，所以有目的地通过具体的教学活动，一方面根据同年龄段学生已有的经验及其思维特征，按照认知的心理顺序，培养个体社会活动，特别是职业活动的基本经验；另

---

❶ 雷正光、郭扬：《技工教育课程领域的探索》，科学普及出版社 1994 年版。

❷ 吴也显：《教学论新编》，教育科学出版社 1991 年版，第 274 页。

一方面也要根据学生不同的智力类型及其不同的兴趣和需要，为不同个体能力的发展创造条件。个体智力的类型不同，对知识的获取是有一定指向性的，这是课程开发中必须关注的问题。由于职业教育的对象具有形象思维的特点，其个性发展与职业情境结合尤为紧密，因此与职业活动紧密相关的实践教学在职业教育中占有很大比重，职业教育课程为学生的个性发展开拓了较大空间。

总之，影响课程开发的三个因素中，社会需求反映了课程的社会功能，是社会结构对课程开发的影响，知识体系反映了课程的教学功能，是知识结构对课程开发的影响，个性发展反映了课程的教育功能，是心理结构对课程开发的影响。

（三）课程的类型

现代职业教育课程是从职业导向的总原则出发，综合考虑社会需求、知识结构和个性发展三大因素，采取职业活动中心模式和螺旋上升式结构，对学科课程和活动课程以及在此基础上衍生出的许多课程类型，如综合课程、核心课程和模块课程等进行改革，赋予其职业教育的特色，以强化课程的教学效果。课程的基本类型包括以下方面。

1. 学科课程

也称分科课程。学科课程是以学科内容为中心设计的课程。各门学科课程的内容选自相应的各门科学，按照学科的独立性加以逻辑的组织，并依据不同学科之间的相关性按一定的先后顺序开设课程。各门课程有自己的学习时数和期限。学科课程的最大优点是"它的逻辑性、系统性和简约性"❶，这有利于学生学习和巩固基础知识，掌握系统的科学文化知识。

2. 活动课程

也称经验课程。活动课程是以学生活动为中心设计的课程。活动课程内容的选择强调"以学生直接经验的形式来掌握的、融合于各项实践活动中的最新知识、技能和技巧"为主，❷课程依据认知的心理顺序安排，学生在课程教学活动中始终处于主体地位，教师则是课程实施过程的组织者，学生通过亲身实践，即"动手做"来获取直接经验。活动课程的长处是具有"实践性""开放性""创造性""自主性"的特征，学生在整体的实践活动中通过自身的探究和发现过程，在充分发挥主观能动性的情况下，使解决实际问题的综合能力得到动态的锻炼和提高，从而使学生的个性发展全面而富有特色。

---

❶ 李秉德：《教学论》，人民教育出版社 1991 年版，第 175 页。
❷ 杨金玉："活动课程简论"，《课程·教材·教法》，1994（8）。

因此，活动课程近年来再次受到各国教育界的普遍重视。

3. 综合课程

这是一种在学科课程基础上发展起来的课程类型。综合课程在选择内容时，采取的方法是把两门或两门以上密切联系和相互配合的学科知识加以综合，组成一门课程。因此在编制课程时，就不能只考虑单个学科的逻辑结构和排列顺序，而是要全面考虑两门以上相邻学科之间的关系，使传统意义上各门学科的教学内容和教学顺序结合成一个整体。显然，综合课程的内容排序首先要考虑课程的横向组织，然后在此基础上进行课程的纵向组织。横向组织应以认知的心理顺序为原则，而纵向组织的原则则是知识的逻辑顺序。这表明综合课程是一种在结构上比较接近学生心理发展规律和教育学要求的课程类型。

由于综合课程强调知识的整体性，因此是职业教育经常采用的一种课程形式。设计职业教育综合课程的基本思路是：围绕职业技能或职业能力的需要将原来平行设置的多门（一般为十几门）教学科目综合成几门教学科目，但仍保持学科课程（分科课程）的基本形式。例如针对职业技能需要设置的以专业理论为基础的专业理论、专业计算、专业制图"三专课"，就是一种关联课程范畴的综合课程。而专业理论课本身，又是一种将原有的多门专业学科融合在一起的属于广域课程的综合课程。

4. 核心课程

这是一种在活动课程基础上发展起来的课程类型。核心课程在选择内容时，不以学科知识的逻辑结构为主线，而以需要解决的实际问题的顺序为逻辑主线。因此，以问题为核心，凡是与解决实际问题相关的技能和知识，就成为课程的中心内容。但这些知识和技能的教学，既不是严格的学科课程体系，又不是无确定目标、内容和时间的"随机"的实用主义的活动课程体系，而是因循解决问题的自身逻辑系统来组织的。这意味着，相关的知识、技术、经验、手段和方法的传授，要伴随着解决问题的过程，按照解决问题的具体活动展开。这里所需要解决的实际问题，既是选择课程内容的核心，又是课程实施过程的核心，所以核心课程又被称为主题课程。实际上，核心课程是一种在吸收活动课程与学科课程各自优点的基础上，以横向心理顺序为主、纵向逻辑顺序为辅形成的"跨学科"的活动课程，也称为"主体导向课程"。其主题即核心，可以是项目、任务、实验、问题，甚至是设备等。

5. 模块课程

"模块"一词，原是建筑上的术语，有"基准""单元"的意思。每一模块都有明确的起点和终点，一般不能再进一步划分。模块引入教育领域，指的是一个教学单元，每个教学单元都有明确的学习目标、完整的学习内容和确定的考核标准，常称之为教学模块。模块课程内容是这样进行选择的：在社会发展对教育提出的人才培养目标的基础上，开发出大批相应的教学单元，再结合学生的需要，灵活地加以组合，编制成课程。由于模块课程可以根据学生已有的经验、知识、技能和能力，以搭积木的方式进行必要模块的组合，故具有较大的灵活性；又因为比较容易按照社会职业的要求开发课程，故具有较强的针对性；还能结合最新科技成果随时编写新的模块，故具有较好的现实性。

模块课程所具有的灵活性、针对性和现实性的特点，将使得课程，即教学科目或教学活动，都能以模块或模块组合的形式出现。这样，面对经济、社会和科技发展日新月异的现代社会，面对劳动力市场需求千变万化的竞争社会，就能根据不同职业、不同专业、不同层次、不同学制的需求灵活地开发课程。

（四）课程开发方法

职业教育课程开发主要动因是适应社会和自我创新，适应社会意味着课程要主动应对职业教育外部因素的变化，如经济改革对课程开发提出的适应性和灵活性的要求，技术进步对课程开发提出的现代性和前瞻性的要求，劳动组织对课程开发提出的开放性和导向性的要求。

自我创新意味着课程要主动应对教育内部因素的变化，如学生个性发展对课程开发提出的差异性要求，教育理论发展对课程开发提出的科学性要求，职业教育机构发展对课程开发提出的开放性和导向性要求。

因此，根据区域经济的发展规划、劳动市场的预测和教育机构本身的特点进行课程开发，已成为职业教育机构自身生存与发展的第一需要，成为职业教育改革的关键任务。

以职业为导向的课程开发力求解决好以下问题：社会、经济和劳动市场对课程的需求是什么？课程的目的、目标和内容是什么？采取何种课程结构和课程类型？如何对课程进行管理，如成绩考核、技能鉴定？有何种质量保证体系？需要哪些人力、物力、资源等条件保障？为此，必须采用能力本位的课程开发方法。

（1）调查社会需求。一是对课程内容的需求调查；二是对课程现状的分析研究；三是对课程数据的收集整理。

（2）分析工作任务。根据现有骨干专业或新设专业所对应的一个职业岗位或一个职业群，进行课程分析，将其所要求的专业知识、操作技能和工作规范——进行排列，编成一套描述从业人员履行其职业、职责的任务目录。

（3）进行教育分析。由课程开发人员按照专业目录规定的业务标准、科技进步及劳动方式优化提出的新的知识、技能和能力要求，学生个性发展和未来继续学习的必要准备，以及原有或相近专业的教学经验，将教学单位（或模块）分为三类。一是基础性（共通性）的，包括普通文化和职业通用基础性的内容，如语言能力、计算能力、外语和计算机应用能力、职业道德等；二是职业专业基础性的，即同类专业通用的知识和技能；三是职业专业特殊性的，主要是针对职业专长要求的知识与技能。

（4）确定课程门数。

（5）编写课程标准。

（6）制订课程方案。❶

贵州城市职业学院根据生源特点和社会用工岗位群人才素质结构，采取"113l模式"设置。第一个"1"为分类讲座课设置，占总课时的1/6学期。大一以"行为纪律"设置讲座课程，大二以"专业岗位群"设置讲座课程，大三以"创业和就业"设置讲座课程。第二个"1"为分类情景实训课设置，占总课时的1/6学期，培养学生的岗位操作规程动手能力和自我构建能力。建立各阶段观摩教学情景实训室，由学生和教师共同研讨，学生自我设计，自我规范德行、专业操守和良好的职业道德。"3"指的是以专业教学为主线，占总课时的3/6学期，主要完成专业基础、专业理论和专业技术课的教学。第三个"1"指的是离校到生产第一线就业体验教学，占总课时的1/6学期。从而实现专业与实践教学五五课程设置教学体系，构建学生的德行、能力本位和职业操守人才规格。专业教学班级按100人、80人、60人、40人和20人开班教学。

五、紧扣特色教改案例

根据"十三五"规划要求，高职院校发展第一要务是着力抓好教育教学改革，力求在课程设置和实践教学两方面突显区域特色，使人才培养能适应区域经济社会发展的需求。

要深化课程改革，破解课程设置与区域经济发展和社会需求不相适应的问题。课程是实现培养目标而选定的教学内容，课程改革的核心是把最有用的知识和本领教给学生。要增加实践教学的比重，使实践教学自成体系，与理论知识教学相匹配；同时，大力加强创业知识教育和创业技能的培养，使

---

❶ 姜大源：《职业教育学研究新论》，教育科学出版社2007年版。

课程体系能适应区域经济社会发展的要求，能适应学生当前就业和未来发展的要求，推行重能力、重素质的应用型教育，以智力（专业）、技能培养为主线，以学科知识为支持，力求做到"三个统一"，即本科学历教育与职业技能教育相统一，理论教育与实践教育相统一，做人教育与做事教育相统一。

要高度重视并切实加强实践教学。能力的培养、素质的养成，单靠课堂知识教育是远远不够的，必须通过实践教学，让学生亲身体验，取得经验，许多专业技能要在弄懂相关原理的基础上，经过系统训练甚至反复操练之后才能掌握。因而，实践教学在培养具有区域特色的应用型人才的过程中，具有极为重要的作用。由于实践教学需要教中做、做中学，做学结合、手脑并用、知行统一，因此必须配备必要的设备和设施，营造接近真实的环境。

以下摘选贵州城市职业学院专业与课程改革案例。

案例十

贵州城市职业学院特色专业建设

一、学院专业设置现状

我院目前设有2个二级学院，分别是建筑学院和经济贸易学院。3个系，分别为工商管理系、艺术传媒系以及机电工程系。共开设26个专业，其中工程管理类2个（建筑工程管理、工程造价）、建筑设计类1个（建筑装饰技术）、房地产类2个（物业管理、房地产经营与估价）、测绘类1个（工程测量技术）、财政金融类2个（资产评估与管理、投资理财）、财务会计类2个（会计与审计、会计电算化）、市场营销类2个（市场营销、电子商务）、包装印刷类1个（出版与发行）、工商管理类3个（工商企业管理、商务管理、物流管理）、旅游管理类2个（旅游管理、酒店管理）、公共管理类1个（人力资源管理）、艺术设计类1个（广告设计与制作）、广播影视类1个（新闻采编与制作）、计算机类3个（计算机网络技术、计算机信息管理、软件应用技术）、电子信息类1个（应用电子技术）、通信类1个（计算机通信）。

二、特色专业建设指导思想

以邓小平理论和"三个代表"重要思想为指导，全面落实科学发展观，认真贯彻《教育部关于全面提高高等职业教育教学质量的若干意见》（教高〔2006〕16号）文件精神，以培养具有实践能力、创新能力、就业能力和创业能力的高素质技能型人才为目标。以服务为宗旨，以就业为导向；以职业能力培养与训练为主线，重点改革人才培养模式、课程体系、教学内容、教学方法和手段，推动师资队伍建设、教学资源建设以及各项教学基本建设，促进教学改革的不断深化，带动全院专业建设整体水平和人才培养质量的提高。建设一批社会需求高、优势突出、条件优越、服务能力强、毕业生就业率高和社会评价好的特色专业。

三、特色专业建设原则

（一）坚持导向，强化建设。建设特色专业，要有利于促进专业的科学定位，办出特色，形成优势；有利于依据经济社会发展需求，提升专业内涵，优化专业结构；有利于走新型工业化道路，构建和谐社会急需的各类高素质人才。以品牌特色突出专业建设，进一步增强学校的整体教学实力。

（二）突出重点，强化服务。重点建设具有行业优势、区域优势和示范引领优势的专业。以品牌、特色专业建设，进一步提升高职教育专业服务能力。

（三）择优建设，强化成效。依据历年来专业建设的整体水平、建设成效、社会声誉和社会需求，择优建设一批院级特色专业，带动专业群建设。

四、特色专业建设的内容

（一）实行工学结合，校企合作，推进人才培养模式改革。学院特色专业建设是要以工学结合作为人才培养模式改革的重要切入点，积极争取相关行业企业的支持和参与。在人才培养方案制订、课程改革、教师培训、实训与实习基地建设、技术服务等方面与企业密切协作，加强人才培养过程与社会实践相结合，强化学生职业能力培养，不断增强办学活力。

加强对实践教学工作的管理与指导，从实验、实训、实习三个关键环节入手，强化教学过程的实践性、开放性、职业性。要重视学生校内学习与实际工作相一致，校内成绩考核与企业实践考核相结合，探索课堂与实习地点一体化；积极探索订单培养、工学交替、任务驱动、项目导向、顶岗实习等有利于增强学生能力的教学模式。紧密关注人才市场的需求变化情况，适时改革人才培养模式，充分体现专业发展的时代性特征。

（二）制订人才培养方案，深化课程体系与教学内容改革。坚持以市场需求、能力本位、就业岗位为导向，以技术领域和职业岗位群的任职要求为依据，参照相关的职业资格标准，以培养学生职业能力为主线，以"双证书"制度为核心，制订人才培养方案。融理论知识、专业技能与职业素质为一体，根据市场需求调整课程体系和教学内容，逐步建立起以培养职业能力和职业素养为核心的课程体系。

学院特色专业建设要以国家（省）精品课程评价指标（体系）为建设标准，高起点承接精品课程建设，将特色专业的主干课程建成基于工作过程的优质专业核心课程。积极培植特色课程，开发校企合作课程，彰显专业特色。

按照培养目标具体化、课程结构模块化、任务实施项目化、能力训练序列化、教学方式情境化、教学环境职场化、教学资源优质化的特色专业教学改革思路，不断深化教学内容、教学方法与手段的改革。积极探索"教、学、做"一体化情境教学模式，积极探索现场教学、案例教学、项目教学、探究式教学等教学方式，实现理论教学与实践教学的有机结合，强化学生能力的培养。到2015年努力达到：主编3本国家规划教材，5本校本特色教材，8本校企合作教材；开发3门优质专业核心课程的教学资源包，为教师、学生提供优质服务。

（三）建设专兼结合的"双师"素质教学团队。根据特色专业建设及培养高技能人才需求，以提高教师实践能力为目标，突出抓好专业带头人、骨干教师和"双师"结构的教学团队建设。

（四）校内外实训实习基地建设。鼓励特色专业密切与行业企业合作，广泛吸纳社会各方资金、物质与人力资源参与校内外实训实习基地建设。建设一批融学生顶岗实习、教师实践锻炼与技术研发为一体的校外实训基地。每年增加2~3家合作办学、工学结合的实习基地，在建设期内，每个特色专业的校外实习、实训基地达到1~3个。

（五）教学质量保障与监控体系建设。在特色专业建设和管理机制的过程中发挥应有的作用并不断完善。要制度化、经常化地进行社会需求调研和毕业生跟踪调查，指导特色专业的改革，提高教育教学质量。

五、特色专业建设的保障措施

（一）加强特色专业建设的领导。成立特色专业建设工作领导小组，具体负责特色专业建设的组织、协调、管理工作。学院职能部门加强对特色专业的建设服务，为专业带头人、骨干教师提供充分的学习、培训机会，进一步提高他们的专业建设能力。

（二）加大特色专业建设的经费投入。专业建设的投入包括专业调研、课程体系建设、课程开发、教材建设、实习实训基地建设等的投入。将特色专业建设资金列入学院年度财政预算计划，确保建设资金到位（参见表9）。

表9　特色专业投入规划一览表

年份 二级学院（系）	2011年 投入金额（万元）	2012年 投入金额（万元）	2013年 投入金额（万元）	2014年 投入金额（万元）	2015年 投入金额（万元）
建筑学院	20	40	60	120	180
经贸学院	10	20	30	60	90
机电工程系	15	30	50	90	120
工商管理系	10	15	30	50	60
艺术传媒系	10	15	30	50	60

（三）发挥专业负责人及建设团队作用。

（四）加强对特色专业师资的培养。

（五）建立专业建设评估制度和动态监控机制。

（六）实施建设年度绩效考核制度。

案例十一

建筑工程管理专业学期课程

表10

第一学期	1	思想道德修养与法律基础	第二学期	1	毛泽东思想与特色社会主义理论
	2	大学生心理健康教育		2	应用文写作
	3	大学生体育健康教育		3	大学生体育健康教育
	4	贵州省情		4	建筑识图与构造
	5	计算机基础		5	建筑力学
	6	工程教学		6	工程测量
	7	建筑材料		7	建筑工程定额与预算

续表

第三学期	1	土建 CAD	第四学期	1	建筑工程计量与计价
	2	混凝土结构		2	工程项目管理
	3	土力学与地基基础		3	建筑工程质量检查与安全管理
	4	施工组织管理		4	招投标与合同管理
	5	建筑施工技术		5	砌体结构、钢结构、建筑抗震
	6	建筑工程技术文件的编程		6	建筑法律、法规
第五学期	1	内业资料	第六学期	1	顶岗实习
	2	平法图		2	
	3	口才与气质设计		3	
	4	人际交往		4	
	5	毕业设计		5	

案例十二

护理专业学期课程

表 11

第一学期	1	思想道德修养与法律基础	第二学期	1	毛泽东思想和中国特色社会主义理论
	2	体育与健康 1		2	体育与健康 2
	3	大学英语 1		3	健康评估
	4	人体结构与功能		4	生物化学
	5	医用化学		5	基础护理 1
	6	病原微生物与免疫学		6	病理学
	7	护理心理		7	护用药理学
	8	卫生法律、法规		8	护理学导论

第三学期	1	基础护理2	第四学期	1	临床实习
	2	内科护理		2	
	3	外科护理		3	
	4	妇产科护理		4	
	5	儿科护理		5	
	6	急救护理		6	
	7	传染病护理		7	
第五学期	1	临床实习	第六学期	1	就业与创业指导
	2	论文		2	五官科护理
	3			3	老年病护理
	4			4	精神障碍护理
	5			5	中医护理
				6	护理管理

案例十三

项目教学法在《工程量清单计价》课程教学中的应用

一、前言

《工程量清单计价》作为高职院校工程造价专业的核心专业课程，具有技术性强、专业性强、综合性强、地区性强等特点，在课堂教学中如何把理论与实践教学有机地结合起来，充分发掘学生潜能，提高学生实践动手能力是高职院校课程教学的核心问题。近年来，我院一直致力于改革传统教学模式，将"项目教学法"引入多门专业课教学中，教师以特定的项目为载体，将教学活动设计得具有可操作性和任务化，通过活动完成特定任务，使学生掌握相应的技能。

二、该课程传统教学特点

1. 《工程量清单计价》教材的编写一般都是以现行的工程量清单计价规范为基础，加入一些简单的工程实例而成，内容偏重于对规范的理解和运用；教师教学方法以课堂讲授为主，主要内容集中在工程量清单计价规范的介绍、清单编制的方法和清单计价的编制，在学期末安排一段时间做集中实训。

2. 学生学习基础薄弱，理论知识接受有一定的困难，绝大部分学生认为该门课程学习难度大，容易产生厌学情绪。

3. 教师讲授内容零散，不能充分体现课程的连贯性和实际应用价值，没有发挥学生的主观能动性，学习积极性得不到激发，学生被动接受知识。

4. 讲解内容多而杂，致使学生学习目标不明确。

三、项目教学法引入的思路

（一）教学理念

贯彻培养高技能应用型人才的思想，以造价员岗位能力为标准，构建了"实践—理论—再实践"的课程教学模式，以岗位工作过程为导向，有效地建立课堂教学与职业岗位能力的联系。教学过程紧紧围绕造价员的岗位能力要求和岗位工作过程，使学生的学习更有针对性和实用性。

（二）教学方法

1. 以培养学生自主学习、运用知识解决实际问题的能力为主，即"以学生为主体，以教师为主导"。在教学过程中，教师将教学重心从"教"转移到"做和学"，通过"教、学、做"合一的教学方法，让学生亲自动手，以达到理论与实践的完美结合。

2. 学生主动参与完成项目任务的过程，在过程中达到理解和掌握课程要求的知识和技能的目的，培养学生发现问题、分析问题和解决问题的思维方式。

3. 教师作为完成项目的指导者，应更新教学理念，不断提高专业技能和专业素养。并注重角色的转换，由讲授变为指导，由"演示"转为"督导"，由"打分"转为"评委"。

4. 师生互动，项目教学法强调学生的主体性和教学的实践性，教学过程中要将教师的主导作用和学生的主体性紧密联系起来。在教学过程中加强师生之间、学生之间的互动。

四、项目教学法实施的条件

（一）师资：要求教师不仅要有较强的理论知识基础，还要有丰富的工程实践经验。因此，引进和培养具有较强理论知识基础和丰富的工程实践经验的双师型教师是高职院校提高教学质量的关键。

（二）教材：现有的教材无法进行项目教学，因此教材重编势在必行。

（三）良好的校企关系：项目教学法要求与相应的企业直接建立合作伙伴关系，因此学校必须与建筑企业建立良好的合作关系，形成长期的合作机制，在企业建立校外实训基地，这样可以接收学生参加实习并给予指导，还可以为师生提供参观场地。

五、项目教学法的实施

项目教学法一般分为五个教学阶段实施：

1. 教学项目的设计和确立；

2. 项目任务分解及子项目任务设计；

3. 制订工作方案；

4. 施行方案；

5. 评价总结。

六、教学案例

课题：工程量清单编制土石方分部工程量计算。

教学目标：

1. 知识与技能。通过本课工作任务的完成，要求学生能掌握工程量清单计价规范的正确使用：项目编码如何编制、项目名称和项目特征如何描述、如何进行工程量计算。

2. 过程与方法。通过学生对工作任务实施的过程，培养学生的思维能力、识图能力、手脑协调能力以及举一反三、灵活运用基本技能的能力。

3. 情感态度与价值观。调动学生学习专业技能及对新知识、新技能的追求；培养学生对学习的主动性、研究性、创新性；让学生在完成任务中体验学习过程中的成功感；增强学习专业技能的自信心。

教学过程：

1. 前置作业。布置一个以工程造价编制为主题的类似于造价公司的情景环境：以小组为单位，在5分钟内将课桌两两相对。

2. 确定任务。教师先将项目编码的编制方法、项目名称及项目特征的描述与工程量计算规则的相关知识点进行简单讲解，在此基础上提出本课的项目任务。

3. 分派任务。小组长组织并分派小组成员工作任务。

4. 任务实施。学生组长组织小组成员实施任务，教师在学习小组实施任务过程中，巡视并记录各组出现的情况，以便提出相关疑问与学生共同探讨。

5. 成果展示。各小组将有计算结果的表格摆放在桌子上。以便其他小组同学对应检查任务完成情况（成果）。

6. 检验评价。各小组相互对比，分别给予工作任务成果的检验评价，同时指出成果的对与错，教师及同学也可适时提出异议或解决问题的正确方法等。如有错误可请其他同学帮助纠正，并将正确的成果供学生共同学习。

7. 课堂小结。教师与学生共同检验每个小组任务完成的情况，检验评价各小组任务完成状况。如：完成任务所用时间、任务完成的准确度、小组成员的参与度等。❶

---

❶　付盛忠，高级工程师，贵州城市职业学院建筑学院院长。该文发表于2013年《贵州城市学院学报》。

第六章

提升正能量 名师不是梦

"师者，所以传道授业解惑也。"教师是具有独立人格、批判思想、民主精神、创造能力和责任能力的个体和群体，从事的是复杂的智慧型劳动。正如哈佛大学前任校长科南特所说："大学的荣誉不在于它的校舍和人数，而在于它一代又一代教师的质量。一个学校要站得住，教师一定要出色。"

一、教育大计 教师为本

教师是教育事业的第一资源，是教育"软件"。从某种意义上说，"软件"水平才能真正反映一个地区或一所学校教育水平。抓好教师队伍建设，就抓住了教育发展的关键。习近平总书记指出："百年大计，教育为本。教育大计，教师为本。国家繁荣、民族振兴、教育发展，需要我们大力培养造就一支师德高尚、业务精湛、结构合理、充满活力的高素质专业化教师队伍，需要涌现一大批好教师。全国广大教师要做有理想信念、有道德情操、有扎实知识、有仁爱之心的好老师，为发展具有中国特色、世界水平的现代教育，培养社会主义事业建设者和接班人做出更大贡献。"❶

教师究竟是什么？

有人说教师是普罗米修斯，不是精心传递知识的火种，岂能到达成功的彼岸？

有人形容教师是蜂王，不是精心设计蜂巢，辛勤劳作，岂能博采百花之粉，酿一家之蜜？

有人说教师是伯乐，不是慧眼识才，岂能把一只只雄鹰送上高高的云际？

有人把教师比作青春，不是无私奉献，岂能把一根根纤维织成翻飞的

---

❶ 2014 年 9 月 9 日，习近平总书记在北京师范大学考察时的讲话。

旗帜？

试想，如果没有老师，那么一个国家、一个民族文明的太阳将日落西山，愚昧、野蛮的阴霾将笼罩大地。

教育家叶圣陶说过，学校教育工作的全部就是教书育人、为人师表。从不同的角度对教师角色进行内涵解读，可能会得出不同的结论。但从专业的角度来说，教师介乎学生与知识之间，介乎学生与课程之间，介乎学生与信仰之间。在课程改革纵深推进、不断反思的进程中，有必要对教师角色进行专业本位的解读。

（一）教师是学习中介者

学生是知识的终端，知识是学习的起点，教师的作用就是让二者联姻。知识是新娘，学生是新郎。知识要嫁给学生，老师好比红娘。红娘的最高境界是让新郎主动追求新娘，自己不要干涉过多，关键时候能四两拨千斤就行了。如果将教师解读为学习中介者，教师就应该千方百计创造条件，让学生主动学习，而不是向学生展示知识，逼迫学生被动接受。作为一个优秀的中介者，还应该修正不同的介绍策略，对不同的学生采用不同的推荐手段，最终达到使学生最大限度接受知识的目的。

（二）教师是课程重构者

课程改革要求教师树立课程意识，从课程角度审视自己的教育行为。实际上，任何教师都是课程的最终执行者，但执行的效果千差万别。教育的质量就是取决于教师对课程的认识和执行，这个认知和执行的过程就是课程重构。所以，教师好比生产企业的总装工程师，最终要靠自己的智慧把众多零部件组合成优秀的整体——完整的产品。这些零部件就是教师重构课程中的教材、教辅资源、教学媒体、学生已有知识基础、学生心理条件等。教师重构课程的主要途径是课堂教学（授课）。教师上课好比厨师做菜，课本只是主料，还需要很多辅料或者佐料，做出来的菜才能色香味俱全。但是，主料和辅料不能颠倒主次，否则，把粽子做成包子，就失去了粽子存在的意义。同样，过多偏离教材，学生就把握不住究竟要学什么。所以，教师重构课程要以课程标准为灵魂，以基础教材为主线，加入自己的教育理解和实践演绎，切忌天马行空、任意而为。

（三）教师是精神守望者

当我们回忆起曾经的教师给了我们什么帮助，或许记忆深刻的不是从他那里获取多少知识，而是他对我们潜移默化的人生价值影响。作为社会良知的传承者，教师不仅承载着众多家庭对美好未来的期望，也是社会发展进步的桥梁。这一点，正是无数教师默默奉献、甘于游离于物质世界的精神支撑。但是，作为信息社会的一员，教师必然也食人间烟火，也与其他任何就业者一样承受着生存的压力。不给予教师必备的社会生活待遇，教师就会在理想与现实之间挣扎，甚至放弃自己的教育理想。另外，认识不清楚教师内在的精神坚守意义，教师就无法身体力行，让学生领受人性光辉。所以，教师是立于生活之上的领路人，教师的精神体验无法脱离生活实际，但高于生活现实。

作为学习的中介者，教师应当因材施教，因地制宜设计学生乐学、教师易教的课程。作为精神守望者，教师应当追求正当的物质需求，但也要恪守行为示范的价值准则，坚持教育良知。❶

二、反思现状　扬帆远航

（一）教师起点低

贵州城市职业学院调查统计资料表明：教师中平均只有 60% 的人获得职业资格证书，下厂实践过的仅占 40%。教师的动手能力不强，高职教育以能力为本位的原则难以得到真正有效的落实。

（二）教师多来自不同岗位

目前，从事民办高校管理工作的人员和教师多来自不同岗位，具有不同的专业背景，多数人没有接受过专门的管理学、教育学方面的培训。他们只能凭着良好的愿望和有限的经验进行管理，缺乏运用现代方法去思考和管理新形势下民办高校的能力，其管理水平根本不能适应民办高校建设发展的要求。

（三）学历层次较低

学历层次较低表现在：一是教师的学历达标率较低。二是缺乏专业带头人和骨干教师。专业带头人和骨干教师是学校的"龙头"和"骨架"。在调查中得知，教师队伍中高级专业技术职称人员偏少，年龄比例也不尽合理。三是专任教师队伍中的文化课教师多，而专业课教师少；专业课教师中实习指导教师比例更小。四是专任教师对口率低，其中专业课教师的对口率尤为明显。为明确专任教师所教课程是否安排合理，我们采用对口、基本对口、不对口作为衡量依据。"对口"指专任教师所教专业的课程是该教师原所学的专业课程（包括进修等），"基本对口"指教师原来所学的专业、课程与现在

---

❶ 李健："教师角色的新解读"，《教育时报》，2011 年 6 月 29 日。

所教专业在同一范畴之内，"不对口"指教师原所学的专业、课程与现在所教专业、课程完全不相同。

（四）师资队伍结构不合理

师资队伍质量是影响民办高校教育质量的又一关键因素。目前，民办高校师资队伍存在"两多两少"现象，即兼职教师多，专职教师少，退休老教师和年轻教师多，中年骨干教师少。以贵州城市职业学院为例：专职教师仅占师资队伍的30%；专职教师中60岁以上和30岁以下的占70%左右，中年教师比例较少，呈现两头大、中间小的状况。这说明民办高校一般只能吸引刚毕业不久而不易进入公立高校的青年教师和从公立高校退休的老教师，对中年教师来说，他们还是不太愿意离开公立学校而到民办高校就职。"哑铃型"师资结构对民办高校教育质量的影响是不可低估的。年轻的专职教师，虽具有发展潜力和青春活力，但学术水平和教学水平都有待提高；年迈的老教师虽有丰富经验、职称级别高、责任心强等优点，但是也存在开拓不足、知识老化、教学方法单一等问题。师资结构的不合理，成为影响现阶段民办高校教育质量的主要方面。

（五）师资队伍稳定性差、流动性强

目前，民办高校师资聘用主要采取公开向社会招聘的方法，包括专职和兼职两类。这种方式既有其优势，同样也存在明显的劣势。其表现为这种教师流动机制也带来了教师不稳定的问题。由于退休教师和兼职教师所占比例过高，或者因为身体、精力方面的因素，或者受到兼职教师所在岗位的掣肘，在日常教学活动中难免出现一些临时的教师变动、换课等现象，影响了正常的教学秩序。此外，由于没有基本的人身依附关系，教师缺乏对学校的认同感，这势必会影响到教师的教学热情和工作责任心。兼职教师频繁更换、中年骨干教师的匮乏，直接影响了教学效果和教学秩序。因此，与公办高校相比，在现在的体制与观念下，民办高校更易遭遇教育教学质量风险。❶

（六）部分民办高校教师职业道德滑坡

爱岗敬业、教书育人、为人师表是师德的核心。没有爱岗敬业的精神，一切都无从谈起；教书育人是对教师这一特殊职业的专业要求；为人师表是社会对教师这一职业所承担的职责具有的特殊性而提出的比一般职业道德更高的要求。而据笔者所知，有极少的教师，在职业道德上，或不能与时俱进，或职业道德缺失，严重的甚至职业道德败坏在岗不敬业，教书不育人，治学

---

❶ 李钊：《民办高校办学风险防范研究》，社会科学文献出版社2009年版。

不严谨，行为不规范，为人不师表。

众所周知，人一生中有两件大事最能表明生命的质量：一是事业的成就；二是婚姻上的美满幸福。根据马斯洛的需要层次论，人的最高需要是自我实现。在事业上有所作为也是自我实现的表现之一。

美国前总统福特说："所谓美好人生就是俭朴的生活，健康的身体，勤奋地工作。"家有房屋千万间，每晚只住三尺宽；家有良田千万顷，每日只吃三顿饭。唯有生命的境界值得追求，坚定崇高的教育理念，方见雨后七彩。

三、教师职责　铁肩重任

民办高校要以质量立校，实现持续、健康、协调、快速的发展，就必须加强教师战略管理，建设一支队伍稳定、结构优化、素质良好、富有活力和创新精神的高水平教师队伍。

（一）明确教师职责

表 12　教师职责

职责 \ 级别	助理讲师	讲师	副教授、教授
1　教学	承担一门课程的教学工作和教学辅导	担任一门或一门以上课程的教学工作，指导实验室和课程设计工作	熟练担任两门或两门以上课程的教学工作，指导毕业设计工作
2　教育与职业指导	承担班主任或辅导员工作	承担学生德育工作，对学生提供职业指导	职业指导
3　社会实践与课程开发	参与生产实践和社会调查工作	组织生产实践和社会调查，包括劳动力市场调查和职业分析	指导生产实践和社会调查，侧重劳动力市场调查和职业分析
4　教育管理	参与学生管理，参与教学设施管理与实践，教学安全管理，参与教学档案管理	教学管理，教学资源规划管理，实验实习基地管理	制订学校发展规划，教学管理，指导和主持实验学习基地建设工作，设计革新实验学习手段，开设新的实习内容

职责　　级别		助理讲师	讲师	副教授、教授
5	公共关系	参与与同事、家长良好关系建立的活动，为行业、企业提供服务	与行业、企业交流人才供求信息，获取行业企业及社区对职教的支持，保持与政府有关部门联系并寻求其支持，同专业团体保持联系	负责制订开展公共关系活动规划，促进学校与有关部门、人士的合作，获取更大范围内的对职教的支持，主持社会咨询工作
6	职业发展	开展有关的阅读、研讨活动	参与提高自己职业水平的各种活动，参加教师培养培训工作，撰写具有一定水平的教学研究论文，参加编写教材、教学参考书或其他教学文件	主持教师培训工作，研究本学科国内外学术和技术发展动态，主持、审议和参与编写教材、教学文件，撰写较高水平论文，组织和指导本专业的教育教学科研、技术开发和社会咨询工作

（二）教师职业具体活动

1. 教学

（1）设计：①了解学生；②学习教学大纲、教材和有关内容；③制订科目的各单元教学目标；④制订科目的教学实施方案；⑤教学媒体的选择和制作；⑥教学场所的设计与选用。

（2）教学实施：①理论课课堂教学；②实践教学活动；③组织模拟教学。

（3）教学辅导：①帮助学生准备实验、实习和基本技能训练所需的设施、设备和材料；②帮助学生准备与实验、实习和基本技能有关的各类参考资料；③观察学生的实验、实习及基本技能练习；④指出问题；⑤进行示范并讲解；⑥指导学生实验、实习及基本技能练习；⑦对学生实验、实习及基本练习做出及时反馈；⑧向任课教师反映学生实验、实习、基本技能练习及教学中应注意的问题。

（4）指导项目作业：①帮助学生选择课题；②指导学生查找某门科目的相关资料；③帮助学生解决有关问题。

（5）教学评估：①评估学生的理论水平；②评估学生的技能水平；③评

估自己的教学效果。

2. 社会实践与课程开发

（1）组织工作：①确定社会实践活动的任务、对象和范围；②制订或指导学生制订计划；③指导学生确定社会实践活动的提纲、问卷和表格等内容；④指导学生选择社会实践活动的方法；⑤与实践调查单位进行联系。

（2）劳动力市场调查：①组织劳动力市场调查小组；②确定该地区主要行业的分布状况；③制订调查方案；④征得有关部门同意；⑤进行调查；⑥分析、处理调查结果，确认劳动力市场所需要的培训职业或工作岗位，包括人才供求差和就业流向等。

（3）课程开发：①职业与工作分析；②教学分析；③教材编写；④课程实验；⑤课程评价。

3. 教育管理

（1）学生管理：①参与学生就业管理；②参与学生学籍管理；③参与学生常规管理。

（2）教学设施使用管理：①制订各类教学资料和消耗品的使用与管理办法；②参与教学设备和教学物资的保管及使用工作；③提供对教学设施管理等方面的意见。

（3）实践教学的安全管理：①重申有关安全制度和纪律；②向有关部门建议为学生提供必要的安全防护用品和工作服；③对学生传授工伤急救方法；④根据安全操作规范对学生的实验实习进行监督；⑤贯彻学校和有关企业制定的学生守则和现场实习行为准则；⑥督促学生提高自我约束能力。

（4）教学档案管理：①参与制订有关档案资料的收集、储存、登记的使用办法；②参与制订教学资料及消耗品发放的文件；③根据学校的有关规定对学生的实习考核等情况进行观察和记录；④依据教学档案记录向学校主管部门提供各类报表和报告。

（5）教学管理：①参与教学常规制度的制订及修改；②参与实验实习制度的制订及修改；③参与教学质量检测制度的制订；④参与制订全校教学工作计划；⑤参与教学过程和对质量的检查评估。

（6）教学资源规划管理：①参与制订添置教学设备、仪器和工具的清单；②参与确定教学参考资料购置清单；③参与制订教学资源需求的总体计划。

（7）专业实验室或生产实习基地建设：①了解不同教学内容对专业实验室或生产实习基地的要求；②分析有关实验室和实习所需要的空间和实践条件；③分析有关实验和实习所需要的设备及仪器；④确定有关实验实习设备、设施、仪器的空间和平面布局；⑤对实验室和实习场地的取暖、通风、采光和隔音等提出要求；⑥对实验和实习场地的环境保护、事故防范等提出要求；⑦编制各类设备、仪器和工具清单；⑧保管、维护和安排使用各类设备、仪器和工具。

4. 公共关系

（1）制订开展公共关系活动的规划：①参与分析开展公共关系活动的目的和对象；②参与分析与公关对象接触和联系的最佳时机和方式；③参与制订公共关系发展规划。

（2）促进与有关部门、人士的合作：①与同事建立良好关系；②与家长建立良好关系；③为行业企事业单位提供服务；④与行业企事业单位交流人才供求信息；⑤争取与行业、企事业单位进行联合办学；⑥向社区展示教学成果；⑦寻求社区对办学的支持；⑧保持与政府及教育部门的联系并寻求获得他们的支持；⑨同各专业团体建立并保持协作关系。

5. 职业发展

（1）提高职业活动水平：①经常阅读与职业教育有关的书籍和资料；②经常参加教学业务学习活动；③总结和交流教学经验；④参加相关实地考察和专题讲座活动，参加有关培训和进修活动；⑤进行经常性的职业技术操作练习和教学实践；⑥参加教学研讨活动，承担教学研究机构的有关工作；⑦撰写文章，提出自己的教学观点；⑧积极参与教改，推广教学改革成果。

（2）指导低职级教师的职业发展：①了解教师职业现状，能列举教师在教学方面所存在的问题和缺陷；②为低职级教师改进教学提供咨询和建议；③参与培训低职级教师的业务培训；④推荐教师参加教学研究活动和教改活动。❶

四、提高素质　强身固本

（一）教师使命

习近平总书记在给全国广大教师的慰问信中说道：教师是立教之本，兴教之源，教师要带头实践社会主义核心价值观。任何教师的发展都离不开所在学校，任教的学校是教师发展的根本场所，是教师专业成长的基地。为了使自己在学校集体中更好地发展，教师必须明确其使命：向学生传授职业知识、技能和行为方式，促进学生思想品德、职业能力和身心健康发展。

---

❶　王继平等：《面向 21 世纪职业教育师资队伍建设对策研究》，高等教育出版社 2003 年版，第98 页。

（二）教师素质

中共中央国务院《关于深化教育改革全面推进素质教育的决定》指出："建设高素质的教师队伍，是全面推进素质教育的基本保证"，要"把提高教师实施素质教育的能力和水平作为师资培养、培训的重点"，要"建立优化教师队伍的有效机制，提高教师队伍的整体素质"。

随着民办高校的发展，师资队伍建设现在已经成为继生源之后困扰民办高校持续发展的又一发展瓶颈。民办高校以质量立校，实现持续、健康、协调、快速的发展，就必须加强人力资源的战略管理，尤其要加强教学一线的师资队伍建设，建设一支队伍稳定、结构优化、素质良好、富有活力和创新精神的高水平教师队伍，以师资队伍的可持续发展推动民办高校的可持续发展，将师资队伍建设成为学校的竞争优势。因此，教师要把提高政治思想和职业道德素质、教育教学业务和文化科学素质、创新精神和实践能力，掌握必要的现代教育技术手段和开展教育科研的能力，作为提高自身素质的重要方面来抓。

1. 正确的政治思想素质

政治思想素质是人民教师的首要素质。说它是首要素质，那是基于我们的教育是人民的教育，必须坚持教育的社会主义方向。人民教师站在三尺讲台上，要为党、国家和人民负责，坚定自己的政治方向，坚持用辩证唯物主义教育学生，做到"以科学的理论武装人，以正确的舆论引导人，以高尚的精神塑造人，以优秀的作品鼓舞人"❶。这就要求人民教师自己要有正确的政治思想素质，坚持社会主义核心价值观，不断增强自立意识、效率意识、法治意识、责任意识，用和谐的思想认识事物，用和谐的态度对待问题，用和谐的方式处理矛盾。

2. 优良的职业道德素质

职业道德素质是人民教师的核心素质。说这一素质是核心素质，那是因为教师是太阳底下最神圣的职业，由于这一原因，社会对教师职业道德上的要求自然更高。可以毫不夸张地说，教师职业道德是全社会职业道德的典范。高校教师职业道德规范的内涵丰富，包括以下几个方面。

（1）爱国之德。邓小平指出："有人说不爱社会主义不等于不爱国。难道祖国是抽象的吗？不爱共产党领导的社会主义的新中国，爱什么呢？港澳、我国台湾地区、海外的爱国同胞，不能要求他们都拥护社会主义，但是至少

---

❶《江泽民文选》第一卷，人民出版社 2006 年版，第 497 页。

也不能反对社会主义的新中国，否则怎么能叫爱国呢？至于对中华人民共和国领导下的每一个公民，每一个青年，我们的要求当然要更高一些。"❶

热爱祖国，我们必须做到：

第一，坚持以邓小平理论、"三个代表"重要思想、可持续科学发展观为指导，坚持党的基本路线，增强民族自尊心、民族自信心和民族自豪感，维护国权、国格，用建设有中国特色的社会主义理论教育青年，教育人民，为实现中国梦做贡献。

第二，要把培养社会主义"四有"新人（即有理想、有道德、有文化、有纪律）作为根本任务和目标，坚持爱国主义和社会主义统一的目的是要把人民群众的爱国主义热情引导和凝聚到建设有中国特色社会主义的伟大事业上来，为振兴中华民族的共同理想团结奋斗。

第三，在改革开放建设社会主义市场经济过程中，必须突出时代特征。爱国主义、集体主义和社会主义思想教育三位一体，有机地统一在建设有中国特色的社会主义的伟大实践之中。

第四，遵守宪法和法律法规，贯彻党和国家教育方针，依法履行教师职责，维护社会稳定和校园和谐。不得有损害国家利益和不利于学生健康成长的言行。

（2）为人之德。"为人之德"是教师在自身修养方面具有的"为人""为师"等美德。师者是人的精神生命的培育者，是人文教化的承担者。教育活动中，教师的人格、修养、形象对学生具有潜移默化的作用，严于律己、加强自身修养，才能为学生做出表率和榜样，所以，具有良好的道德品格和较高的人格境界是"师者"的必备条件和首要要求。然而在市场经济快速发展的今天，曾经最为人敬仰和尊重的教师行业也难逃脱功利化的侵蚀，教师的职业道德面临失守的危机。正人先正己，立言先立身，自己都不正，学术剽窃，诚信失却，如何教育学生具有正直诚实的品德？"师范"作用如何体现？

"学为人师，行为世范"，体现出传统师德的核心内容，告诉我们为师者，作为知识的传播、创造与行为的示范者，不仅要全身心地投入教学之中，努力学习，刻苦钻研，勇于创新，成为知识的精英，还要在品德上经得起考验和锤炼，方方面面、时时刻刻都光明正大、以身作则、敢于担当，能够成为社会的楷模。

（3）治学之德。"治学之德"是教师作为"学人""士人"的道德要求和道德体现。师者就是以传授知识为业的人，只有学高才能为师。拥有丰富的

---

❶《邓小平文选》第三卷，人民出版社1993年版，第63页。

知识、追求真理、创造新知识、传承文化应该是教师的基本职业责任。真理和知识具有自足性，它可能成为一种谋利的工具，但真理和道义的价值本身成为人追求的价值目的，也成为人们的安身立命之方。大学是道场，而不是市场，更不是官场，如果大学被市场的金钱逻辑、官场的权力逻辑所左右，那么，大学出现乱象就不难想象了。大学如果不能坚守自己对学术和真理的追求，不能保持自己"象牙塔"的特性，要发展学术、传承文化将是不可能的。作为大学主体的大学教师首先应该以追求真理、发展学术、创造并传承文化为己任。

教师除了应该具备传统"士人"勤学苦学的毅力、好学乐学的境界、求实奋进的精神、高度的社会道义责任感，还应该遵守当代社会知识分子所应该遵守的学术道德规范。高校教师的一项重要工作就是进行学术活动，所以应遵守学术规范，重视科学规律，具有科学精神，对科学真理、学术成果，真实不欺，客观公正。教师还应能够传承知识，教授知识，创造知识，交流分享知识，能够独立思考，批判创新，守护、传承一个社会和民族的核心价值，平等、开放地进行文化、知识的交流，即应具有一以贯之的求道精神和当仁不让的文化担当。这是当代高校教师作为一个"学人"、一个"知识分子"的职责和使命，也是其人格精神的体现。

（4）从业之德。"从业之德"就是教师的职业美德和做事规范。教学、培养人是教师最基本、最重要的职业活动，所以爱岗敬业、忠诚于教育事业，正确处理好教学活动与学术活动、社会活动的关系是高校教师的重要职责。遗憾的是，在当今社会，不少教授既是教授，也是商人，而且以此为荣，甚至学生就是其免费的劳动力。

教师的服务对象是学生，应该公平、公正地对待每一个学生，具有尊生、爱生的情感。"教师用不着讨好学生"，并不意味着教师就可以不尊重学生；教学相长应该是大学师生关系的良好体现，❶ 以人才培养、科学研究、社会服务和文化传承创新为己任；恪尽职守，终身学习，刻苦钻研，甘于奉献；真心关爱学生，严格要求学生，公正对待学生，做学生的良师益友，使学生既成人，又成才。所谓"成人"，就是应着眼于培养学生的理想人格；所谓"成才"，就是要培养智力和能力，使学生成为有知识和本领、对社会和国家有用的人。

3. 过硬的教育教学素质

教育教学素质是人民教师的支柱素质。这一素质之所以为支柱素质，是

---

❶ 肖群忠、韩作珍："为师三德"，《中国教育报》，2011年8月22日。

因为教师的基本任务是教书育人。要履行好这一神圣的使命，完成这一艰巨的任务，仅有正确的政治思想素质和优良的职业道德是不够的，因为教书育人需要技术、技能、技巧和技艺。无论是教育还是教学，既是科学，又是技术，也是艺术。捷克教育家夸美纽斯曾说过："孩子的求学欲望是由父母、由教师、由学校、由所教的学科、由教学的方法、由国家的权威激发起来的。"就教学而言，教师要做好两件事——知道"要教什么"以及知道"怎么教"，而这要求教师不仅要具备精深的学科专业知识，还要有"以学定教"的意识，能够调动学生的学习积极性并且把握学生的认知与学习规律。只有具备过硬的教育科学、教学技术和教育艺术素质的教师才能支撑起教书育人这神圣的职业。

4. 扎实的科学文化素质

科学文化素质是人民教师的基础素质。一般人眼中，教师是识文断字的，具有基本的科学文化知识；而在学生眼里，教师则是科学文化知识的化身。是否具有扎实的科学文化素质，直接关系到教师能否深入浅出地向学生传授学科知识和向学生开展教育工作，也关系到教师开展教育科研和学科研究的水平。实践证明，扎实的科学文化素质对于教师提升教育教学能力和可持续发展是正相关。厚积才能薄发，对教师这个职业来说，多学习、多积累一定是有价值的。一个教师在讲课中如何做到深入浅出？一个很深刻乃至有相关难度的内容为什么让学生听起来浅显易懂？这是因为教师对知识进行了加工，使其变得"容易消化"并且"味道可口"。同时，常常听到有的学生评价老师上课"旁征博引"，一方面是因为他能够促进学生理解和掌握新知识，另一方面也因为他突破了所教学科的限制，涉猎多领域的知识。可见，教师的专业知识要渊，相关知识要博，以渊为主，以博为辅。

5. 较强的科研创新素质

科研创新素质是人民教师可持续发展的素质。教师的专业化成长是一种动态过程，需要教师不断提升自己的素质和能力。时代在前进，教育在发展。为了适应教育改革与发展的新形势，教师自身就应具有较强的可持续发展的素质。而较强的可持续发展的素质，除了不断接受教育、培训外，更重要的是要通过努力实践、开展科学研究（包括开展教育科学研究）和创新教育教学来获得。

1990年6月，国家教委《关于改进和加强教研工作的若干意见》中明确指出：教学研究应从学生发展、教师发展、学校发展的需要出发，紧紧围绕课程实施中的问题，把握重点，有目的、有计划、有组织地开展研究，不断提高研究的层次和水平。改革创新，是时代的最强音，是时代精神的本质体现。只有科研创新，教育技法、方法、手段的创新，教育知识、课程创新，才能不断推进教育事业持续发展。

6. 先进的教育理念素质

教育理念是人民教师的先导素质。观念是行动的先导，人的行为是由思想支配的，有什么样的思想就会有什么样的行动。教育教学活动作为培养下一代的崇高活动，必须要有先进的理念来指导。教育观念主要有人才观、教育观、学生观、教师观和质量观等方面。先进的人才观是"行行出状元"的人才观，必须终身学习的人才观；先进的教育观是素质教育的教育观，系统工程的教育观，正确方向和科学方法的教育观；先进的学生观是学习主体的学生观，各有个性的学生观，处在发展中的学生观；先进的质量观是动态性的质量观，适用性的质量观，能力性的质量观。

古希腊哲学家柏拉图有句名言："教育就是促使灵魂的转向。"态度决定一切。改变教学行为之前，应先改变我们的观念。这关乎教学的灵魂和信念，这会让我们的教学行为明确目标和归宿，让我们在遇到压力和困难的时候能够做出正确的判断和决定。

7. 良好的语言表达素质

教师"传道、授业、解惑"离不开语言。"工欲善其事，必先利其器"，言教就是运用准确、真实、生动、富有感情和鼓动性的语言进行课堂教学，用真理拨动人的心弦。高尔基说："语言是一切事实和思想的外衣。"的确，教师的语言修养在极大程度上决定着学生在课堂上脑力劳动的效率。

同样的课，不同的教师讲，其效果常有天壤之别。教师甲能把课讲得满堂生辉，学生如沐春风，如入胜境，整个课堂意趣盎然；而教师乙则把课讲得举座不然，学生一听就烦，如淋酸雨、如坐针毡。究其原因，如从语言角度考察，无疑教师甲重视了语言美，修辞用句，贴切准确，鲜明生动，故而能够引导学生发疑思考，探索创造。而教师乙则忽视了语言的魅力，疏于语言修炼，倒了学生的胃口，降低了学生在课堂上脑力劳动的效率。可见，教师对语言的掌握是十分重要的。这就要求教师语言要具有原则性、针对性、准确性、科学性、真实性、生动性、纯洁性、启发性、情感性、美感性。

8. 健康的身体心理素质

身体心理素质是人民教师的又一基础素质。把健康的身体心理素质作为教师的基础素质，基于以下原因：没有健康的身体，影响工作的效率，严重的话，则会使人丧失工作的能力，这是众所周知的常识。教育是一种繁重而又艰巨的工作，没有健康的身体很难胜任，这一点没有疑义。但从某种意上说，心理健康较之身体健康更为重要，因为心理状态直接影响教师对教育教学工作的开展。教师健康的心理状态，对学生的身心成长具有良好的促进作用；相反则会影响学生的身心健康。●

我们说每个人都可以爱好篮球运动，但作为一个职业篮球运动员，就需要具备一些与众不同的这个职业所需要的个人素质，如身高、反应速度、协调性、体能等。同样，每个人都可以爱好唱歌，但如果要成为一名专业歌手，同样也需要具备一些与众不同的个人素质，如乐感、音准、音色等。一个人具备这些素质，并不能保证其职业成功，但如果不具备这些素质，则注定其职业不能成功。

当前在中国，教师这一职业相对而言还是相当稳定乃至体面的一份工作，是纳税人——我们的学生的父母——给了我们这个机会从事这份工作，我们就要努力提高其"个人素质"。

五、建设有效机制　培养名师团队

稳定的优秀教师队伍是学校快速培养满足社会需求人才的最根本保障。民办高校只有利用机制的灵活性，根据事业发展需要，用人之长，事业留人，主人地位"激"人心；爱护教师，奖勤罚懒，适度危机"激"人心；待遇留人，目标激励，劳有所得"满"人心；情感留人，生活关心，人文关怀"暖"人心；尊重教师，信任教师，和谐氛围"展"人心；团队精神，合作意识，参与管理"表"人心，才能吸引更多高素质人才加入民办高校。只有从人才战略出发，积极吸纳一批德高望重、富有才学、能带领学校学科建设、专业建设、教材建设、图书馆建设、开展科研等方面的专业人才来民办高校工作，才能逐步建立一支结构优化、素质良好、富有创造力的师资队伍。

（一）健全三级保障体系，搞好教学评价

1. 健全三级保障体系

贵州城市职业学院积极贯彻落实教授治学、民主管理，构建起三级质量保障体系。一是在学校层面设立质量监控系统。这个系统是由专家教授组成的督学办公室专职负责，教务处、学生处配合工作，监督内容包括课堂教学秩序、课堂教学质量抽查及考评、学生网上评教、考试和监考情况检查等众多项目，各类信息定期采集、分送、反馈，形成信息化工作体系。二是在二级学院建立"一评""一员""两查"质量监控体系。"一评"是指建立专家定期评价制度，由专家教授组成的质量监控小组对教师的教学质量进行评价；

●　胡涛：《拿什么调动学生》，西南师范大学出版社 2008 年版。

"一员"是指建立学生信息员制度，学生信息员由学生推选，主要职责是随时反映学生对教学工作的意见；"两查"是指对教师的课堂教学检查和实验实训指导检查，动态掌握教师教与学生学的状况。三是实行教研室工作责任制。教研室是教学质量保障的基层单位，教研室主任一般由教授等学术带头人担任，负责对本室教师教学内容、教学计划完成情况的监控。同时教研室承担组织开展教学研究、探讨教学方法和教学手段的改革、教学内容的更新、课程体系的构建等任务，对教学工作和教研活动实行全过程指导和监督。

2. 抓好教学评价

（1）教学评价的含义。

"评价"实际上就是一种价值判断的过程。价值是指评价者对被评价者在某方面的满足程度，体现了两者之间的满足关系。评价是主观的，而且是相对的。所以，从理论上讲，不存在人们期望的所谓"客观公正"的评价。

就是说："教学评价"就是评价者按照一定的标准对教学的各种状况进行价值判断的过程。评价者可能是教师、学生、管理部门、学生家长、大众；被评价者包括学生、教师、管理人员、教学、学习、管理工作等各个方面。

教学评价是教学活动的重要环节，它是判断教学行为、对象是否达到或合乎所期待的教学目标的手段。

（2）教学评价的功能。

评价的功能大体上有以下几项：第一，诊断功能。教学评价可以提供给评价者需要了解的学生、教师、学习、教学、环境等和教学有关的各种情况，并且对这些情况做出判断，为制订教学目标、计划，选择教材，设计教学步骤提供依据，也可以为下一步改进教学提供指导建议。第二，比较功能。组织教学评价就是为了比较优劣，排出等级次序，为鉴别和选拔提供依据。第三，了解目标的达成程度。

（3）教学评价的类型。

一是根据评价的功能和性质，可分为总结性评价、形成性评价和诊断性评价。总结性评价，是指在一个教学阶段结束后对教学或学习结果的评定。这类评价的主要目的是评定学生的学业成绩和教师的教学成绩，确定教学或学习达到教学目的的程度，证明学生掌握知识、技能的程度和能力水平，证明教师的最终教学效果，为制订新的教育目标提供依据。形成性评价，主要指在教学进行过程中，为改进和完善教学活动而进行的对教学和学习过程及结果的测定。形成性评价类似于教师按传统习惯使用的非正式考试和单元测验，但更注重对学习过程的测试，注重利用测量的结果来改进教学，使教学在不断的测评、反馈、修正或改进过程中趋于完善。相比之下，总结性评价侧重于对已完成的教学效果进行确定，属于"回顾式"评价；而形成性评价侧重于教学的改进和不断完善，属于"前瞻式"评价。诊断性评价，指在教学活动开始之前，对教师和学生的教学和学习准备状况及影响学习的因素而实施的评价。其目的在于使教学计划或活动的安排，具有针对性。

二是根据评价所依据的不同标准与解释方法，可以将评价分为常模参照评价和标准参照评价。常模参照评价，是指个体的成绩与同一团体的平均成绩或常模相互比较，从而确定其成绩的适当等级的评价方法。这种评价方法重视个体在团体内的相对位置和名次。它所衡量的是个体的相对水平，因而又将这类评价称为"相对评价"或"相对评分"。通过比较，知道学生成绩在团体中属于"差""中下""中上"，还是"优"。标准参照评价，是以具体体现教学目标的标准为准，确定学生是否达到标准以及达标的程度的一种评价方法。标准参照评价是用来衡量学生的实际水平的，所以，标准参照评价也被称为"绝对评价"。

三是定性评价和定量评价。定性评价，是指对教学欲评价的内容，通过观察法、调查法等收集教学信息，运用分析与综合、比较和分类、归纳和演绎等逻辑方法，筛选出集中趋势的判断，舍弃非本质的离散现象，对事物本质进行决策性判断。定量评价，是指对教学欲评价的内容，通过教学测量、统计等方法和手段，收集数据材料，进行定量分析、处理，找到集中趋势的量化指标和离散度，给出综合性定量描述与判断。❶

(二) 提高兼职教师队伍质量

兼职教师队伍伴随着民办高校的产生而出现，为民办高校的发展壮大做出了不可磨灭的贡献。其构成主要是公立高校在职教师、退休教师、企业中高层管理人员、在读硕博研究生等。兼职教师为解决民办高校快速扩张过程中的师资短缺问题提供了有力支持，并在很大程度上降低了民办院校的办学成本。

1. 兼职教师的含义

关于兼职教师的含义，教育部在《职业院校高专人才培养工作水平评估方案（试行）》（教高厅〔2004〕16 号文件）中给出了明确的定义：兼职教师是指学校正式聘任的，已独立承担某一门专业课教学或实践教学任务的校外企业及社会中实践经验丰富的名师专家、高级技术人员或技师及能工巧匠。

有研究者认为这一界定包含了四个方面的含义：一是指出了兼职教师的能力标准，应具有较强的教学水平和实践技能与经验；二是指出了兼职教师

---

❶　谢利民：《教学设计应用指导》，华东师范大学出版社 2009 年版，第 204 页。

的来源，是从校外向校内的单一方向流动，即从社会各行各业中聘请的；三是指出了兼职教师聘请的方式应该是在教育与产业结合的背景中，在校企合作的前提下实现的；四是指出了聘请兼职教师的目的，即突出职业院校培养目标的应用性，以适应市场需求，最终为提高职业院校人才培养的质量服务。

2. 兼职教师队伍建设的途径

（1）政府应给予政策配套以促使企业主动配合。政府应从政策层面进行宏观指导、组织与协调，在资金、税收减免、资源分配等方面制订措施实施奖励，以增强企业的使命感和责任感，指导并鼓励企业积极参与高等职业教育。同时还需要行业、商会等组织机构能给予引导并牵线搭桥，使企业与高职院校间的合作成为自觉的行动并务实有效地开展。

（2）利用学校的公共信息平台建立相对稳定的兼职教师资源库。成立兼职教师资源库的管理机构，指定专人负责兼职教师的管理工作。兼职教师资源库主要功能模块应包括：兼职教师的基本情况、企业背景、教学过程、培训过程以及考核管理等。要根据专业及课程建设需要，择优聘请行业企业的工程技术人员和能工巧匠作为学院的兼职教师。兼职教师的结构类型包括专家顾问类，如专业顾问、校外专业委员会委员、教学与科技创新团队校外骨干等；授课类，如兼职课程教师、毕业设计校外指导教师等；以及技术研发合作类等。

（3）加强对兼职教师的培训工作和教学质量的监控工作。教前培训要做好：一是确定适用性培养目标，二是制订实现方案。通过实行兼职教师"教前培训"制度，提高兼职教师的教学能力，使兼职教师既"会做"，且"能教"。同时学校还应在其承担教学任务的过程中做好教学质量监控工作，保证教学的效果。

（4）建立兼职教师的工作考核机制和激励机制。定期对兼职教师的综合能力和业绩水平进行综合考核，提高兼职教师的积极性和责任感，实现人才柔性流动和动态管理。建立兼职教师的教学效果反馈渠道，并将考核结果与兼职教师的报酬挂钩。对在师德素质、教学效果和实践能力等方面有突出表现的给予奖励，激发兼职教师的积极性。

（5）建立校企交流平台，强化专兼职教师的一体化管理。加强兼职教师与专任教师的业务交流，专兼结合共同开发专业岗位能力核心课程。鼓励专兼职教师共同承担应用性课题研究，充分发挥专职教师的科研优势，结合兼职教师的实践优势，创造条件合作开展课题研究、产品开发和技术服务。要

加强校企合作，推行校企互聘制度。❶❷❸

（三）提高"双师型"教师素质

1. "双师型"教师队伍既是一个个体概念，也是一个群体概念

"双师型"教师经历了从"双师型"到"双职称""双证书""双来源""双素质"等提法的演变，演变过程是与"双师型"教师标准的多样化、科学化的演变相伴相随的。虽然存在认识上的不成熟和实践中的混乱局面，但它正朝着正确的、科学的方向发展，在实践中也表现出旺盛的生命活力和广阔的发展前景，适应了"以就业为导向，以能力为本位，以学生为中心"的职业教育理念，反映了职业教育的师资队伍的建设水平和发展趋势。"双师型"教师的内涵归纳起来主要有以下四种：

（1）"双师型"即"双证书"说。有的研究认为，"双师型"教师从形式上说应该持有教育行政部门认定的教师资格证书和行业认定的具有一定水平的行业技能等级证书，"双师型"教师必须持有"双证书"。这种认识从形式上强调了"双师型"教师注重实践的特点。

（2）"双师型"即"双职称"说。有的研究认为："双师型"是指教师同时具备高等学校教师任职资格和工程技术人员任职资格（是讲师又是工程师，是教授又是高级工程师）的简称。从外延上看，"双师型"教师属于专业教师，是具备相应行业知识和职业技能的专业教师；从形式上讲，"双师型"教师必须具有"双职称"，即教师资格证和专业技术职称。这种表述比较形象，便于理解，容易把握标准。

（3）"双师型"即"双来源"说。有的研究认为："双师型"教师包含两层含义，一是从教师的整体构成来说，是既具备扎实专业理论知识，任教经验丰富的"理论型"专职教师，又具备从企业聘任的专业实践经验丰富的或在实践工作领域已具备中级以上专业技术职务，且具备教师基本素质的人员到校任教；二是从教师个体来说，既要有较高的专业知识水平，又要有较强的专业技能；既要有讲师等教师系列职称，又要有本专业实践工作领域的专业技术职称，如工程师、会计师、经济师和工艺师等方面的资格证书。"双来源"的认定标准与"双证书""双职称"认定标准是对教师个体的要求，而"双来源"则是对整个学校师资结构的要求。

❶　贾俐俐："加强'双师型'教师队伍建设以提高职业院校核心竞争力"，《教育与职业》，2009（12）。

❷　彦钦初、李国杰："关于职业院校师资队伍建设措施的再思考"，《教育与职业》，2009（33）。

❸　何农："论高职院校兼职教师队伍的建设途径"，《山西财经大学学报》，2009（11）。

（4）"双师型"即"双素质"说。教育部对双师素质教师的标准及其内涵有相对明确的界定。2004 年 4 月，教育部办公厅在《关于全面开展职业院校高专院校人才培养工作水平评估方案的通知》中对师资队伍建设中的"双师型"素质教师做了四点界说：一是本专业实际工作的中级（或以上）技术职称（含行业特许的资格证或专业技能考评员资格）者；二是近五年中有两年以上（可累计计算）在企业第一线本专业实际工作经历，或参加教育部组织的教师专业技能培训获得合格证书，能全面指导学生专业实践实训活动；三是近五年主持（或主要参与）一两项应用技术研究，成果已被企业使用，效益良好；四是近五年主持（或主要参与）两项校内实践教学设施或提升技术水平的设计安装工作，使用效果好，在省内同类院校中居先进水平。这一界定涵盖了当前"双师型"素质教师的概念的所有内涵。❶❷

2. "双师型"教师应具备的素质和能力

作为个体的"双师型"职业院校教师不仅要掌握高等教育基本教学规律，具备教育教学的基础能力、专业能力，还要具备在本专业领域内较强的技术应用能力，即要达到"德高、艺高、技高"的要求。对"双师型"教师的基本要求包括以下方面。

（1）具备熟练的专业职业技能。职业院校教师应当掌握与所授理论课程相当的专业职业技能，具备现行的国家标准、行业标准及操作规程等有关知识和技能，了解掌握新的技术和工艺。

（2）具备丰富的生产实践经验。职业院校教师应深入地方企业进行调查研究和实践锻炼，在实践工作中获得工作经验和工作阅历，努力提高自己的实践经验和具体技术，这样才能满足培养应用型人才的教学要求。

（3）具备理论与实践结合及其教育转化能力。职业院校教师为达到将自身知识与技能传授给学生的目的，要求其在具备相应的理论知识与实践能力的基础上，还应具备将理论与实践相结合的能力，并能将自己的专业知识、专业能力、专业技能转化为学生的实际技能，包括指导学生动手操作、编写专业教学内容和方案等。

（4）良好的课程开发与教学设计能力。当前，职业院校教育肩负着打破"学科式"教学体系、重构新的基于职业工作过程的课程体系的重任。教师要转变观念，加强学习，借鉴国际职业教育经验，掌握职业教育课程开发设计技术，完成专业的课程体系和课程内容的重构。

---

❶ 穆晓霞："浅议我国'双师型'教师队伍建设的政策"，《职教论坛》，2009（12）。
❷ 黄经元："对职业院校'双师型'师资培训及路径的探讨"，《职教论坛》，2009（12）。

（5）良好的教育教学理论和教学方法。职业院校教师应该掌握高等职业教育规律、教育理论与实践方法，如教育心理、课堂管理等。教学方法要适应"以能力为本位"的要求，既注重知识的讲解，更重视能力训练，要由以传统的课堂讲授式教育为主，转为推行工作过程导向的教学、项目化教学等方法。专业教师既能讲，又能做，即能做到"知行合一"，教学场景是"教学做合一"。

（6）良好的科研教研能力。职业院校教育作为高等教育的重要组成部分，应具备"教学、科研、社会服务"三大职能。前教育部部长周济曾说过，"任何一所大学，只要是高等学校，教师要提高水平，要提高业务素质，都得搞科研"。科研是学校内涵发展的重要标志，也是学校提高竞争力的重要因素。职业院校办学走校企合作之路，科研是校企合作的重要抓手。

（7）良好的社会交往和组织协调能力。"双师型"教师要与企业、行业、教师进行广泛交流与沟通，良好的社会交往、组织协调能力非常重要。

（8）良好的学习能力和创新能力。美国学者史密斯认为，善于吸收最新教育成果，将其积极运用于教学中，并且有独到见解，能够发现行之有效的教学方法的教师，才能称之为具有创新能力的教师。职业院校教师要具备创新意识、创新精神和创新能力，要吸收、探索职业院校教育成果与规律，创新人才培养模式，又要适应资讯、科技和社会经济等快速变化的时代要求，具备良好的组织和指导学生开展创造性活动的能力。

3. "双师型"教师队伍建设的对策

有研究者从以下六个方面论述了双师型教师队伍建设的有效途径：（1）以政策为导向，创造良好环境氛围；（2）以培训为手段，促进专业技能的提高；（3）以合作为契机，促进科学研究的发展；（4）以科技项目为载体，锻炼教师队伍；（5）拓宽"双师型"教师的来源渠道；（6）通过建设专业实验室、实训基地，提高教师的技术开发能力。

贵州城市职业学院非常注重教师指导学生生产实习工作，以下是具体要求。一是学校规定每名教师都必须承担指导学生生产实习的工作，根据每位教师的专业、特长、表现等选派其承担生产实习指导任务。二是指导教师必须深入实习单位，全面了解实习企业的情况，结合实习单位的实习条件，会同实习单位的有关人员，拟订出具体的实习大纲和实习指导书。三是在实习前，指导教师要认真组织学生学习大纲和具体的实习计划，讲明时间安排和步骤，介绍实习单位情况和实习应注意的事项，宣布生产安全、保密要求和实习纪律。四是生产实习进行中，指导教师要充分发挥主导作用，根据实习计划的要求，配合实习单位技术人员，深入现场指导学生，严格要求组织好各种教与学的活动，引导学生深入实际学习，并要布置一定的思考题或作业，及时检查与督促。五是实习指导教师对学生严格管理，加强考勤。学生在实习期间违反纪律或犯有其他错误时，指导教师应及时给予批评教育，对情节严重、影响极坏者，带队教师有权及时处理直至停止其实习，并向学校报告。六是指导教师不得擅自离开岗位从事其他工作，不得私自找人顶替指导，否则作为教学事故处理。指导实习期间原则上不得请假，如遇特殊情况必须请假，应经学校批准，并指派其他教师顶岗。

（四）"三师型"教师队伍建设

1. "三师型"教师的内涵及现状

有研究者撰文对"三师型"教师队伍建设进行过论述。所谓"三师型"，指具有专业教学、专业技能和职业指导三种能力的教师。具体而言，"三师型"教师是指既能从事教书育人的教学活动，又能从事行业、职业实践活动，并能将行业、职业知识及能力和态度融合于教育教学过程中，同时能够了解社会、用人单位对人才的需要及能力要求，为学生就业、从业架起桥梁、开出了直通车的高校教师。通过对教师和学生发放问卷得出"三师型"教师队伍现状为：（1）专业课教师缺乏相应的企业从业背景；（2）存在专业课教师与职业指导教师岗位职责两相分离的状况；（3）职业指导仅停留在就业指导层面。

2. "三师型"教师队伍建设的对策

（1）加强制度建设，完善"三师型"教师队伍的激励机制。首先，高职院校的各级领导要高度重视，把定期选派教师参加各种培训特别是提高其实践操作技能的培训真正放到关系学校发展、关系职业教育发展的前途的高度，使教师的在职培训在政策上有扶持、资金上有保障。其次，广泛推行专业课教师必须持"三证"（讲师以上专业技术格证+与所任专业课程相关的职业资格证+职业指导师以上证书）上岗，推动教师自觉向"三师型"教师发展。再次，要完善教师第二职称的评审体制，建立相应机构，明确评审标准。在选拔培养学科带头人、申报高一级职称时，优先考虑"三师型"教师。对于取得发明专利证书的教师，直接授予相应的专业技术职称，把教师的实际工作阅历和效果作为高职院校教师职称晋升的重要条件之一。最后，要为教师参加继续教育创造良好的制度环境，以促使高职高专教师终身学习，实现不断进行继续教育的良性循环。

（2）要建立以国家为主，高职高专院校为辅，能吸纳社会优秀人才加入高校师资的培养机制。首先，国家应规定研究生必须学习高等教育教学和职业指导等方面的课程，使研究生在校期间就具有高校教师和职业指导的能力。从而为高职高专院校"三师型"队伍的建设奠定坚实的基础。其次，各高职高专院校应建立校外教师技能培训基地，按周期抽调一定比例的教师在校外基地挂职锻炼，参加全过程（或部分）生产实践，跟踪生产一线新的实用技术，并形成周期性的轮回锻炼机制。开发高校师资的另一个重要举措是吸纳社会上既有现代企业意识又有丰富实践经验的企事业单位优秀人才到高职高专院校任教，国家应在加强高职高专院校与企业人力资源共享方面出台政策给予鼓励，从而使得社会优秀人才能成为高职院校"三师型"教师队伍的有效补充。❶

3. 专业教师团队建设

（1）专业教师团队建设的内涵及意义。有研究者认为职业院校师资队伍建设主要在于专业教师团队的建设。专业教师团队建设是指以专业、课程为基础将教师划分为不同的群体，并将该群体作为一个相对独立的团队进行建设。专业教师团队建设能为教师专业成长提供支持的平台，有利于整个学校师资队伍的良性发展。职业院校专业教师团队建设的意义在于：①有利于教师专业的发展；②有利于职业院校人才的培养；③有利于精品课程的建设；④有利于科研水平的提升。

（2）职业院校专业教师团队建设的途径。①遴选团队专业带头人。专业带头人是专业团队建设的核心和凝聚剂，是专业团队建设的关键人才，是专业团队的引导者、组织者和建设者，在专业团队中起着学术引导和专业团队"脊梁"的作用。②构建合理的具有"双师"素质的师资梯队。第一，选派专业教师定期到发达地区进修学习，提高教学水平和职业技能。第二，选派一部分专业教师定期到生产、建设、管理、服务第一线挂职锻炼，提高专业技能。第三，制订"双师"教师培训计划，定期聘请有关专家对团队教师进行专业技能和实际操作方面的培训。第四，鼓励团队教师参与企业的科研开发，为企业提供技术服务。第五，鼓励团队教师积极参与企业的员工培训和产品、客户培训，为企业提供相关产品的宣传与技术讲解。第六，专业教师团队要制订一定的政策，鼓励团队教师积极参加职业资格或专业技能等级证书的考核。③通过科研项目促进团队建设。以团队为单位申报科研项目，遵循"项目团队化，团队项目化"的原则打造科研团队，努力发挥专业教师团队的优势。④建立合理的教师评价制度。在对教师进行评价时，要把教师的

---

❶ 屈海群、宋海宁："对高职高专'三师型'教师队伍建设的必要性及对策性研究"，《中国成人教育》，2009（18）。

教学评价与课堂教学、课程建设和专业建设等结合起来，促使教师在关注自己所任课程及教学效果的基础上更加关注自己所在学科专业的发展，更加注重本专业团队人才培养工作的整体质量，形成团队精神，产生合作意识，从而更好地促进教师自身专业的发展和专业教师团队的可持续发展。❶

---

❶ 宫卫星："高职院校专业教师团队建设的意义与途径"，《中国成人教育》，2009（22）。

第七章

培育正能量　班主任七彩梦

有人说，要做一个好的班主任，就必须常怀一颗宁静的心，恪守自己精神世界的高贵，坚定教育者那份特有的真心与虔诚。班级，就是班主任最美的舞台，是展现自己的最佳位置。愿每一个班主任都拥有阳光般的心态，积极面对生活的挑战，激情迎接每一天，学习充实每一天，思考过滤每一天，品味享受每一天，快乐成长每一天。

一、班主任的工作法则——呵护自尊、唤醒自觉

班主任是班级工作的具体策划者、组织者、管理者、协调者、服务者和教育者。学校教育成败的关键在于班主任，班主任的个人修养和素质、工作能力、管理方法等都会对学生的发展产生长远而深刻的影响。班主任工作的好坏不仅关系到学校育人工作的效果，而且影响学生在校生活甚至他们的一生。因此，作为班主任既要有较高思想政治觉悟和职业道德素质，又要有科学的态度和得体的工作方法，只有这样，班主任工作才能取得良好的效果。

万玉霞老师认为："十个一"是班主任工作的风向标，即："一片爱国情，一颗自信心，一种团队精神，一身文明举止，一个强健的体魄，一种快乐平和的心态，一口流利的普通话、基础英语和一手娴熟的基础信息技能，一腔好奇探索的科学精神，一种有创见能解决问题的学习能力，一种社会公民服务意识。"[1]

贵州城市职业学院一直重视班主任的工作，并通过活动专题研究班主任的工作。如：班主任靠什么来管理学生？班主任的教育职责是什么？班主任应扮演什么样的角色？班主任的管理魅力是什么？班主任的工作方法是什么？

---

[1]　万玉霞："观照生命发展　提升班主任育人水平"，《人民教育》，2010 年第 Z3 期。

当班主任幸福吗？你是一个学生喜欢的班主任吗？等等，本章内容基本上是贵州城市职业学院数十位班主任的体会。

二、班主任的教育职责——倾注爱心、真心、耐心

我们常常听到一些班主任说当班主任精神压力大。是的，班主任工作负担重。班主任工作无边界，时间上、空间上、内容上、精神上都没有边界，没有空闲，没有休息。班主任工作辛苦而繁杂，甚至常常连睡觉都不踏实。但是，班主任有一个良好心态，无怨、无悔，对教育事业忠诚，对学生有爱心、真心和耐心。创造条件给学生以宽松的学习和生活环境，给学生尝试与探索的机会。

（一）进行思想道德教育

班主任是德育工作的主要实施者。班主任要明确德育目标：热爱祖国，具有报效祖国的精神，拥护党在社会主义初级阶段的基本路线；初步树立为建设有中国特色的社会主义现代化事业奋斗的理想志向和正确的人生观，具有公民的社会责任感；自觉遵守社会公德和宪法、法律；养成良好的劳动习惯、健康文明的生活方式和科学的思想方法，具有自尊自爱、自立自强、开拓进取、坚毅勇敢等品质和一定的道德评价能力、自我教育能力。

（二）指导学生掌握科学的学习方法

学习是所有学生的主要任务。指导学生学习是每个教师的职责，班主任的职责在于协调、统筹、规划全体学生全方位地学习：一是帮助学生明确学习目的，端正学习态度；二是调节和平衡学生的课业负担量，减轻学生的负担和压力，使学生乐于学习；三是严格学习纪律，便形成学生严格要求自己、认真求是等良好的学习风气；四是经常与各科教师沟通联系，了解每个学生各方面的学习情况；五是通过课内外各项班级学习活动，如学习经验交流会、学习方法讲座等，指导学生掌握科学的学习方法。

（三）关心学生的身体健康

班主任的职责是关心学生的身体健康，教育和督促学生开展丰富多彩的体育活动，提高学生的体质，提升学生勇敢、合作、坚强、拼搏等品质。

（四）关注学生的发展，做好个别教育工作

各科任教师一般只关注学生本学科的学习，而班主任的职责则是关注全班每个学生各方面的发展。首先，班主任要了解和熟悉每一位学生的特点，善于分析和把握每一位学生的思想、学习、身体和心理的发展状况，科学、综合地看待学生的发展；其次，班主任要善于发现和发展学生提升的机会，

让每个学生都能体验到成功的喜悦；最后，班主任要及时发现并妥善处理可能出现不良后果的问题。另外，班主任要善于倾听学生的心声，关注学生的烦恼，满足学生的合理需求，有针对地进行教育和引导，为每一位学生的全面发展创造公平的发展机会。

（五）进行心理健康教育

目前，大学生的心理健康问题日益增多，心理健康教育业已成为班主任责无旁贷的职责，如：一是掌握心理健康知识，了解学生心理发展的特点和本班学生的心理健康状况；二是创造良好的班级心理环境，使学生保持良好的心态；三是通过各种集体活动，如心理健康讲座、团体心理咨询和心理游戏等，使学生形成良好的心理健康状态；四是配合学校心理健康教育教师或专职的心理辅导教师完成心理健康教育工作计划的落实。

（六）指导学生参加实训与实习活动

注重学生实践能力的培养，形成课程实验—课程设计—校内外实训—毕业设计"四位一体"的实践能力体系。

（七）进行安全教育和管理

班主任对学生在校内和集体外出活动的人身安全负有直接的责任。安全教育是班主任的重要岗位职责，主要包括以下六个方面：一是重视学生的安全教育，以预防为主；二是经常性地进行安全知识讲座和竞赛；三是有针对性地进行各种突发事件的安全演练，提高学生的安全意识和养成安全的行为习惯；四是严格执行学校的安全制度，如考勤和请假制度；五是建立学生督促小组，让学生参与安全管理，提高学生自我防范意识和能力；六是与家长合作，共同对学生进行安全教育。

三、班主任扮演角色——教育型的管理者

（一）班主任是一个教育型的管理者

"管理"包括计划、组织、指挥、控制和协调等职能。作为班主任要拟订班级工作计划，组织班级一切活动，协调各科任教师之间、学生之间、老师或学校与家长之间的关系。由此可见，班主任是管理者。但班主任作为管理者，与工厂、军队、公司、机关的管理者不同。班主任面对的是一个受教育者，应该以教育为重，管理为轻。因此，班主任是"教育型的管理者"。管理的目的不是为了使学生就范，而是使他们健康成长。

刘玲老师说：

我自 2008 年 8 月来到学院工作，从最初的班主任到后来的系教学科

长，再到系学生科长，都是与学生紧密联系在一起的。作为一个系的学生科长这个"大"班主任，工作体会主要有以下几个方面：

第一，选拔和培养好班委成员，形成良好的班风。我把班委分成三大部分。一是班主任的"影子"，一般是班长，这位班长统管班级大局，班主任需帮助他树立起威信；二是"实干家"的班干，他们按照自己的分工，各自管理好自己的那部分工作；三是"卧底"，这类班干会把班级同学的一举一动告诉我，我可以及时根据这些"情报"消除一些安全隐患。

第二，对学生管理，一定要一视同仁，要用爱去管理他们。对班主任的管理也是一样，处理问题"对事不对人"。不管我们有多高的学历，多么高的智慧，如果不真心关心学生、爱护学生，一味看学生的缺点，那么将不会被学生所认同。当学生有缺点或犯错误时，班主任要充满爱并客观地对事情进行分析和处理，增加学生克服缺点、改正错误的决心和勇气，而不是"处罚"甚至"开除"了事。

第三，管理班级要"严"，爱学生并不等于不严管学生。对于学生，"爱"和"严"是两把不同的钥匙。如果用两手抓来比喻，"爱"是左手，"严"是右手。如果用另一种比喻的话，"爱"是阳光雨露，"严"教育却是暴风雨。仅仅有阳光雨露而缺少暴风雨的学生，难以长大。在工作中，需要将两种方法交替使用。在管理当中，"严"是我的治班之道。在治理班级、维持班级稳定中，我的"严"体现在两个方面。一方面表现在"严己"，这是针对班主任而言的。班主任是一班之主，平常与同学们接触最多，作为班主任要严格要求自己，凡是要求学生做到的，自己要首先做到，这样班主任工作才有说服力。班主任的一言一行、一举一动无疑是学生的一面镜子，是学生模仿的样板，因此，班主任时刻都要注意自己的言行举止，要以师德规范约束自己，为人师表。另一方面是要"严纪"。这是针对班级和学生而言的。国有国法，班有班规，我倡导我系新生班制定自己的班规，实现学生管理的法制化。"严纪"首先表现为班级要制定严明的班级纪律，因为只有严明的纪律才能约束学生的思想、行为，才能使班级稳定。有了严明的班纪，并不是百事无忧，因为学生毕竟年龄小，自控力差，有时难免会控制不住自己而违纪。对于违纪的同学千万不能听之任之，一定要严肃地进行批评教育，直至改正为止。否则条约、规范、守则、制度都将成为一纸空文，甚至还会助长违纪的风气而影响班级稳定。当然还要注意严而有度。

第四，班级管理要勤。勤劳是做好班主任工作的基础。俗话说得好，勤能补拙。要勤到班级中去，勤到学生中去，勤与科任教师交流，勤督促，勤记录。班主任经常到班级走走，也可以随便问问学生昨晚或星期六、星期天的一些事情，也许是这么不经意的走、看、问，或许会发现一些不和谐的事情并将它很好地处理，避免不和谐"音符"的随意跳动。

（二）班主任是一名心理学家

大学生多数远离家乡和亲人，异地求学，会产生孤独感和失落感。同时，在日常的学习和生活中也难免碰到一些不顺心的事，会产生惆怅心理，这就需要找人倾诉交谈，从精神上得到慰藉。良好的人际关系能使大学生相互诉说各自的喜怒哀乐，倾吐衷肠，宣泄愤怒，减轻痛苦，消除失落、孤独、焦虑等不良情绪，获得支持和理解，从而心境开朗，减少心理疾病。针对学生存在的从众心理、应付心理、厌倦心理、逆反心理和恐惧心理障碍，班主任要做好以下工作。一是对优等生的教育；二是对中等生的教育；三是对学困生的教育。

刘雪梅老师说：

保证学生身心的健康成长是家长、学校和社会的共同责任。现在学生独生子女居多，生活条件良好，缺少艰苦的磨炼，心理和身体的承受力差。并且，他们正处于青春发育的高峰期，是心理困惑和烦恼出现最多的时期，早恋、不善于与人相处或家庭原因（特别是单亲家庭的学生）容易产生心理疾病，给学校和家庭的教育管理带来很大压力。所以，班主任一定要重视学生的心理健康教育，特别是性格孤僻、家庭环境特殊的学生，应给予更多的关爱，经常与其谈话沟通，号召同学们给予帮助和宽容。有行为异常的学生，要及时与学生家长取得联系，做好沟通、协调工作，配合学校的心理健康教育部门，解决问题学生的心理困惑，共同保障学生的心理健康。在关注学生心理健康的同时，要引导学生积极参加体育锻炼，达到增强体质、优化情绪的目的。同时体育运动能增进友谊，培养合作精神和顽强的意志品质，使人胸怀开阔，积极上进，从而消除不良情绪的产生。

（三）班主任是学生思想上的指路人

刘德双老师认为：

大学时期是学生人生观、价值观、世界观形成的重要阶段，也是他们较多接触社会、政治、个人前途等问题的敏感时期。当代大学生既有开拓、进取、追求人生价值等积极向上的一面，也有价值取向多元化、缺乏责任感、使命感等消极的一面。这时候，班主任就应该自觉地履行"指路人"的职责，当好大学生政治上的向导，帮助他们及早地从思想上和行为上的误区走出来，逐步树立远大理想和社会主义信念，确立正确的人生观、价值观和世界观。

（四）班主任是学生学业上的引导者

班主任作为学生学习的指导者，应该从思想到行动、从精神到方法给予学生科学的指导，变"要我学"为"我要学"，变"勤学"为"会学"。在发挥学习上的引导作用方面，一要强化学习意识；二要传授学习方法；三要指导学生制订学期学习目标和班集体学习目标；四要开展各种学习活动，鼓励学生参加有关非专业考试，拓展自身素质，打造适用型人才。

（五）班主任是班级目标管理的策划者

班集体建设的目标内容是什么？应该是学生出勤好、仪容仪表好、师生关系好、公物维护好、教室整洁好、参加活动好、行为习惯好、课堂秩序好。如何进行班级目标管理？

周言姣老师介绍：

第一步：制订目标，我们在制订班级目标的过程中必须符合学院要求，遵循年级规律，结合班级特色，同时也必须是切实可行的。

1. 对学生进行思想教育，端正其学习态度，明确其学习目标，提高其学习积极性；

2. 加强纪律教育，促使学生严格遵守学院的规章制度，履行学生义务，锻炼心智；

3. 加强安全教育，树立自我保护意识，保障学生安全；

4. 鼓励学生积极参加学院组织的各项活动，提高其社会实践能力；

5. 鼓励学生大胆创新，勇于探索，为社会培养创新型人才。

第二步：明确责任。班级目标制订出来以后，要把各项工作合理分工，明确责任人。为此，我们就需要建立一支强有力的班级管理队伍。形成以班主任为中心，班委会为依托的管理模式。例如在团支部建设以及活跃班级气氛这块，就全权交给团支书、组织委员和宣传委员去做。

第三步：组织实施。这是班级目标管理的关键环节。班级管理效果好与坏多取决于实施的过程。因此，如何将具体措施落到实处便是实施目标管理的关键。例如学习方面：对新生来说本学期都是基础课程，旨在帮助学生树立学习信心，转变学习观念，培养学习能力，为今后的专业学习奠定基础。因此，先由纪律委员作监督保证全班同学来上课，再由学习委员负责推动课堂气氛，加强与任课教师联系，督促作业上交等帮助同学们获得学习的兴趣和动力。最后，每周用一个晚自习进行学习互动交流，提高学习效果。又如安全方面：首先，通过主题班会课强调安全的重要性，帮助学生树立安全意识，保障其安全。其次，发挥两个副班长的作用，每天将查寝报告告知班主任，尤其是冬天，个别宿舍使用大功率电器，为防患于未然，班主任要亲自率领副班长去各个宿舍检查，把危险物品搜出来，保障用电安全。最后，通过安插"眼线"及时掌控学生动态，预防喝酒打架等恶性事件的发生。

第四步：检查评估。

（六）班主任是学生的校园父母

管向群在他的《中国班主任最需要的新理念》一书中指出：在学生的心目中，班主任是社会的规范、道德的表率、人们的楷模，更是父母的"替身"。班主任要关心学生的品德，做好思想教育；要关心学生的学习，促进学业进步；要关心学生的生活，保证身体健康。

刘德双老师深有体会：

学生进入大学以后，远离父母，开始新的独立生活，凡事都要靠自己去思考、做决定、去处理，很多学生连自己生活中的日常事务都未曾经历过。针对这一情况，班主任在教育学生学会自己管理自己、学会独立生活的同时，也要丢开面子，放下架子，积极主动、力所能及地为学生服务。

（七）班主任是学生情感上的"守护神"

情感是建立和谐人际关系的一条重要的纽带，是教育的心理基础和内在的要求。"动人心者，莫先乎情"。班主任应当在工作中充分运用情感力量，体察学生，亲近学生，温暖学生、呵护学生，尤其是特殊群体，以炽热的真情、浓浓的爱意感化学生，当好他们的"守护神"。

张田老师说：

学生就如一株株娇嫩的花枝，需要精心培育。刚入校的新生有很多不懂，我就在学习常规、生活常规、清洁卫生常规、课间活动常规等予以疏导。

（八）班主任是学生学习的楷模

班主任的人格与其道德风貌，对学生的意识和人格的形成，对学生良好道德行为习惯的养成，起着决定性作用。当今社会已经进入了一个知识迅速更新、技术频繁换代、信息几近爆炸的时代。在这样一个时代，学习就不仅仅是一种观念、一种态度，更是一种需要。班主任更需要学习。班主任对学习不感兴趣，怎么能够培养学生的学习兴趣呢？教师不读书，怎么能够让学生读书呢？因此，班主任要用自身魅力去影响学生，用人格力量去感染学生，用学校的愿景去鼓舞学生，用科学发展的眼光去激励学生，用忧患意识去警示学生，用更优秀的业绩去推进班级管理工作。

（九）班主任是学生的知心朋友

这是从师生关系的角度切入的，这是把学生视为现实的、活生生的人，真正体现了"以学生为本"的教育理念。这就要求班主任要真正平等地对待每一个学生，包括问题学生，真正蹲下来和学生零距离接触，和学生坦诚对话。做学生的平等对话者，需要班主任有平等的意识、学习和探索的心态、真正开放的现代人心态。

薛倩老师很有体会：

以亲切的态度接近、关心学生，了解学生心理活动。大学生年龄正处于青春期，心理不稳定，容易躁动，容易受环境影响；而且大部分学生都是在全面呵护环境中长大的，突然离家，心理会不适应。这个时候就需要班主任以朋友的身份与他们亲近。

石丁兰老师饱含深情地说：

作为班主任，爱学生就是我的职责，爱他们首先要关心、了解学生，研究学生。民办高校所招的学生素质不高是不可否认的事实，大多数学生不明确人生目标，缺乏理想和社会责任感。由于自制力差，没有良好的学习态度，文化基础普遍低下，更主要的是没有自信心。这些学生最大的特点是自我约束能力差，不能持之以恒，遇到挫折容易动摇，是非观念不强有独立意识但缺少独立精神，有逆反心理又缺乏是非标准。而作为班主任要去做这些学生的思想工作，工作是大量的、持续的、反复的，任重而道远。

方洁老师的体会是：

教师都愿意而且期盼和自己的学生打成一片，有一种正常的、友好的甚至是亲密融洽的情感交流方式。我认为，在与学生相处的过程中，最好能保持亦师亦友的关系。最基本的一点，就是要以真挚的情感和爱心去关心学生、爱护学生、尊重学生，才能赢得学生的心，让他们自觉愉快地接受你的教导。在日常的班级管理中，面对整个集体时，强调的应该是一个教师的身份；而在与学生个人相处时不妨放松点儿，适当地投学生所好，与学生谈论他们感兴趣的人和事，与学生寻找共同语言，该说的时候说，该笑的时候笑，消除师生之间的距离。学生在家有父母，在校靠老师。老师有时不妨充当一下家长的角色，比如，学生鞋带散了，提醒他系一下，别摔跤了；天冷了，要提醒学生多穿衣服；天热了，要提醒学生多喝水；头发长了，要提醒学生剃一剃；生病了，及时询问情况，为他们买药送医；学生放假出去玩，提醒他们注意交通安全等。通过这些小事情来联络跟学生之间的感情，让学生从内心感到老师是在真心关心他、爱护他，慢慢地把你当成一个可以亲近、可以信赖的人，自然就会支持老师的工作。

（十）班主任是家校沟通的桥梁

教育家苏霍姆林斯基强调："教育的效果，取决于学校和家庭的教育影响的一致性。"现今，家长们十分重视子女教育，但在不少家庭，教育的内容和方式并不符合学生成长规律。家校不达成共识，再好的教育思想都难以产生理想的教育效果。

从传统上看，家庭教育是家长的事。然而，现在随着社会经济的发展和进步，家庭教育明显滞后；独生子女的家庭结构很容易带来孩子的个性问题、社会化障碍、非智力因素的欠缺；家庭富裕程度较好的很容易腐蚀孩子，造成他们畸形的消费观和幸福观；传媒发达和信息爆炸很容易促使孩子畸形早熟，使他们注意力分散，无法认真学习；社会的开发和宽松的环境势必使今日学生的个性彰显；沉重的就业压力和激烈的竞争提了家长对孩子的期望值，学校之间的竞赛又迫使学校不断向家长施压，孩子和家长都受到了史无前例的压力。在此情况下，需要对家庭教育进行指导。谁来指导？自然又是班主任！❶

姜黎黎老师说：

> 一切从沟通开始，即：
>
> 1. 与上级领导的沟通，时向上级领导反映问题。
>
> 2. 与学生间的沟通，了解学生的困难，创造有利于学习的心理环境。
>
> 3. 与家长的沟通，一方面让家长能及时了解学生在校表现，另一方面让家长参与学生管理，达到有效的管理。
>
> 4. 与同事间的沟通，相互借鉴有效的工作方式，提高自己的工作能力，创造和谐的工作氛围。

四、班主任管理魅力——提升人格正能量

（一）靠班主任的人格魅力影响学生

乌申斯基说："在教育中一切都应以教育者的人格为基础，因为教育力量只能从活的人格源泉中产生出来，只有人格才能影响人格，只有人格才能形成性格。"班主任对学生的成长发展有着非常大的影响。学生健康人格的形

---

❶ 郭早阳："班主任需要思考的十个问题（上）"，《教育时报》，2011（7）。

成，一定程度上取决于班主任是否具备健康人格。对于学生而言，班主任的人格魅力是其他任何魅力都不能替代的最灿烂的阳光。真正的班主任不会用自己的威严来吓唬学生，而是以自身高尚的人格魅力来影响学生。

班主任的人格魅力来源于对事业的忠诚，他们不是仅仅把教书看成谋生的手段，而是毫无私心杂念地投身其中，并能从中享受到人生的乐趣；班主任的人格魅力来源于渊博的学识和教书育人的能力，他们勤于学习、乐于钻研，拥有广博的知识和深邃的思想，他们具有敏锐的洞察力和准确的判断能力，善于用自己的教育智慧和机智去唤醒学生的心灵；班主任的人格魅力来源于永不满足的执着精神，他们将教育变成自己的信念而执着追求，始终用胜不骄败不馁的形象去感召学生追求卓越；班主任的人格魅力来源于对学生的关心和慈爱、信任和宽容。这样的班主任因具有博大的胸怀、民主的精神、宽容的气度而成为学生的偶像。

（二）靠班主任的榜样力量引领学生

榜样的力量是无穷的。班主任的榜样作用对学生的言行举止有着举足轻重的作用，尤其关乎着学生良好行为习惯的养成。因此，班主任在教育管理过程中，要注意自己的言行举止，尽量完善自己，要求学生做到的，自己先做到，以身作则，言行一致，带动学生树立良好的行为习惯。陶行知先生说："要学生做的事，教职员躬身共做，要学生学的知识，教职员躬亲共学，要学生遵守的规矩，教职员躬亲共守。"作为班主任，我们是否能够做到呢？我们是否能够理直气壮地向学生发出"向我看齐"的号召呢？如果班主任能够时时处处为学生树立榜样，用榜样的力量去引领学生，那么，它的作用胜过千万句豪言壮语，它是无形的旗帜，引导学生走向智慧的彼岸；它是无声的号角，激励学生攀登自我完善的巅峰；它可以改变学生不良的思想、作风、习惯。

（三）靠班主任的智慧管理学生

管理是一门艺术。靠严格的规章制度去管理学生，你可以把学生"管"得规规矩矩、"理"得笔笔直直，但学生常常是口服心不服，学生的可塑性和创造力更有可能被泯灭。一个优秀的班主任是靠智慧来管理班级和学生的。智慧的管理不是靠严格的制度管、卡、压学生，而是靠自己的人格魅力去影响学生；不是靠"运筹帷幄，决胜千里"，而是靠榜样的力量去引领学生；不是靠个别班干部来管理班级，而是调动一切积极因素来营造一个团结奋进的集体；不是靠苦口婆心的说教，而是靠真诚的爱去点亮学生的心灯；智慧管理不是一日之功、一时之力，它是日积月累、用心磨砺的结果，它需要班主任不断地学习——进行基于案例的情境学习，基于经验的反思学习；它需要班主任不断地更新教育观念和管理方式，需要树立"以人为本"的理念，需要从"管"走向"导"；它需要班主任不断地研究学生，反思自己，多动脑筋，加强自我修炼，静心潜心，宁静致远，丰盈心灵；它需要班主任关注人格发展取向，要有民主意识、生命活力、人文精神。只有这样，才能成为智慧的班主任，才能智慧地管理班级和学生。❶

（四）班级管理离不开制度的约束

中国有句俗话：没有规矩，不成方圆。管理班级和治国一样，都需要法治。班级管理的"法"就是以教育法律法规为准绳的班规。班规是班主任和学生为了本班奋斗目标共同制定的、全体成员必须遵守的行为准则。

班主任是拥有大权力的小主任。美国社会学家帕森斯认为，班级作为学校最基本的组织具有两大重要功能，即社会化功能与选择功能。社会化功能是指在培养学生能力与责任感方面的功能；选择功能是指在形成并鉴别学生之间的差异，为社会结构补充各种成人角色提供依据方面的功能。在这个最基本的组织中，班主任就是组织中的成员，是责无旁贷的领导者、团队的领路人。

赵海燕老师谈班级管理时，归纳为：

（1）在生活和学习中，与学生多交流，了解学生的兴趣爱好。在与学生的日常交往中，分析和了解他们的性格特征，对他们的沟通能力、办事效率等各个方面作出一个整体的评价，对积极认真、埋头肯干、热情奔放并具有一定组织能力、威信度高的学生给予充分的重视，通过确立班级负责人的形式，把他们锻炼为优秀的班委成员。

（2）在开展班级管理工作的时候，积极培养班委的管理能力。开学之初进行班委的换届选举，同时对班干部采取"授人以鱼不如授人以渔"的方法。在实际的操作中，要理清"具体的指导和放手工作"的关系，在和班委成员共同分析和讨论班上的具体情况下，鼓励他们发挥创造性，独立开展工作。从取得的效果来看，一支团结的班干队伍，在协助班主任开展日常的工作、促进良好的班风建设方面，其作用是很大的。

（3）在学生的心理辅导方面，深入学生宿舍，多与学生交流，了解学生近期在学习、生活、心理上存在的问题；抓好生活习惯，培养学生自理能力、自立能力和高贵的修养，不定期和每一位学生谈心；加强和学生家长的联系沟通，让学生家长了解学生的在校情况。

（4）严格纪律要求，认真考核学生出勤的情况。在开学初，制定出

---

❶　郭早阳："班主任需要思考的十个问题（下）"，《教育时报》，2011（30）。

本班的班级制度和相应的考勤考核表格，并把各班委分配到每周当值日班长，负责考勤等一周内班级事务。

白小燕老师说：

学院的发展离不开系统的院规院矩，同样作为学院的一个班级也需要在学院的各项制度下，结合班里的实际建立适合的班级管理制度。本人在当班主任期间是这样做的：

（1）要求每位同学写出自己能做什么，不能做什么，违反校规校纪、班规班纪怎样实施处罚。

（2）班委会汇总，并依据学院学生管理规定成文，交系领导指正，在班级公示。

（3）班级同学无异议后开始实施。

通过实践，这样制定出来的班规可行性和可操作性较强，管理才能到位，才能真正做到行之有令、有令必行、有令必止。让学生充分发挥民主集中的智慧，在自己制定的班规中短时间内规范好自己的行为，养成良好的生活、学习习惯。为实现学院提出的"学会做人、学会做事"的行为规范目标奠定良好的基础。

（五）班主任要提高语言表达艺术

马雅可夫斯基说："语言是人的力量的统帅。"就是说语言表达艺术在社会生活和人际关系中具有不可估量的作用。

能说话不等于会说话。班主任工作要掌握说话的艺术，抓住教育的契机，以达到最佳的教育效果。身为人师，言传身教都非常重要。言传是对身教的一种补充和强化。身教的教育意义影响深远，却需要很长时间才能凸显；而用话语劝慰，效果则快得多。赵坡在《班主任如何说话》中指出，在班级管理中，处理眼前的突发事件，有时更需要班主任善于言传。班主任的话语应以爱心为血肉，以智慧为骨骼，以教育教学规律为灵魂。充盈的爱心、过人的智慧和科学的教育教学规律，是班主任必须练就的本领。班主任应当在摆事实、讲道理的基础上用高超的说话艺术把班级事务处理得更加完美。班主任的一席话效果好不好，关键是班主任说话的艺术起着很大作用。

（1）能放松学生的紧张情绪，拉近班主任与学生之间的距离。

（2）能感染学生的积极情绪，增强班主任与学生情感交流。

（3）能吸引学生注意力，提高思想工作效率。

那么，我们应该怎样来具体学习、锤炼语言呢？下面是几种可行、有效的方法。

（1）多读书，多看报。"熟读唐诗三百首，不会作诗自会吟"的经验之谈，是大家所熟悉的，它告诉人们要学习口语，提高说话技巧，就应该多读书，多看报。

（2）善于学习。学习吸收的目的是为了更好地运用，不能应用的吸收毫无意义。只要我们潜心苦读，勤记善想，揣摩寻味，持之以恒，就能像郭沫若所说的那样"于无法中求得法，有法之后求其他"了。

（3）提高观察问题、思考问题的能力。

（4）深入生活。生活是语言最丰富的源泉。老舍曾说："从生活中找语言，语言就有了根。"这话含有很深刻的哲理。

（5）扩大知识面。知识贫乏是造成语言贫乏，特别是词汇贫乏的一个重要原因。若我们不想说话空洞无物，就应该下决心积累大批的、雄厚的本钱，武装头脑，丰富自己的说话内容。

（六）多用微笑来调节师生关系

人们常说，微笑是人的情绪状态的晴雨表。对于班主任来说，微笑有着更大的力量，可以作为建立良好师生关系的润滑剂。班主任不妨对你的学生发自内心地微笑一次，对于你来说，也许只是面部肌肉的一张一弛，但对你的学生来说，他们得到的是理解、尊重、爱护、关怀这四种需求的同时满足。

微笑就如同阳光一样，给人带来温暖，留下宽厚、谦和、平易近人的良好印象，它能缩短师生彼此间的距离，产生心理上的相容性。人因为愉快才会微笑，微笑也能使别人愉快，使自己更愉快。你若是一位经常保持乐观愉快情绪的班主任，就能通过微笑使你的学生得到愉快，自己也会从中得到更大的愉快。人乐观愉快，才能充分发挥自己的积极性，干什么都会有兴趣。所以班主任的微笑在某种程度上会让学生得到精神上的鼓励！

五、班主任工作方法——弹钢琴，精彩智慧

班主任工作无疑是"繁、碎、杂"而又忙碌的。班主任既当长者、导师，又当朋友、亲人，既当宿管员、保安员，又当家校的联系人。如何以一人之力协调全班几十位有个性的同学之间的关系和师生之间的关系，从而不断提升班主任工作的质量，这是值得研究的问题。

（一）抓班级首先抓理念

方洁老师讲述自己的体会：

> 学生从中学进到大学，需要进行角色的转变：从凡事父母安排老师监管转变为自主，从他律转变为自律，从"等待伯乐发现"转变为勇于自荐。所以，树立学生"乐于展示自己，积极绽放才华"的理想是必不可少的。进入贵州城市职业学院这个大家庭，需要的是一颗上进的心。

　　我多次在主题班会上强调：每一个学生，无论之前是优秀或是有过失败，现在，对于你对于每一个家庭成员来说，都是一张白纸。以前的种种，从进了校门，就隔断在外面，从现在开始，在自己的这张白纸上作画。大气磅礴的山水画也好，五彩缤纷的水粉画也好，这都取决于自己。引导学生树立这样的理念，树立他们的信心，不要为之前的失败气馁，摒除那些不良的类似混文凭的想法，都努力起来，弥补之前的暂时的失败。

　　开学之初，我就给学生灌输"怕苦累莫入此门，图轻松另寻他处"的入学理念，让学生感觉到学习是一件吃苦的事情。另外，给他们讲一些关于国际经济与贸易、应用英语等我了解的专业，分析目前我国大学生的就业状况，谈些我国人事编制考试等情况，从而让他们有一种紧迫感，一种压力。因为有压力他们才有学习的动力，知道今天有付出，未来才会有回报。有的时候还经常给他们讲自己的大学生活，然后告诉他们大学生活应该怎么度过，大学里应该做什么不应该做什么。在晚自习的时候，讲他们感兴趣的话题，或是每天轮流一个同学准备自己感兴趣的内容给其他同学上一堂课。用自己的经验和教训来启示别人。

　　根据学生的年龄特征，我还利用主题班会给学生灌输"迅速反应，马上行动，日事日毕，日清日高"的理念。让学生摆脱那种拖拉的习惯，养成当日事当日完成的习惯。现在的学生做事（学习）非常懒散，没一点时间观念，而且喜欢拖拖拉拉，今天的事情就是喜欢明天做，明天的事情就是喜欢后天做。记得有一次，我让我班学生写一个主题班会作业——《我的大学》，并告诉他们什么时候交，结果没有一个人写，问他们为什么，都说忘记了。当时我很生气，后来我利用晚自习的时间喊学生一个个拿出本子马上写马上交，还是达到了预期效果。

（二）选拔好班干并充分发挥其主观能动性

方洁老师强调：

　　选拔班干部要有要求，如：

　　（1）服务意识。班干部作为班级的管理人员，不是专门"管"同学的"管"，而是为学生、教师和班集体服务的公仆。班干部要淡化"干部"意识，强化"仆人"意识，尽可能细心地在各方面关心帮助同学，让同学们觉得他们是最值得尊敬与依赖的班干部。在选拔班干部前要向全班学生强调班干部的服务意识，认识到班干部是为同学、教师、班级做事的人员，为大家服务是班干部分内的事；班干部应以为大家服务为荣，班干部应受到同学们的喜爱和尊重。

　　（2）责任心。责任心是指对人和事敢于负责、主动负责的态度。班级中人和事的管理都离不开班干部的责任心，有责任心的班干部才能做好班级中的每件事情，才能被同学信任和认可，让班主任放心。在选拔班干部前，可以从三个方面来判断该同学是否有责任心，是否可以成为班干部。一是对自己负责，对自己的学业和身体负责，能管理好自己，简单到能认真完成作业、认真听讲、爱护自己的身体等。二是对他人负责，对同学态度热情，愿意帮助他人；对父母心存感激，体谅父母等。三是做事认真负责，踏踏实实，尽心尽力，实事求是，不弄虚作假，能按质按量地完成任务。学生具备其中一方面，就可认为该同学有责任心，具备选为班干部的条件。

（3）某种能力。具备某些能力使学生顺利、快速地完成任务和处理问题，为他成为班干部打好基础。这些能力包括组织能力、管理能力、沟通能力、协调能力、学习能力、表达能力、创造能力和控制能力等。另外，一些特殊的才能也可以使学生成为同学们信服的对象，增加其威信，如运动特长、绘画能力和科学制作能力等。

石丁兰老师介绍说：

职责分明，各行其职，充分发挥班干部在班级管理中的作用，也是班主任带好班级的重要因素。班干部是班级中的主心骨。我很注重班干部的言行举止，他们的一言一行、一举一动都起着一定的作用。榜样的力量是无穷的，让他们带动一部分人去影响另一部分人比我说教的效果要好得多。俗话说得好，干部、干部要先干一步。平时定期召开班委会，发现问题及时解决，抓两头带中间，以点带面，让学生自己管自己。通过组织管理使班级形成严密的管理体系，达到严于律己、提高综合素质的目的，提倡人人为集体、一切为同学的集体主义精神。有这样的优秀学生干部，班主任身上的担子就轻松多了，从而更增添我带好班级的信心。

白小燕老师讲：

民主评论，推选班委成员。通过自荐民主选举加试用期得到大家认可的班干部有工作热情，责任心强，有强烈的竞争意识，有工作魄力。班委会成立后，尽快使他们熟悉自己的岗位，明确自己的职责，每周末要求班干部在班级总结大家的表现，找出存在的问题，侧重表扬，突出教育，重点给予指导。主题班会、班会、班委会等由各班干部根据学院当期教育精神收集资料，轮流由班干部主持。

刘婷老师说：

班干部是老师的助手，也是同学们的朋友。通过班级工作实践提高学生交际能力、组织能力和独立工作能力。在班上发生问题，班干部能主动解决纠纷，化解矛盾。增强了他们的责任心，调动了他们的积极性，发挥了他们的主动性、创造性，使他们的潜能得到最大的发掘，使班级工作有条不紊地进行。

唐开军老师强调：

班委会是班集体管理最基层组织。一个团结有力的班委将会成为班主任的得力助手，对整个班集体有着重要影响。对于新生班级，学生与学生之间以及学生与班主任之间均不了解。所以组建班委时班主任应慎重，尤其在班长选择上更应慎重。班级内部开展活动，如篮球赛或者是班级同学交流会，增强学生与老师之间的相互了解，确定出合适得力的班委人选。我认为班委应该具有管理之能力，团结之意识，服务之态度，服从之精神。班主任应重视班风的影响，我认为班级管理应该有一个柔和的管理态度，硬朗的管理作风这影响到班委对班级事务的管理态度。有什么样的班主任，就有什么样的班委，就有什么样的班集体。班委在组建完成后，班主任应加强对班委的培养。作为班主任，如何让班干部真正得到成长是我们需要认真考虑的事情。

（三）倾注柔情教育

有人说："爱自己的孩子是本能，爱别人的孩子是神圣。"爱是人特有的一种美好情感，是人类文化永恒的主题。爱的种类有许多：父母之爱，让人感受到养育的艰辛；朋友之爱，让人体会到互相的温暖；教师之爱，让人享受到不求回报的感动。这其中最无私、最纯粹、最伟大的，当属教师之爱，爱学生是心灵追求，是一种高尚的情怀。

2011 年，一次"美丽心灵——献给老师的歌"晚会上，全国教书育人楷模评选揭晓。获此殊荣的桂贤娣老师在短片中说了这样一段话："我每周会问自己三个问题，你爱你的学生吗？你会爱你的学生吗？你的学生感受到了你对他们的爱了吗？"

张田老师说：

爱，是教师职业道德的核心，一个班主任要做好本职工作，首先要做到爱学生，爱学生是教师更是班主任的天职。从表面上看，它是教师对学生的爱；从本质上看，它是教师对党、对祖国、对人民的爱，我们有责任把这种爱全部奉献给学生。一切最高超的教育艺术和教育方法，都蕴藏在教师对学生的热爱之中，没有热爱，就没有教育。这种爱，有着巨大的吸引力。带给学生的是爱，是爱的感情，爱的语言，爱的环境，使他们看到老师所表现出来的一切都是爱他们。

　　班主任爱学生，首先必须尊重学生。尊重学生要以信任学生和理解学生为前提。不能因为学生成绩的优劣、相貌的美丑、经济条件的好差而对学生另眼相看。不管是成绩优秀的，还是后进生，我对他们始终表现出关注和热情，并巧妙地对他们进行奖励或批评。这样，同学们就会觉得在这个集体中有温暖、有希望，从而更加热爱这个集体。班主任爱护班级，关心学生不应只表现在语言上，更重要的要落实到行动上。从小事做起，从点滴做起，使学生无时无刻不在感受到班主任的关心和爱护。学生生病，你轻轻关心几句，并为之送去药片。常说"受滴水之恩，当涌泉相报"，学生是不会忘记你的。只要班主任能真情付出，学生必然会真情相报。

杨静老师说：

　　"这世上有最后一排的座位，但不会有永远坐在最后一排的人。"在老师面前，每个学生都是平等的，没有高低贵贱之分。对于后进生的教育和管理历来是班主任工作的难点。在这方面，我作为班主任，首先做到了以正确的态度对待他们，因材施教，对他们处处真诚相待，时时耐心相帮，真正做他们的知心朋友，加强心理辅导，帮助他们消除或减轻心理担忧。要创造条件和机会让后进生表现其优点和长处，并及时表扬他们，使他们品尝到成功的欢乐和喜悦。只有学生的人格和生命得到了尊重，才能让每个生命放出光彩。

　　爱学生，就要走进学生心里，多去学生寝室与他们聊天沟通，让他们从内心感受到老师博大的爱。爱学生，也要从点滴做起。老师的一言一行，应该处处体现出老师爱的博大。如果班里有人病了，我总是问寒问暖，然后联系家长。这样也大大拉近了我和学生的距离。通过这些我终于体会到，老师一句生病时的问候，离校时的一声叮咛，都会让学生铭记在心，表现出来的就是纪律更好了，学习更刻苦了，同学们之间更团结了。总之，老师在点滴的小事中渗透自己的爱，就会有意想不到的收获。

唐开军老师举例：

　　某学生心绪较差，提出回家调整。对此，我抱着谨慎态度，决定与学生进行深谈。谈话中，学生告诉我他的感情受到挫折，因为女友向他提出分手。我告诉他，失恋是未婚青年常会遇到的问题，但是我们不应该害怕问题逃避问题，而应以坦然的心态去面对。经过谈话，学生开始去思考自己的问题。我又和他的父亲取得联系，告诉孩子在学校的情况。得知这位学生从小与其奶奶一起生活。父母对孩子的教育持截然不同的态度，母亲对孩子的需要是尽量满足，父亲则是反对这种做法，对孩子要求较严厉，或者说有暴力的倾向。所以就造成了学生性格强硬，自我意识较强，并且与父亲存在着感情隔阂，这也造成学生与父母的交流沟通的问题。这种矛盾越积越深，最后的结果就是学生与家长难以心平气和地进行交谈，彼此之间走入两个极端。此时，班主任就扮演了几个角色：学生感情受挫时，是学生的亲密朋友，分担他们的痛苦，成为忠诚聆听者，给他们鼓励；学生与家庭发生矛盾时，是学生与家长沟通的桥梁，通过自己的努力让学生与家长加深彼此沟通与交流；学生放纵自我时，是学生学习和生活上的管理者和监护人。

（四）深入全面地了解学生

要知晓学生的心灵渴望，知晓学生体质状况，知晓学生的家庭状况，知晓学生的个性特点，知晓学生的兴趣爱好，知晓学生的学情状态，知晓学生的困难疑惑，知晓学生的知心伙伴，知晓学生的行为方式，知晓学生的认识理想……了解学生是教育学生的前提，更是做好班主任工作的前提。

龙承燕老师说：

9月份我做的第一件事是将班上的学生进行总体的了解和分类，最终得到的结论是班上学生可分"三多"；第一"多"是钱多，也就是说有钱的家庭非常有钱；第二多是单亲的多，班上有很多学生是父母离异，甚至没有父母，或者是说父母矛盾极大，家庭不和；第三多是"穷的多"，非常贫困的学生也很多，存在以上三种情况的学生在心理上和性格上都会或多或少地存在一些问题。例如，性格孤僻，不愿交朋友，独来独往，不关心班级活动，害怕与人交流，不想让别人了解自己，内心渴望朋友但不知如何接近他人；或者对社会失望，对目标感到遥不可及，干脆不做不想，过一天是一天。针对这些情况我做了第二件事；与学生做朋友，想方设法让学生与我交流，让学生说出心里话。于是我要求学生写周记，周记内容不限，但必须全是口水话，包括对某某老师上课的建议，包括对班主任管理方法的建议，包括对学院的看法等。而且每位同学的周记我都要亲自批改，写评语，包括一些学生心理问题的咨询等（班上的学生知道我学的专业是教育心理学）。我觉得学生最需转变的一个问题不是学习上的转变，而是心理问题上的一个解决途径。接下来我做了第三件事，班规的健全。

李亚男老师说：

我当班主任的第一件事就是收集学生的照片和与家长的联系方式，制作一本学生相册，对照相片和人名尽快记住每一位同学。但是，只了解学生，记住他们还远远不够，还要了解他们的家长想法。另外，还要研究学生的个性特征，多听学生的声音。班主任不仅是老师，也是班集体的家长。所以不管任何学生，只要有困难，都可以找班主任帮忙。

（五）批评不要带情绪

如果说赞扬是抚慰人类的心灵的一缕暖阳，那么批评就是人类灵魂赖以借鉴的一面镜子，能让人更加真实地认识自己。但人类天性"趋赏避罚"，所谓"忠言逆耳"，批评一个人要比表扬一个人困难得多，因此，批评更要讲究技巧和艺术。

老师批评学生的目的只有一个：帮助学生改正错误，使其不断进步。只有充分理解了这一目的的单纯性，老师在批评学生时才会控制好自己的情绪，避免粗话、脾气暴躁。做到尊重学生人格，不轻易打击学生自尊。

老师在批评学生时，不要直截了当地进行当面批评，而应该先平和自己的心态，了解事件真相后，充分肯定和表扬其长处，使受批评者自我反省进而认识过错改正过错，这一现象在批评心理学中称之为"反弹琵琶"，可以达到不伤害学生自尊心的"环保效应"。

老师批评学生，要把握好的原则：

（1）"就事论事"原则。即论事不论人，而不是翻学生的老底。

（2）以理服人原则。犯错是很正常的事情，人非圣贤，孰能无过？老师对犯错的学生，要耐心地跟他讲事实、讲道理，让他"知其然"，更要让他"知其所以然"。

（3）一视同仁原则。不管是平时表现好的学生，还是调皮任性的学生，都要一视同仁，不能偏袒。

老师批评学生，还要运用好的战术：

（1）迂回战术。中国汉语表达方式非常灵活，同一个意思可以有多种表达方式——可以直截了当，也可以迂回曲折。不同的表达方式会产生不同的效果。作为老师，在控制好自己情绪的前提下，应尽量讲究语言艺术。

（2）先扬后抑战术。卡耐基说："听到别人对我们的某些长处表示赞赏后，再听到批评，心里往往好受得多。"因此，有经验的老师都会采用"赞赏—批评—激励"的方式批评教育学生。

（3）间接提醒战术。很多老师在表扬学生的同时，习惯在后面加一个明显的转折——"但是"。

（4）围魏救赵战术。围魏救赵的批评方式是对学生的错误不作正面批评，而是通过表扬其他同学来使其明白自己究竟错在了哪里。

（六）班主任学会带差班❶

何谓差班？差班的课堂常常出现与教学不协调的现象，如打闹、起哄、说话、走动、睡觉、趴着、走神、玩手机、吃零食、不记笔记、顶撞老师、看课外书等。一些老师在差班无法正常上课，很大程度上是因为课堂秩序遭到严重破坏。

班主任如何带好差班？

1. 带好差班的前提：良好的心态很重要

什么是心态？心理学定义：心态主要是指动能心素、复合心素所包括的各种心理品质修养和能力。也即是个体对事物发展的反应和理解以及由此而表现出的思想观念。世间万事万物，都可用两种心态去看待，一个是正面的、积极的、乐观的；另一个是负面的、消极的、悲观的。到底该怎么理解和判断，这就是心态，它完全取决于个体的心理性。有什么样的心态，就决定了个体对事情会采取什么样的态度。

马斯洛曾说："心态若改变，态度跟着改变；态度改变，习惯跟着改变；习惯改变，性格跟着改变；性格改变，人生就跟着改变。"直言之，心态的调整对个体的生存和发展至关重要，从这个角度来说，态度决定一切。

2. 带好差班的关键：关系大于一切

这里所强调的师生关系，是互相亲近、互相欣赏、互相引导、亦师亦友的亲密关系。一旦建立了如此亲密关系，师生双方的生活状态将会得到巨大改善。所以，面对差生，班主任要努力和他们建立这种亲密关系。

3. 带好差班的原则：有底线，有人情味

让差生遵守规矩的第一原则，就是要让他们记住规矩。他们只有牢记了班级规矩，才有可能在特定的环境中想起这些规矩来，这是差生遵守班级规矩的前提。所以说，制定出清晰的制度，是班级走向法制的基础。

（七）安全教育重中之重

蒋声栋老师讲述自己的做法：

一是在班级开展以安全为主题的班会，强调安全的意义。

二是在班会上反复强调学校的管理制度，特别是安全管理方面的制度。

三是让学生了解社会中哪些事存在安全隐患。如见网友、传销、陌生人的花言巧语等。让学生远离安全隐患。

四是让学生了解遇到安全问题的处理方式、方法。

---

❶ 赵坡：《班主任如可带好差班》，中国轻工业出版社 2014 年版，第 27、47、86 页。

刘雪梅老师强调：

　　加强安全知识的教育是班主任工作的重要内容，安全知识的学习是班会课的重要环节。交通、消防、人身安全等教育常抓不懈，要求学生熟读《安全教育手册》，掌握常见的避险、自救和简单救护的常识，懂得使用 110、119、120 等求救电话；教会学生认识交通标志，各种禁止、警告、消防标志，以及危险物品的包装标志；提醒同学们外出或回家的路上要遵守交通规则，注意人身安全，严禁无证驾驶机动车，在家或宿舍要消除火灾隐患，参加体育运动做好防范措施。

（八）开展丰富多彩的校园活动

刘婷老师认为：

　　班主任带领班级学生积极、踊跃参加学校组织的形式多样的集体活动，如运动会、歌咏比赛、课外活动等。通过集体活动，开阔视野，陶冶情操，培养他们热爱集体、关心他人、不甘落后、团结拼搏的精神。对于参加的活动，无论是取得优良成绩还是以失败告终，有活动就有总结，班主任要总结，学生自己要总结，这对班风的形成有一定促进作用。

（九）开好主题班会

　　主题班会是指在班主任的指导下，全班学生围绕一个教育主题开展活动的班级会议。主题班会内容集中、针对性强、形式多样，是学生乐于参加的集体活动，是班主任教育学生的主要途径和手段。主题班会的内容是丰富多彩的，形式是多种多样的。一堂好的主题班会，能触及学生的灵魂，为他们成长注入营养，在他们饥渴的时候得到甘露。因而会给学生留下深刻的记忆，终生不忘。

杨静老师说：

　　主题班会是对学生进行思想教育的主阵地。我班的主题班会有三方面的内容：一是针对学校的规章制度，进行各种安全教育；二是结合一些特定节日开展活动，对学生进行爱国主义教育以及传统文化教育；三是根据社会影响、学生思想动向、偶发事件等，有针对性地对学生进行思想教育。

何炜老师介绍：

　　确定主题班会的主题内容大致有以下几个方面：

　　（1）根据学生的学习生活、思想动态确定主题；

　　（2）根据学生的中心任务确定主题；

　　（3）依据实际情况选择主题；

　　（4）利用一些事例事件确定主题。

主题班会的形式有以下几种方式：

（1）论理式——举"德"与"才"这两个方面的例子，让学生学会做人，全面发展，做一个德才兼备的人。

（2）交流式——比如"读书交流式"，读书使学生产生感悟，让学生认识到读书好，读好书，好好读书。

（3）竞赛式——比如"关于交通文明"的辩论赛，可以使学生更加了解交通相关的安全知识。

（4）文艺式——办好一堂文艺活动，可以促进班级同学的团结，关键是培养集体参与意识和营造良好氛围。

（5）学生式——培养和锻炼学生自我管理的能力，培养和增强学生主人翁的意识。

（十）理顺班主任与科任教师的关系

班主任的工作职责是负责联系和组织科任教师商讨本班的教育工作，互通情况，协调各种活动和课业负担。而科任教师的基本任务和职责应是：首先搞好本学科的教育教学工作，完成教学目标任务，教会学生学习和发展，挖掘教材内容，对学生进行思想品德教育，指导学生确立正确的人生观、价值观和世界观；其次，协调班主任搞好学生和班级的日常管理，完成阶段性工作任务，培养良好的班集体。

科任教师与班主任教育学生的目的是一致的，共同肩负着培养社会主义建设人才的重任。

（1）班主任应主动与科任教师进行沟通交流，做到与科任教师之间坦诚、友好、信赖、尊重与理解。

（2）以理解构建和谐关系。班主任与科任教师的关系是否协调，直接影响到班级的建设。关系协调，感情融洽，才能心心相印，更好地建设和管理一个班集体。而和谐关系的前提就是相互理解，有理解才会有帮助与支持，才会使关系融洽。正如著名教育家马卡连柯所说："如果五个能力较弱的教师团结在一个集体里，受一种思想、一种原则、一种作风的鼓舞，能齐心一致地工作的话，那就是比十个各随己意、单独行动的优良教师要好得多。"

（3）尊重科任教师对班务工作的建议与意见。

（4）严禁学生中有不尊重科任教师的言行。

（5）主动协助科任老师处理教学中出现的问题。❶

---

❶ 胡涛：《拿什么调动学生》，西南师范大学出版社 2008 年版，第 298 页。

六、考核评价功能——燃烧正能量

《国家中长期教育改革和发展规划纲要（2010—2020 年）》中强调，要加强班主任队伍建设，重视班主任培训。胡锦涛同志在全国教育工作会议上的讲话也指出：要加强学校领导者、管理者队伍建设，加强辅导员、班主任队伍建设，提高队伍整体素质。加强班主任队伍建设，班主任考核评价是不可或缺的一环。

（一）班主任考核评价的主要功能

全面、客观地评价班主任的工作，提高班主任考核评价的科学性，对于转变班主任的教育观念，增强班主任的专业素质，提升班级教育质量和管理水平至关重要。

1. 班主任考核评价的导向功能

班主任考核评价须遵从班主任专业成长与发展的内容和要求，以班主任的专业素质、工作效能和履行职责等为依据，是目的性、规范性很强的活动。肯定的评价具有导向作用，否定的评价具有匡正作用。通过评价能够引导班主任树立正确的教育思想观念及科学的质量观、人才观，明确班级工作的目标及应该采取的教育方法与手段。同时，在班主任考核评价中，能够发现优秀班级和优秀班主任的事迹，并为其他班主任树立学习榜样。另外，在考核评价中发现问题和不足，也能起到警戒、防止和改进作用。

2. 班主任考核评价的调控功能

考核评价具有促使班主任反省自我、克服不足、改变已有的不良状态、完善并促进发展的调控功能。班主任考核评价以专业发展目标和要求为依据，总结班主任工作的成功做法和经验，诊断工作中存在的问题与不足，使班主任对自己的工作获得比较清晰完善的认识。通过班主任考核评价还能发现学校管理中的问题。通过考核评价，能够发现问题及时反馈，为班主任专业发展制定更加切实可行的保障、激励措施。

3. 班主任考核评价的激励功能

在班级授课的背景下，各个班主任之间是相对独立、相互竞争的关系。适度竞争是推动班级工作的一种驱动力，是很有必要的。而合理的、适时的评价，有利于公平竞争，调动班主任的主观能动性。通过考核评价可以使班主任内在的活力得以激发，潜力得以开发，工作积极性得以调动，竞争的意识得以增强，起到积极的促进作用。不是简单地鼓励你追我赶，而是要激起班主任向专业化目标迈进的决心，激发成就感，强化责任感，增强使命感，不断提高自身的专业素养和班级管理水平。

4. 班主任考核评价的鉴定功能

班主任考核评价，应是对班主任工作绩效和专业成长所做的全面评定，它既是对班主任工作的概括性描述，也是对班主任工作的鉴定。这种鉴定是对班主任工作态度、业绩、失误及其他方面的总结评价。班主任考核评价的鉴定作用，是一种价值判断活动，须做到实事求是、恰如其分、客观公正。

（二）班主任考核评价的基本内容

1. 班主任履行工作职责的考核评价

要依据有关班主任职责与任务的规定，主要考查班主任的事业心、责任心、班级日常管理工作情况、跟班出勤情况、完成各项任务情况；组织、指导开展班会、团队会（日）等形式多样的班级活动情况；对班级和学生思想、心理、学习、生活情况有无深入了解，工作方法是否灵活多样，对不同学生能否进行分类教育、分层管理，有无针对性，管理上是否有特色，实际效果如何；是否关心特殊学生，落实帮教措施，有效转化后续工作；学生安全防护工作情况；班主任与任课教师和其他教职员工的沟通情况，联系学生家长、学生所在社区，形成教育合力的工作情况；等等。

2. 班主任工作业绩的考核评价

对班主任工作业绩的考核评价包括三个方面：一是班集体建设，主要考查班级是否有明确的奋斗目标；班级是否形成良好的集体氛围、班风及学风；班级是否形成领导核心和骨干队伍，团、队与班委会的关系是否正常；班级人际关系是否和谐。二是班级学生德、智、体、美、劳等方面的表现，这些或者通过量化表现出来，或者经过观察、比较，通过学生行为反映出来。三是班主任在工作中取得的其他突出成绩。

3. 班主任专业素质的考核评价

班主任专业素质对班主任是一种持续性的作用因素，也是班主任工作创造性的潜在因素。就其内容而言，应从班主任的专业知识、专业技能和专业道德三个方面来把握。过去，由于人们对班主任岗位的复杂性和专业性认识不足，在班主任选择上习惯于注重体力和精力这些硬条件，忽视专业因素；在班主任的培养和管理过程中，注重常规知识积累和常规经验传播，忽视专业知识储备、专业能力提升和专业道德养成。事实表明，专业知识、专业技能和专业道德是构成班主任专业素质的主要部分。

（三）班主任考核评价的实施策略

在制定班主任工作的专业标准时，按照标准科学、合理地构建班主任考核评价体系，要正确处理好以下几个关系。

1. 在考核评价功能上，处理好过程评价与结果评价的关系

结果评价关注的是鉴定、甄别功能；过程评价重视的是形成、服务功能。考核评价若只重结果，并不能给予班主任具体有效的指导和帮助，班主任自身及其工作中存在的问题就可能反复出现并长期得不到解决，很难有效促进班集体建设和班主任专业发展。这种评价不仅背离评价初衷，而且会影响班主任的工作积极性。过程评价作为一种科学的归因分析手段，为结果评价提供更多的信息，使结果评价的结论更有说服力。因此，在考核评价功能上，要坚持过程评价与结果评价的统一。

2. 在考核评价方法上，处理好量化评价与质性评价的关系

班主任考核评价中还存在诸多矛盾，其中最为突出的是工作质量的模糊性与考核结果的可比性。由于班主任的工作责任心、工作能力不同，同量并不同质的现象非常普遍。如果无视质的差异，仅就量的多少来评价班主任工作，只能使评价流于形式。因此，在考核评价方法上，应当将量化评价与质性评价相结合。

3. 在考核评价对象上，处理好共性要求与尊重个性的关系

班主任考核评价要坚持"以人为本"的理念，针对班主任不同个性特点进行不同评价，在考虑共性指标的同时，要充分照顾到班主任的个性差异。一是职业发展时期不同，评价的重点有所不同。比如：对"适应期"班主任的评价，重点关注其班级常规管理能力。对"成长期"班主任的评价，重点关注其建设班集体和班级文化的实绩。对"成熟期"班主任的评价，主要看其是否关注学生的精神世界、促进学生的全面成长，是否形成了个人风格。对"专家型"班主任的评价，重点是科研能力和示范作用的发挥。二是即使在同一阶段，对不同类型的班主任，鉴于个人风格和优势不同，评价标准也应不同。既肯定其某方面的成绩，又鼓励其全面创优。

4. 在考核评价的目的上，处理好奖惩性评价与发展性评价的关系

奖惩性评价是一种以奖惩为目的的总结性评价制度，它以班主任评价的结果为依据，做出解聘、降级、晋级、加薪、增加奖金等决定。奖惩性评价又是一种面向过去的评价，它以班主任已有的工作成绩或当时的工作表现为依据，以是否符合学校的要求或期望为标准，考查班主任工作的目标达成度。反思以往的班主任考核评价，大多是奖惩性的，而不是发展性的。实践表明，奖惩性班主任考核评价制度下，班主任更关心的是评价最终结果会给自己带来的不利影响，因此对评价怀疑、惧怕、憎恨，甚至产生抵触情绪。

教师职业生涯理论表明，班主任的专业成长需要一个过程，离不开学校组织有意识的培养以及面向未来的发展性评价的激励。发展性班主任考核评价制度是具有前瞻性、面向未来的评价制度。这种评价制度动态地评价过去、现在和将来，注重从纵向方面进行比较，不以一时一事的表现轻率地做出终结性评价。班主任发展性评价制度更"以人为本"，着眼于班主任未来的成长与发展，把改进和提高班主任的工作能力、开发班主任的工作潜能、促进班主任的长远发展作为评价的终极目标；充分考虑到评价的结果与方法对班主任的能力形成与发展是否有益，坚持用动态的眼光看待班主任发展，着重评价班主任的努力程度，在评价结果的阐释中运用鼓励性的表述，促使班主任的素质、能力呈现动态的发展过程。

班主任考核评价的目的不仅是奖惩班主任，更重要的是促进其未来的发展，因此，应把奖惩性评价与发展性评价有机地结合起来。❶

案例十四

贵州城市职业学院班主任工作条例（试行）

第一章　总则

第一条　班主任是学院委派到学生班级对学生在德、智、体、美等方面进行日常教育、管理，并指导其全面发展、健康成长的教师。

第二条　班主任任职条件

（一）政治信念坚定。具有较高的马克思主义理论水平和政策水平，思想政治素质好、觉悟高，具有较强的政治分辨能力，在重大政治问题上旗帜鲜明，立场坚定，与党中央保持高度一致。

（二）思想品德优良。忠诚党的教育事业，热爱学生，热爱学生工作，有良好的职业道德，勤勉敬业，情操高尚，有强烈的责任心、使命感和奉献精神，讲求团结，顾全大局。

（三）政治观念强。服从领导，坚持原则，办事公道，纪律严明，作风正派。

（四）业务素质好。具有从事思想政治教育、心理健康教育、就业指导咨询及相关科研的基本素质，具有较强的政治管理、群众工作、调查研究、语言文字表达和解决实际问题的能力。

---

❶ 本章引用刘玲、刘雪梅、周言姣、刘德双、石丁兰、张田、薛倩、方洁、姜黎黎、赵海燕、白小燕、刘婷、唐开军、杨静、杨亚男、蒋声栋等语句，语句作者均为贵州城市职业学院班主任。

第三条　班主任基本职责

（一）加强对学生的思想政治教育。教育和引导学生坚持党的基本路线，认真学习马列主义、毛泽东思想、邓小平理论、"三个代表"重要思想，努力实践科学发展观，帮助学生树立正确的世界观、人生观和价值观。

（二）加强班风、学风建设。引导学生增强集体荣誉感和责任感，尊敬师长，团结同学，关心集体，形成良好的班风。教育学生树立远大的理想，端正学习态度，改进学习方法，重视独立思维能力的培养和创新能力的锻炼，提高学习效率，努力实践校训要求。

（三）鼓励并组织学生参与有益于身心健康的体育、文艺、科技活动和各种社会实践活动，培养学生的自我教育、自我管理和自我提高意识，引导学生提高自己的心理素质，树立健康、正确的自我形象，优化个性结构，完善人格内涵，增强适应环境的能力，学会与人友好相处。

（四）按照国家教育部颁布的《普通高等学校管理规定》《高等学校学生行为准则》以及学院规章制度的要求，对学生进行道德品质、行为规范、校纪校规教育。不断提高学生基础文明素养，促进优良的校风、学风的形成。

（五）开展安全、法制、纪律等教育工作，确保学生人身和财产安全，提高学生自我保护和自觉维护安全稳定意识。

（六）开展新生入学教育和就业教育，帮助大学生做好职业生涯规划，培养学生爱岗敬业的职业意识，提升学生职业素养，促进学生更好就业。

第二章　班主任岗位职责和要求

第四条　班主任岗位职责

（一）联系任课教师，抓好班级出勤管理。

（二）指导学生学习，鼓励学生参加各种考级考证，提高学生过级过关率。

（三）及时做好违纪学生的教育和处理，并及时上报材料。

（四）努力培养学生干部，搞好班级建设工作。

（五）召开主题班会、班会、班委会、团支委会、团支部会议。

（六）组织开展形式多样的课外活动和社团活动。

（七）深入学生宿舍，协助生活老师做好学生宿舍管理工作。

（八）联系学生家长，及时通报学生在校学习生活情况。

（九）做好学生谈话工作，掌握学生思想动态。

（十）完成学生综合素质和评语通知书，学期末以班级为单位给学生家长寄放假通知单。

（十一）开学做好工作计划和活动安排，期末做好工作总结。

（十二）组织学生综合素质测评工作。

（十三）组织本班各类奖项的评选和推荐工作。

（十四）做好贫困学生的认定、建档和推荐工作。

（十五）配合做好学生的就业指导、毕业生推荐及文明离校工作。

（十六）按要求及时上交各项材料。

（十七）参加各种学习、会议和活动。

（十八）做好科研工作。

（十九）完成系（部）和学院安排的其他工作。

第五条　班主任要密切联系任课教师，做好学情班情的沟通，及时采取相应措施，提高班级出勤率，帮助学生养成良好学习习惯。

第六条　班主任要认真研究促进学生职业化的方法和途径，培养学生职业技能，提高学生养成职业素养，围绕考级考证开展工作，以提高班级考级考证率。

第七条　班主任应及时对学生违纪进行教育，与家长联系，共同协商做好学生教育工作的具体方法，并对学生的违纪行为进行处理，同时按照学院的规定上报各项处分材料。

第八条　班主任要推进完善党小组、班委会和团支部的建设，努力建设一支高素质的班级学生干部队伍。

第九条　按照学院和系（部）安排，班主任每个月组织召开 2 次主题班会，并准备教案，指导学生干部召开 4 次班级会议。

第十条　班主任要组织学生开展各项活动，丰富学生校园文化生活，协调和邀请有专长的教师指导学生进行社团活动。

第十一条　班主任每周走访学生宿舍，及时了解学生学习和生活实际，并协助生活老师做好学生的教育。每个月定期走访本班男女生宿舍各 8 次（即每周各 2 次），并做好相关记录。

第十二条　班主任每个学期至少与每个学生家长联系 1 次并做好记录，及时反映学生在校表现，做好家长与学生的联系工作。每个月必须与学生家长联系达 8 人次，并做好相关记录。

第十三条　班主任每月至少与学生谈话 8 人次，并做好相关记录。

第十四条　班主任要认真完成学生成绩和综合素质评语通知书，确保认真、全面、客观、积极地对学生一个学期的表现进行评价。要在每个学期开学收集学生成绩和综合素质评语通知书，详细了解家长的建议和意见，为进一步做好班级工作奠定基础，同时班主任每个学期要和学生家长书信联系一次，在家长的理解和配合下，进一步做好学生工作。

第十五条　班主任每个学期要对班级工作进行计划和总结，不断积累经验，完善措施，提高教育管理能力。

第十六条　班主任要按照学院要求，组建班级综合测评小组，组织完成好班级综合素质测评工作。

第十七条　班主任要关心班级贫困学生的学习和生活，认真组织和开展贫困生认定，建立贫困生档案，并做好资助推荐工作。

第十八条　班主任要学习和掌握国家和学校制定的大学生就业政策，教育和引导学生树立正确的就业观念，配合相关部门通过各种途径千方百计确保本班学生就业。

第十九条　班主任要以高度的责任感，重视和抓好班级安全防范工作，确保学生在校期间的人身和财产安全，确保学生安全文明离校。

第二十条　班主任要不断加强学习，努力提高自身素质和教育管理水平，做学生的良师益友，服从上级领导，开拓创新，纪律严明，以良好的形象为学生做表率。

第三章　班主任培养和管理

第二十一条　班主任工作由学院学生处监督、宏观指导，各系（部）学生工作领导小组负责日常管理、考核和考评。

第二十二条　学生处应加强对班主任的培训、检查、考核和管理，不断促进班主任工作水平和能力的提高。

第二十三条　班主任的培养应依照日常培养与正规培训、组织培养与个人自学、理论教育与实际工作锻炼相结合的原则进行。

第二十四条　学生处应有计划地组织班主任开展形式多样、内容丰富的工作经验交流、工作方法研讨、外出考察学习，原则上每学期召开一次班主任工作会议。

第二十五条　班主任在校内外各类刊物发表学生工作方面的调查报告、论文、专著等均为科研成果，作为职称评定的依据之一。

第四章　班主任考核

第二十六条　班主任考核是对班主任工作成效的量化评价。班主任考核按照每月考核，每月考核28日前上报学生处。各系在期末将考核汇总上报学生处。

第二十七条　班主任考核的原则：

（一）坚持定量为主，定性为辅的原则。

（二）坚持客观、公正、公平的原则。

（三）坚持系（部）考核，学生处审核的原则。

（四）坚持重点考核为主，兼顾全面考核的原则。

（五）坚持月考降级和一票否决制度的原则。

第二十八条　班主任月考核分以100分满分封顶进行考核。各系以年级为单位，按照2：3：1的比例确定一等奖、二等奖和三等奖，三个等级奖项之间差额为100元。班级管理出现严重情况的，认定为本月考核不合格。

第二十九条　班主任月考核指标为：

（一）师德师风。

（二）安全管理。

（三）班风学风。

（四）班主任公正。

（五）宿舍管理。

（六）班级活动。

第三十条　班主任月考指标说明及操作办法：（摘要）

（一）师德师风要求：班主任要认真履行岗位职责，作风正、纪律严、形象好，在学生中树立关爱学生的良好形象。本项考核分值，10分。

（二）安全管理是班主任工作的生命线，是维护校园稳定和建设平安和谐校园的必然要求。本项考核分值，15分。（学生处考核）

（三）班风学风是班级管理的核心内容，主要通过班级出勤率、班级文明建设、班级文化建设三个指标进行考核。本项考核分值，30分。

（四）班主任工作通过开展主题班会、班级会议、学生谈话、与学生家长联系、团支部建设、班级流失率等形式完成。本项考核分值，25分。

（五）实施管理是班主任工作的重要组成部分。本项考核分值，10分。

（六）班级文体活动是班主任调动学生积极性，促进学生全面发展的重要途径。本项考核分值，10分。

（七）班主任工作月考核总分为100分。班主任月考核分=师德师风得分+安全管理得分+班风学风得分+班主任工作得分+宿舍管理得分+班级文体活动得分。

第三十一条　本条例从2011年9月1日起执行，最终解释权归学院。

第八章

释放正能量　用制度引导

2012 年 12 月 4 日，习近平总书记在中共中央政治局会议上关于改进工作作风，密切联系群众的讲话中指出："定规矩，就要落实一些已经有明确规范的事情，就要约束一些不合规范的事情，就要规范一些没有规范的事情。规矩是起约束作用的，所以要紧一点。紧一点自然就不舒服了，舒适度就有问题了，就是要不舒服一点，不自在一点，我们不舒服一点，不自在一点，老百姓的舒适度就好一点，满意度就高一点，对我们的感觉就好一点。"这里所讲的规矩、规范，指的就是管理中的各项规章制度。中国传统文化中"没有规矩、不成方圆"的思想，也阐释了规章制度的基础性作用。

一、不以规矩，不成方圆

"人法地，地法天，天法道，道法自然。"从这里的"天、地、人"之间，我们看到了一种和谐。而和谐离不开其间的一个"法"字。法者，规则、规律也。依照规律行动，世界才有了秩序，社会才有了和谐与文明。无论国内国外，无论哪个企业或单位，都离不开制度。一套好的规章制度，甚至比多用几个卓越的管理者还顶用。

（一）礼之用，和为贵

"制度"一词，古已有之。《商君书》中就曾写道："凡将立国，制度不可察也。"制度的"制"是有节制、限制的意思，"度"有尺度、标准的意思，这两个字结合起来，表明制度是节制人们行为的尺度。

有子曰："礼之用，和为贵。先王之道，斯为美，小大由之。有所不行，知和而和，不以礼节之，亦不可行也。"即是说：礼的运用，以和谐最为珍贵。古代圣王的治国之道，认为这样是最美的，不管大事小事都是如此。但是，也有行不通的时候，如果为和谐而和谐，不用礼来调节和平衡，那也是行不通的。这里所讲的"礼"通常是指"周礼",我们可以引申为规章制度和道德规范,或者国家的法律、法规。儒家认为,规章制度和道德规范的运用,目的是促进国家和社会的和谐,如果不受规章制度和道德规范的约束和调节,这样的和谐也是很难实现的。

按《辞书》解释,制度的首要含义便是指要求成员共同遵守、按一定程序办事的规程。新制度经济学的代表人物诺斯认为,制度"是一系列被制定出来的规则,服从程序和道德、伦理行为规范"。马尔科姆·卢瑟福把制度的概念概括为:制度是行为的规律性或规则,它一般为社会群体的成员所接受,它详细规定具体环境中的行为,它要么自我实施,要么由外部权威来实施。

新制度经济学认为,制度包括了正式制度和非正式制度。正式制度是指人们有意识创造的一系列政策法规,包括了政治、经济制度及由这些规则构成的等级结构。具体到公司则指公司的产权制度、治理结构、组织结构及规章制度。非正式制度是指人们长期交往中形成的、世代相传的文化的一部分,对公司而言主要指公司文化。

邓小平曾指出:制度是带有根本性、全局性、稳定性和长期性的问题,"制度好可以使坏人无法任意横行,制度不好可以使好人无法充分做好事,甚至会走向反面"。❶

自古至今,无论哪个企业或单位,都离不开制度。制度高于一切,一所学校的成功,来自制度的成功;一个党的胜利,来自制度的胜利;一个国家的文明,来自制度的文明;一个社会的进步,来自制度的进步。

（二）制度至上,严格遵守

一个国家,必然要制定一套符合本国实际的法律、法规,用以规范公众的行为。如果每个人都能做到知法守法,就能够实现整个国家的和谐稳定;假如某一个人或者一个群体以"自由"为旗号,公然践踏法律,侵害了国家或者他人的权益,如果不是法律制裁他们,对他们也讲和谐,得过且过,那么整个国家就会乱套,社会也就不和谐了。

大到国家是这样,小到一个组织或者一个团体也是这样。任何一个人的"自由"都是在法律和制度约束下的自由,法律和制度的作用,就是使一个人更好享受自由的权利,以实现组织的和谐发展。

在足球场上,就算是足球巨星,违反了球场上的规则,也同样要受到处罚。1998年6月30日,法国世界杯迎来了巅峰之战,1/8决赛英国和阿根廷再次相遇,比赛进行得异常激烈,贝克汉姆因故意跷腿踢人被裁判红牌罚下,

---

❶ 邓小平:《邓小平文选》第二卷,人民出版社1994年版,第333页。

提前结束了他的世界杯之旅。而在职场中，从事各行各业的人们，仿佛身处一场胜败瞬息万变的球赛一样，必须遵守"球赛"中的"游戏规则"。假如有谁敢"以身试法"，不管你是"当红巨星"还是"有功老臣"，都会遭遇被处罚的后果。

　　一个企业的制度决定了企业的竞争力，制度不仅仅是个人的想法，它融合了所有参与经营管理的全体员工的意志，使企业对外有竞争力，对内则公平、公正、公开。纪律是一切制度的基石，组织与团队如能长久存在，其重要的维系力就是团队纪律。因此，我们心中一定要警钟长鸣：遵守企业的纪律是你在职场打拼的基础。而假如你视"赛场"规则于不顾，"球赛"还没结束就被罚下场，那么就算你学富五车，才高八斗，也是英雄无用武之地，结局必然是"英雄早夭，令人扼腕"了。在职场中，遵守公司的规章制度是员工最基本的底线。企业的规章制度对员工的方方面面都提出了规范，而与企业唱反调、与制度对着干的人，不仅加薪升职无望，而且最后很可能被"炒鱿鱼"。

　　《三国演义》中有个"挥泪斩马谡"的故事：诸葛亮与司马懿在街亭对战，马谡自告奋勇要出兵守街亭，并立下军令状，若失败就处死全家。可是军队到了街亭，马谡完全不听下属的建议，最后兵败如山倒，重要据点街亭失守。事后诸葛亮为维持军纪而挥泪斩马谡，并自请处分降职三等。

　　有位企业家说："领导者的气势有多大，就看他纪律有多深。"一个好的领导者必定是懂得自律的人，而且也一定是可以坚持及带动团队遵守纪律的人。

(三) 创建优秀制度注意事项

1. 制度建设必须注意系统性、完整性

制度建设有一个完整的体系，每项制度又包含具体完整的内容，各制度起草小组在制定制度过程中，要根据管理需要和轻重缓急突出各阶段的建设重点及制度本身的重点，注意制度与制度之间的系统性、关联性。

2. 制度应具可操作性，粗细适度

制定的制度需要通过推行来规范管理，如果制度本身不具有可操作性，那么制度仅仅成为摆设和累赘。制度的表述或表现形式与操作性有很大的关系，为了提高制度的适应性、灵活性和可操作性，制定的制度要有粗有细，粗的地方符合原则性管理要求，细的地方则符合操作性管理要求。基本管理制度的条款尽量是原则性的，具体管理规定、办法、细则、流程等要细化到可具体操作。同一项制度的不同条款也可有粗有细，原则性条款尽量概括，操作性条款在不影响功能及操作情况下尽量精简。

3. 制度建设要切合实际，适当超前

制定制度要从实际出发，切不可照搬或网上下载后随意改改就完事。这就需要事先进行周密调研，要考虑现有的做法和先进的管理理念，要宽严适度，逐步提高。如果制定制度有难点或不够成熟，可先试行，在实践中总结经验并不断完善。如果相关管理事项过于超前，没有相关制度或做法可借鉴，可在工作中一边总结，一边以备忘录形式记录有关做法，待条件成熟时再行制定。

4. 要注重制度的推行、检查、评估

制度建设一定要注重推行和检查评估环节。制度的制定过程本身是对管理过程的规范，由于一项制度从报批到批准有一个过程，建议在制度报批后，对新制度与原有制度或做法没有原则性冲突的，可按新报批的制度执行起来。待制度正式批准后重点进行落实、推进，并不定期地对执行情况进行检查、纠正。同时，制度建设不是一劳永逸的。制度执行一段时间后，相应职能部门和制度管理部门要定期检查其有效性，如不符合现有情况，应及时组织修订完善，避免失误。

二、国（境）外大学制度拾贝

（一）美国私立大学内部管理体制

1. 董事会是美国私立大学的最高权力机构

美国私立大学董事会负责大学的长远规划、发展战略、经费筹集、财政预算、校长任命等重大行政与学术事务。"但董事会并不过问学校具体的日常事务，其制定的方针政策一般由校长去实施。美国的非营利私立高等学校中，除少数天主教会举办的学校直接向教会负责而不设董事会外，几乎所有的私立高等学校都设有董事会。美国私立高校的董事会制度有如下主要特征。

一是董事会成员多元化。美国私立高校董事会成员以社会知名人士为主，一般由原董事会选举或从校友、知名人士中产生。美国私立高校董事会成员的职业构成中，工商界人士占绝大多数，此外，还有律师、政府官员、教师、学校管理人员及学生等。

二是董事会和董事权责分明。董事会的主要职责有：（1）确定学校的性质、目标和任务；（2）任命校长，协助校长开展工作，并对校长的工作进行评价；（3）制订学校的长期发展计划；（4）保障足够的资源；（5）审批教育计划；（6）沟通学校与社会的关系；（7）保障学校的自治；（8）裁决校内申诉；（9）评价董事会的工作。

三是清晰的治理结构。董事会一般设主席、副主席、秘书和司库各一人。校长作为董事会的代理人，和由他领导的相关行政管理人员，围绕大学的行政事务形成了专门的管理层。大多数董事会都下设各种委员会来处理各种具体事务。私立高校董事会制度实行的是集体决策制度，由整个董事会而不是董事会主席代表高校的最高决策权威。董事需要为决策负个人责任，集体决策相对于个体决策而言，更容易集思广益，也有利于避免个人独断专行和刚愎自用。

四是有力的法律、法规保障。董事会一般都会根据学校的特许状制定一系列规章制度，使得董事会的各项活动均有法可依。

2. 校长是私立大学最高的行政负责人

董事会一般把处理学校日常事务和行政管理权下放给校长。但他又要作为学校的代表对学校负责，对学校的教学、科研和学生事务管理等起到指挥和统领的作用。校长及其各行政部门的负责人执行董事会的决议，协调大学与外部各界人士以及大学内部各方面的行政与学术关系。校长作为大学的"企业管理家"将代替过去的那种纯"学术型"校长。因此，校长有着非常特殊的地位和非常大的权力，其学术水平、行政管理能力和水平与所在学校兴衰息息相关。正因为如此，美国私立大学都非常重视校长的选拔，形成了一整套大学校长的遴选方法。

3. 大学评议会或教授会

大学评议会，又称教授会，是西方国家大学普遍存在的一项基本制度。在美国，大学评议会的发展经过了漫长的制度化过程。

美国私立大学内部管理体制一般包括校、院、系三级。管理的层次主要由三部分组成：一是主要由校外人士组成的董事会；二是以校长为首的行政体系；三是以教授（包括副教授和助理教授）为主体的评议会或教授会。

大学评议会或教授会是教师在学校层次参与学校重要学术问题决策的机构。一般来讲，大学评议会或教授会的职责主要包括决定课程计划，确定本科生和研究生的录取标准和学位标准，决定校内各种教学、科研设施的使用，制定教师人事政策，编制学术规划，等等。❶

4. 美国西点军校成功密码

美国无论是公立高校还是私立高校，一般都有由大学权力机构（一般是

---

❶　李巧针：《美国私立大学内部管理体制研究》，河北大学硕士学位论文，2003年，第17页。

学校的董事会）根据大学设立的特许状或地方政府颁布的教育法律法规而规定的大学章程。章程规定了董事会及其下属各个委员会的组织构成、成员的选举与任用等大学决策的方式与程序，成为规范大学动作的纲领和法则。

西点军校是一个传奇。1802 年 3 月 16 日，美国第三任总统托马斯·杰斐逊签署了成立西点军校的法令。"钢铁只有在温度最高的火焰中才能炼成。"西点军校造就了具有钢铁意志的西点人。第二次世界大战后，在世界 500 强企业中，有 1000 多名董事长、2000 多名副董事长、5000 多名总经理都来自西点军校。

2009 年，美国《福布斯》杂志第二次发表全美最佳大学排行榜，西点军校荣登榜首。西点军校成功密码是什么？是制度。

制度的内涵是什么？

一是西点精英理念，正确的理念将影响人的一生；

二是西点法则：没有"不可能"；

三是西点原则：停止空谈，立即行动；

四是享誉世界的西点执行力；

五是西点行为准则：没有任何借口；

六是西点人眼中只有第一；

七是敬业精神贯穿西点人的一生；

八是西点精神就是全力以赴；

九是西点人永不放弃；

十是西点法则之奋斗不息；

十一是西点人的主动精神；

十二是西点人最重细节；

十三是西点人的团队精神；

十四是懂得合作的西点人；

十五是西点人充满激情；

十六是西点人拥有一颗勇敢的心；

十七是尽职尽责，西点原则；

十八是每天提高一点的西点精神；

十九是西点人懂得取人之长，补己之短；

二十是西点军规，荣誉高于一切。

西点校训：恪尽职守的精神比个人的声望更重要。

西点名言：合理的要求是训练，不合理的要求是磨炼。❶

（二）日本私立大学的内部管理体制

第一，理事会是决策机构。

第二，校长是最高行政管理者。

第三，监事负责监督职责。日本私立大学的监督工作是由监事来执行的。监事具有如下 5 项职责：（1）监察学校法人的财产状况；（2）监查理事的业务执行状况；（3）在上述监察过程中，发现不当问题的时候向主管部门（文部科学省）或评议员会提出报告；（4）为做上述报告而需要召集评议员会时向理事长提出请求；（5）对于学校法人的财产状况和理事的业务执行状况，向理事阐述自己的意见。

第四，评议员会是咨询决策机构。评议员会有如下 4 方面职能：（1）理事长在以下 6 种情况中必须事先听取评议员会的意见。①预算、收支借入和处理重要资产的事宜；②学校法人规章的变更；③合并；④获得 2/3 以上理事同意的事业终止（评议员会的决议不包括在内）或被认为不可能成功的事业终止；⑤和以营利为目的的事业有关联的事宜；⑥符合学校法人规章，和其他学校法人业务的重要事项发生关系时。（2）在每个会计年度终了后的 2 个月内听取理事长的决算报告，并提出意见。（3）在监事发现不当问题时，接受监事提出的报告。（4）对于学校法人的业务状况、财产状况以及成员的业务执行状况，评议员会对成员讲述意见，回答成员的询问，接受成员的报告。

第五，教授会是教务决策机构。《日本学校教育法》规定，与公立高校一样，日本私立大学普遍设立教授会。教授会由教授、副教授以及其他教职工组成。《日本学校教育法施行规则》规定，对于学生的入学、退学、转学、留学、休学、进学以及课程履修和毕业等要经过教授会的审议，最后由校长决定。

日本私立大学内部管理普遍实行理事会、评议会和监事三权分立的横向负责体制。从法律规定来说，理事会可以统揽学校事务，而由评议会审议和做出决定，监事则对学校财产及理事工作进行监察，三方彼此牵制。从管理类别上分类，日本私立大学大致可划分为两类。一类为经营教学分离型，理事长和理事会具有整个学校的决策权和经营执行权，校长具有教授会的营运权和教学执行权。日本私立大学的管理法规较为完善，目的在于形成学校内部民主化的自律机制。另一类为经营教学一体型，此类学校一般由理事长兼

---

❶ 田鹏：《西点军校 22 条军规》，地震出版社 2010 年版。

任校长，具有经营和教学的双重执行权。当然，无论经营权还是教学运营权都不是绝对的，它必须受制于理事会的裁决权、监事的监督权和评议会的评议权。私立大学校长在理事会、监事、评议会等机构依法确立并行使各自权力的基础上，实行自主经营管理。包括自主确定招生规模与学费，根据社会需要自主设置专业和确定教学内容，自主聘任教师和管理人员，自主进行科学研究等，体现出充分的自主性。

（三）韩国私立大学的内部管理体制

韩国私立大学的管理，吸收了西方私立大学的管理经验，并形成了自己的特色。《韩国私立学校法》是韩国私立高校内部管理体制构建的法律基础。根据这一法律，韩国举办私立大学的体制与日本大致相同。举办私立大学首先必须设置学校法人，"学校法人是指设置经营私立学校而建立的法人"。学校法人必须由 7 人以上的理事会和 2 人以上的监事会组成。理事会的职能包括负责学校法人的预算和结算，财产的取得、分配和管理，学校法人的合并与解散，人事任免（含私立学校的校长及教职工任免）等。法律规定"理事长为学校法人代表，主管学校日常工作"。按照《私立学校法》，韩国私立大学普遍设立监事会，并规定了监事会的 5 项主要职责：监察学校法人的财产状况及财务工作；监察理事会的日常工作；发现问题及时向理事会和教育管辖部门报告；根据需要有权要求召开理事会；有义务随时向理事会或理事长汇报工作。

根据《私立学校法》和后续相关规定，"私立学校实行理事会领导下的校长负责制，私立学校设立者不干涉学校的日常管理"。

（四）我国台湾地区私立大学的内部管理体制

在内部管理体制方面，我国台湾地区私立大学实行董事会领导下的校长负责制。我国台湾地区私立大学要求设立"学校法人董事会置董事七人至二十一人，并置董事长一人，由董事推选之；董事长对外代表学校法人"。而"董事相互间有配偶及三亲等以内血亲、姻亲之关系者，不得超过董事总额三分之一"。与其他国家和地区私立大学相比，我国台湾地区私立大学内部管理体制有以下几个特点。

（1）回避制度十分严格。学校法人之董事长、董事、监察人不得兼任所设私立学校校长及校内其他行政职务；学校法人之董事长、董事、监察人及校长之配偶及三亲等以内血亲、姻亲，不得担任所设私立学校承办总务、会计、人事事项之职务。违反规定之人员，学校主管机关应命学校立即解职；学校法人及所设私立学校创办人、董事、监察人、清算人、校长、职员及兼任行政职务教师执行职务时，有利益冲突者，应自行回避，并不得假借职务上之权力、机会或方法，图谋其本人或第三人之不正当利益。

（2）教师代表在学校发展中有更多的发言权，从而为教师利益保障提供了条件。

（3）私立大学普遍设置了主秘制度。主秘相当于次于校长的行政长官，一般也是由出资或合资者本人或代表担任，其主要职责是协助校长管理。

（4）我国台湾地区私立大学实行董事会领导下的校长负责制。所谓"私立学校法"规定，私立学校置校长一人，由学校法人遴选符合相关规定之资格者，依照该规定聘任之。校（院）长由董事会选聘及解聘，并报教育当局审批。校（院）长为行政事务管理者，依照相关规定及学校章程主持日常行政工作，执行学校董事会的决议，并受其监督、考核，并于职务范围内，对外代表学校。根据学校章程通例，校（院）长有权选聘教务、训导、总务主管人员及人事、会计主管，有权管理学校的人事、财务和教学事宜。❶

三、制度引领走向和谐

（一）倡导人本管理，建设和谐校园

现在我们倡导人本管理，建设和谐校园，其实孔夫子早在两千多年前就已提出了这一命题。人本管理的内涵就是"和为贵"，把师生当作学校发展的主人，尊重他们的个性，关注他们的需求，促进他们更好地发展。但是，人本管理不是放羊式的管理，不是迁就学生所犯的错误，让学生放任自流、各行其是。在实施人本管理的同时，我们更应该重视制度的引导、约束和调节作用。在制定制度时，要通过教职工代表大会讨论，充分发扬民主；在学校管理中，要刚柔相济，体现人性化，用制度引导师生互相尊重、团结协作、各显其能，最终实现师生和学校的和谐发展。

《国家中长期教育改革和发展规划纲要（2010—2020年）》指出：学校"适应中国国情和时代要求，建设依法办学、自主管理、民主监督、社会参与的现代学校制度，构建政府、学校、社会之间新型关系。"学校章程是为保证学校正常运行，主要就办学宗旨、内部管理体制及教学管理、学生管理、财务活动等重大问题，做出全面规范形成的自律性基本文件，是高等学校办学的纲领性文件，是学校成为法人组织的必备条件，也是政府、社会及学校自身依法治校的重要依据。

《中华人民共和国教育法》和《中华人民共和国高等教育法》都明确要

---

❶ 徐绪卿：《我国民办学校内部管理体制改革和创新研究》，中国社会科学出版社2012年版，第105页。

求高等学校必须具备章程，做出办学目的、发展目标、主要任务、内部管理体制、学校与社会关系等方面的规定。

大学章程对明晰大学与社会以及大学内部各种关系、明确大学的法律地位和办学自主权、规范学校行为、维护各方合法权益、提高办学水平具有重要的引导、规范和保障作用。大学章程是大学存在的制度性根基，它不仅承载着大学的历史，而且构筑着大学的未来。大学章程的使命就是把学校正在做、应当做和能够做的事情以学校基本法的形式规定下来。

制定大学章程顺应了依法治校的需要。依法治校是依法治国基本方略在高等教育领域和高校的具体体现和实施，也是学校发展的内在需要和必然选择。在从传统人治走向现代法治、从主要以计划手段配置资源到发挥市场在资源配置中的基本性作用这一过程中，大学尤其需要按照时代发展和高等教育发展的客观规律要求，深入实施依法治校。

制定大学章程顺应了实施"善治"的需要。20 世纪 90 年代以来，在联合国和一些非政府间组织的倡导下，国际上形成了善治的思想。善治，顾名思义就是良好的治理、有效的治理，是一种民主、效率、责任和法治的治理。

大学章程是全校师生员工的"权利书"。教育以育人为本，以学生为主体；办学以人才为本，以老师为主体。有学生才有学校的未来，有大师才有学校的前程。大学章程应充满浓厚的人文主义色彩。人是现代大学制度的出发点和落脚点，高校制度的设计要立足和服务于最大限度调动和发挥教职员工的积极性、创造性，立足和服务于更好地培养德智体美全面发展的高素质人才，立足于保障师生员工的合法权利得到有效落实，民生得以逐步改善。大学章程对师生员工的具体权利义务的规定，是对国家法律明文规定的师生员工的权利与义务的丰富，同时也是对师生员工主体地位的彰显。

大学章程是学校面向社会的"宣言书"。大学章程承载了学校共同的精神寄托，是大学理念、精神和制度的载体，是联结师生员工和广大校友共同情感的制度纽带。大学章程的制定和实施，将对凝聚和鼓舞人心、构建和谐高校起到积极的促进作用。

大学章程的出台，使得学校的依法治校有了一个校内基本法可依，有了一个总规章可循，能够推动学校各项工作进一步走向制度化、规范化、民主化和科学化。大学章程的制定与实施，有助于确立和明晰学校内部治理结构与管理体制，表达学校以人为本、依法自主办学、学术民主与自由的理念，彰显现代大学精神。❶

---

❶ 陈德文："大学章程引领现代高校制度文明"，《高等教育周刊》，2011（6）。

（二）民办高校章程现状

章程是民办高校申请成立时不可或缺的法律文件之一。从实际看，大多数民办高校在成立之初，都按照设立及登记要求，制定了章程，而且多数章程在形式和内容上，都较好地遵守了相关法律、法规的基本要求，其主要规定事项都涉及了法定的校名及校址、办学宗旨、管理体制、资产管理、章程修改程序及终止事由等重大问题。但在章程制定的过程中，有些问题不尽如人意，主要有以下几个方面。

一是草率从事。没有严格遵循基本程序，即调查—分析—起草；讨论—修改—会签；审定—试行—修订—全面推行。

二是咬文嚼字。文字冗长，语言生硬，表意不清。

三是自相矛盾。上下条文不衔接，此规定与彼规定有冲突。

四是舍本逐末。列举大量无关紧要的条文，喧宾夺主，降低重要条文的分量。

五是不切实际。条文过宽，起不到约束作用。

六是形同虚设。有而不用，对违规者不按规定处理，姑息纵容或在执行中因人而异，亲疏有别，导致制度自行废弛，成为一纸空文。

（三）增强依法治校意识，提高对章程重要性的认识

首先，要提高举办者和办学者对学校章程重要性的认识。只有举办者及办学者充分认识到学校章程的重要意义，并自觉组织好章程的制定与实施工作，章程才有思想基础与组织保证。

其次，要组织全体师生员工学习和理解章程内容。学校章程不仅规范学校决策机构、执行机构及其职能部门的行为，也同样规范全体师生员工的行为。广大师生员工的理解和认同，对于章程的顺利实施，具有极为关键的作用。

最后，强化校园安全教育。制定章程的目的在于实施。习近平总书记指出："各项制度制定了，就要立说立行，严格执行，不能说在嘴上，挂在墙上，写在纸上，把制度当'稻草人'摆设。"❶ 章程作为学校的纲领与基本法，是学校一切行动的基本依据，学校的所有行为必须自觉遵守章程的规定，所有人员必须自觉维护章程的权威性与严肃性。

笔者认为，当下有章难循、执法不严问题，突出表现在校园安全问题。常言道："平安、平安、平平安安，人人平安、家家喜欢。"大学生安全一直受到国家的高度重视。

---

❶ 习近平：《之江新语》，浙江人民出版社 2013 年版，第 273 页。

当代大学生，一是从小就生活在父母和老师的呵护之中，大学是他们独立生活的第一站，生活经验不足，缺乏必要的预防和应对外来侵害、灾害事故方面的基本常识和经验，安全防范意识和能力比较欠缺。二是大学生们由此开始独立面对世事人生，世界观、人生观、价值观、恋爱观和幸福观等正在打磨形成之中，意志容易摇摆，在金钱、名誉、享受、感观刺激等面前，易受诱惑。三是我国正处于改革开放的关键时期，在社会外界各种因素冲击下，大学生们思想的独立性、选择性和差异性明显增强，呈现出多种思想观念并存与交锋的局面。当各类安全隐患和诱饵不断出现时，大学生们的思想与行为备受考验，安全风险增大。四是大学阶段是青年心理转型的重要时期，大学生面临来自各方面的困扰，竞争与就业压力增大，各种新的不平衡、不和谐因素增多，在人际关系、情绪稳定和学习适应方面的问题尤为突出。五是当前我国正处于经济快速发展时期，也是人民内部矛盾凸显、刑事治安案件高发的时期。大学校园必然受到影响。六是网络、电脑、数码相机、手机、日新月异的电器、汽车驾驶等大学生喜爱的现代新品及潮流，在提供现代文明的同时，也带来新的安全问题。

根据教育部1992年《普通高等学校学生安全教育及管理暂行规定》，高等学校学生安全教育和管理的主要任务是："宣传、贯彻国家有关安全管理工作的方针、政策、法律、法规，对学生实行安全教育及管理，妥善处理各类安全事故，引导学生健康成长。"贯彻"预防为主，保护学生，教育先行、明确责任、教管结合、实事求是、妥善处理的原则"。

一要教育大学生谨防诈骗，远离传销。海涅说得好："生命不可能从谎言中开出灿烂的鲜花。"

二要教育大学生爱护身体，切勿酗酒。俗话说："哪里酗酒成风，哪里就无法无天。""败坏德行的行为有许多，而酗酒必定败德。"

三要教育大学生加强自律，戒除赌博。有的大学校园，不仅有学生行赌而且有教师行赌，更有甚者学校领导班子个别人行赌。古人云：赌乃赌、毒、偷、抢、骗五毒之首，把人际关系金钱化，赌的是一时痛快，输掉的是整个人生和事业。对此，学校千万不能宽容。

四要教育学生洁身自好，拒绝毒品。当代作家陆晓兵说得实在："毒品，在自己的欲望中开始，在他人的泪水中结束，这中间的过程，便叫做罪孽。好奇中尝试，尝试中沉迷，沉迷中堕落，堕落中毁灭！毒品如梦魇一般，禁毒刻不容缓！"

五要教育大学生拒绝诱惑，文明上网。在理想与现实之间，在动机与行为之间，在优点与缺点之间，总有阴影徘徊。面对网络巨人，大学生们要加强道德修养，提高自律能力，应对网络世界的各种诱惑，使网络真正成为我们学习工作的好帮手。

四、贵州城市职业学院制度创新范例

2013 年 10 月 21 日，习近平总书记在欧美同学会成立 100 周年庆祝大会上的重要讲话中指出："创新是一个民族进步的灵魂，是一个国家兴旺发达的不竭动力，也是中华民族最深沉的民族禀赋。在激烈的国际竞争中，惟创新者进，惟创新者强，惟创新者胜。"创新是激励我们在时代发展中与时俱进的精神力量。贵州城市职业学院在顶层设计、教育队伍建设、班主任管理和制度制定等方面，都坚持解放思想、实事求是、与时俱进，勇于变革、勇于创新，不僵化、不停滞。如学院在各章程出台之前，事先都要详细了解该院实际情况，整理分析各类问题，再制定规则。在学院章程出台以后，为促进章程实施，学院专门出台了学习贯彻章程的意见。以章程为依据，学院及时制定了关于加强制度建设的意见，并陆续制定出台了一系列新的管理制度，或是对过去发布的规范性文件进行修订，从而完善了学校的管理制度体系。

案例十五

贵州城市职业学院办学章程（摘要）

一、总则
根据中华人民共和国现行法律有关法规，成立"贵州城市职业学院董事会"（以下简称董事会）。为确保董事会正常履行职能，特制定本董事会章程。
董事会为贵州城市职业学院的最高行政决策机构。
董事会的一切活动遵守国家的法律、法规和有关规章的规定。

二、宗旨
建立董事会旨在贯彻国家的教育方针，规范学院的办学行为，制订学院的中长期发展规划，深化高等教育改革，提高教育教学质量，彰显办学特色，为地方和区域社会经济发展提供各类急需的德、智、体、美全面发展的高素质专门人才。

三、董事会职能
（一）制定、修改学院章程和董事会章程；
（二）审定学院发展规划和年度工作计划；
（三）审定学院财务预算、决算，筹集办学经费，确定学院的办学收益分配方案和薪酬体系；

（四）审定学院制定的各种管理制度；

（五）根据董事长提名，聘任和解聘院长，聘任和解聘副院长及财务处负责人；

（六）决定学院内部机构的设置；

（七）决定学院的分立、合并、终止；

（八）决定学院其他重大事项。

四、董事长职能

（一）召集和主持董事会；

（二）检查董事会决议执行情况；

（三）提出聘任或解聘院长、副院长及财务负责人人选；

（四）提出聘任或解聘董事、监事及董事会内设机构行政处处长人选；

（五）主持制定学院发展方案，审定学院办学方针和教学管理方案；

（六）主持制订学院资金筹集和财务运行方案；

（七）主持制订学院人员配备和工资福利分配方案；

（八）主持制订学院管理制度和检查学院制度的执行情况；

（九）统筹学院的人才培养方向，提出招生、教学、就业和学生管理的大政方针，规范学院的日常教学管理行为；

（十）法律、法规及董事会章程规定的其他职能。

五、院长职能

学院实行董事会领导下的院长负责制。院长对董事会负责，并行使下列职能：

（一）主持学院的日常工作，组织实施董事会的决议；

（二）组织实施学院年度工作计划、财务预算和学院规章制度；

（三）拟订学院内部机构设置方案报董事会批准；

（四）根据学院制度和办学方针政策，制定有效的管理办法并组织实施；

（五）聘任或解聘学院各系部、各职能部门负责人和学院工作人员，并报董事会批准；

（六）负责学院人才培养方案和办学水平评估落实工作；

（七）负责向办学主管机关汇报学院办学情况，争取政府相关部门的支持。

案例十六

贵州城市职业学院教学会议制度

根据贵州城市职业学院相关规定，结合预科学院学生和教学实际，制定预科学院教学会议制度。

1. 预科学院教学会议包括老师教学会议、教学研究会议、学生座谈会议。原则上每月各举行一次。

2. 教师教学会议参加对象为预科学院院长、教学副院长、教学科长及所有任课教师，教师教学会议由教学副院长（或教学副院长委托教学科长）主持。

3. 教师教学会议主要围绕学院有关教学的政策文件学习、对教学的要求、了解教师教学情况等内容进行。

4. 教学研究会议参加对象为教研室所属任课教师，教学研究会议由教研室主任主持。

5. 教学研究会议主要围绕专业课程设置、教材选取、教学经验交流、教学方式和手段改革、提高学生学习兴趣等内容进行。

6. 学生座谈会议参加对象为预科学院所有班级班长和学习委员，教学座谈会议由预科学院教学科长主持。

7. 学生座谈会议主要围绕学生对教师教学过程的反馈、对教学过程和教师提出的建议等内容进行。

8. 教师教学会议、教学研究会议、学生座谈会议均要求做好会议记录和到会人员考勤。

案例十七

贵州城市职业学院校园安全制度

安全制度，人命关天。恪守制度和执行制度代表了一种素质、一种品质、一种责任，没有制度是可怕的，有了制度不执行，即所谓"有令不行，有禁不止"也同样是可怕的。很多时候，很多事情并不是坏在制度上，而是坏在不执行上。

（一）校园门卫制度

学校大门是联系学校和外部世界的纽带，建立完善的门卫制度，通过对进出校园的人员和物品进行有效监控和严格管理，最大限度地将来自校外的各种安全隐患阻挡在校门之外，从而构筑起校园安全保卫工作的第一道防线。

1. 门卫的选任

什么样的人可以担任学校的门卫工作？合格的校园门卫应当具备两个方面的条件：一是应当受过专门培训，掌握专门的知识和技能。二是门卫应当是一个心智健全、心理健康、具有较强的法制意识的人。

2. 门卫的职责

（1）来访人员的询问、登记。具体包括：①询问；②检查证件；③登记；④与被访人员联系。

（2）物品出入查验。

（3）车辆准入放行。

（4）禁止学生随意离校。

（5）危急情况下的应急处理。

（二）学生考勤与请假管理制度

1. 每节课前查考勤。

2. 发现学生未到校或擅自离校，学校应立即通知学生的家长。

3. 学生请假，班主任应当向其家长核实。

4. 对违反考勤与请假制度的学生，学校应给予适当的批评和教育。

（三）学生宿舍安全管理制度

1. 保证学生公寓的设施、设备安全。

2. 禁止学生在公寓存放、使用危险物品和可能产生危险的物品。

3. 建立安全防范制度。包括：①防盗安全教育制度；②会客登记制度；③日常巡逻、查房制度。

4. 加强对女生公寓的安全管理。

5. 建立就寝前清点人数制度和学生离校信息通报家长制度。

（四）学生食品安全及学生在校用餐安全管理制度

1. 建立食品卫生校长负责制，设立兼职食品卫生管理员。

2. 建立、健全食品卫生管理规章制度以及岗位责任制度。包括：①原材料采购索证登记制度；②库房卫生管理制度；③粗加工及切配卫生制度；④烹调加工卫生制度；⑤餐具情况消毒制度；⑥餐厅清洁卫生制度；⑦食品留样制度：⑧从业人员健康体检制度及卫生知识培训制度。

3. 建立并落实食品承包准入制度。首先，学校应当严把承包方的资质条件。其次，学校应当尽可能通过公开招标的方式选择承包方。再次，学校应当与承包方依法签订学校食堂承包合同。承包合同应当详细约定承包方的义务、责任，特别是对食品安全卫生制度的建立及落实、服务质量、发生食品安全事故后的责任承担方式、合同的解除和条件等方面的内容应做出明确的约定。最后，在承包方经营学校食堂的过程中，学校应当对食堂的食品卫生安全加强监督和管理。

4. 制订食物中毒应急处理预案。预案应当包括：①工作目标；②组织机构；③应急保障，即物质、信息、人员、资金等方面的保障；④应急处置办法，包括：一是停止供餐；二是迅速上报；三是组织求助；四是通知家长；五是保留证据，维护现场；六是配合调查；七是控制事态；八是后续整改。

（五）学校消防安全管理制度

1. 配备必要的消防设施、器材，加强维护保养。

2. 加强对用火、用电及易燃易爆危险品的安全管理。

3. 落实消防安全责任制，建立学校消防安全常规制度。

4. 对师生开展防火安全教育的演练。

（六）学校暴力伤害案件预防与应急处理制度

1. 落实防范岗位责任。

2. 强化校园保安力量，提高校园自护能力。

3. 建立严格的校园门卫制度和值班巡逻制度。

4. 加强校园物防建设。

5. 加强校园技防建设。

6. 对教师、职工、学生加强管理和疏导，防止因内部矛盾引发暴力行为。如：①严把教师入口关，规范教师执教行为；②加强对学生携带的管制刀具等危险物品的查处、收缴工作；③开展校内矛盾纠纷排查调处活动；④开展防范暴力伤害的安全教育和安全演练。

7. 建立与公安、社区、学生的家长等外界主体的联系机制，构建保护校园的安全网。

8. 制订校园暴力伤害事件应急处理预案。❶

我们认为，贵州城市职业学院跨越式发展，即来源于"一分的机会、二分的智慧和七分的治理"。任何制度都需要不断完善和不断创新，纵观古今中外的改革或革新，从一定意义上都是对制度的重整、再造和创新。不论是国家、企业或学校，每一次制度上的成功改革或创新，都会带来一次质的飞跃。所以，国家要强盛，学校要发展，都必须在制度上狠下功夫，求新、求实、求进步，制度好，人心顺，万事兴。

贵州城市职业学院这一系列规章制度的设计和建立都是立足和服务于最

---

❶ 雷思明：《校园安全制度手册》，华东师范大学出版社 2011 年版。

大限度调动和发挥教职员工的积极性、创造性，立足和服务于更好地培养德智体美全面发展的高素质人才，立足于保障师生员工的合法权利得到有效落实、民生得以逐步改善。这些规章制度是规范学院运行的"组织法"，是学院依法运行的必备要素，使学院的依法治校有一个校内"基本法"可依，从而推动学院各项工作进一步走向制度化、规范化、民主化和科学化。

同时，这些规章制度就像高悬的达摩克利斯之剑，随时都可能刺向违规者，上至董事长、院长，下至教职员工都要认真、严肃地执行学院规章制度。

古代有"王子犯法，与庶民同罪"的说法，如今有"法律面前，人人平等"的说法，都是讲无论是法律、制度还是规则，一经确立便对所有人具有同等的约束力，而不容许有超越于法律、制度或规则之上的特权存在，用一句通俗的话来说，就是"人人都应该按套路出牌"。制度前进一小步，管理前进一大步，我们既需要一系列制度来规范我们的行为，也需要不断地进行制度创新以保证制度本身的效力和活力，但更重要的则是要将制度贯彻到底。

五、法安天下，德润人心

党的十八届四中全会提出要坚持依法治国和以德治国相结合，强调这是全面推进依法治国必须遵循的重要原则。今天，民办高校的健康发展，必须贯彻和落实好这一重要原则，坚持一手抓法治、一手抓德治，实现法治和德治相得益彰。

（一）法治与德治关系

"小智治事，中智用人，大智立法。"古往今来，法治都是不可或缺的重要手段。但同时也要看到，法律不是万能的，仅靠法治是不够的。法治与德治相辅相成，离开德治谈法治，犹如缺少精神支柱的人，光有骨架，没有内涵。制度和道德，一是硬约束，一是软约束，一个是外在的他律，一个是内在的自律，但二者具有内在一致性。依制度治校是外化于行，以德治校是内化于心。制度是准绳，任何时候都不能违背，道德是基石，任何时候都不可忽视。只有使制度和道德耦合成为强有力的"组合拳"，才能收到良好的效果。

（二）以道德滋养法治精神

道德是培养法治精神的活水源头，一个人的道德觉悟提升了，必然会自觉遵纪守法。在道德体系中体现法治要求，如我国20字公民基本道德规范，第一个词就是"爱国守法"；24字社会主义核心价值观，"法治"赫然在列；以"八荣八耻"为主要内容的社会主义荣辱观，重要一项就是以遵纪守法为荣，以违法乱纪为耻。可见，守法不仅是法律义务，也是重要的道德要求。

道德教化，就是教人求真、劝人向上、促人尚美的过程，也是培育法治精神的重要渠道。要深入实施公民道德建设工程，加强社会公德、职业道德、家庭美德、个人品德建设，把道德要求贯彻到法治建设中。

当前，面对形形色色的利益诱惑和不良思想的影响，一些社会成员的道德防线轰然倒塌，失德行为屡有发生，人民群众反映强烈。对于那些伤风败俗的丑恶行为及激起公愤的缺德现象，单靠道德教育、叩问良心已经远远不够，必须运用法治手段进行治理，对失德败德者进行惩戒约束，对违法犯罪者进行严厉打击。让人们清楚地知道哪些事能做，哪些事绝不能做；让败德违法者受到惩罚，付出高昂代价，惩劣行，形成警示效应。❶

如何一抓到底，抓出成效？习近平总书记指出："抓而不紧，抓而不实，抓而不常，等于白抓。"这是一种根本的工作方法，也是做好管理工作的根本路径。

---

❶　中共中央宣传部理论局：《法治热点面对面》，学习出版社、人民出版社 2015 年版，第 116 页。

第九章

引爆正能量　多彩校园文化

面对激烈的市场竞争，学校要经得起来自各方面挑战的考验，成功地把握胜利和避免失败，谋求目标的实现，就需要适应形势发展的客观要求，不断调适，练好内功。因此，明确校园文化的含义、特征、内容和发展，成功地发挥校园文化对民办高校治理创新的有效牵引作用有着极其重要的意义。可以说，校园文化建设是学校实力的重要标志，也是构建和谐、成就名校的基础。

一、校园文化概述定义

（一）文化简论

文化，如同政治和经济，是客观存在的。关于文化，有多种说法，如文化水平、文化部门以及文化娱乐等。从广义上讲，文化通常是指人类在历史发展过程中所创造的物质财富和精神财富的总和，是人类在认识自然和改造自然过程中所获得的能力和成果。卢梭在《社会契约论》一书中讲到文化是风俗、习惯，特别是舆论。文化的特点一是铭刻在人们的内心，二是缓慢诞生，但每天都在获得新生力量并取代权威力量，三是能够维持人们的法律意识，激活已经疲软的法律或取代已经消亡的法律。众所周知，人在社会离不开文化，人类社会不能没有文化，文化是一个国家、一个民族、一个社会发生和发展的印记，也是一个国家、一个民族、一个社会发生和发展的重要依托。民办高校创新治理也是如此，也需要有优秀的校园文化作为依托。

（二）校园文化定义

什么是校园文化？有学者认为，校园文化是学校的一种氛围，这种氛围由学校的环境氛围、行为习惯氛围、教与学以及学术研究等氛围构成。还有学者指出，校园文化是学校的一种教育场，是由物质文化、行为文化、制度文化和精神文化组成的有机整体，是学校教育的重要组成部分。它不仅能够陶冶师生的情操、规范师生的行为，而且能够激发全校师生对学校目标、准则的认同感，以及作为学校一员的使命感、归属感，从而形成强烈的向心力、凝聚力。可以这样认为，校园文化不仅是一种文化现象、一所学校的名片，更是一种新型的学校管理模式，一种高级的、理想的、依靠思想和精神实施管理的新型管理模式。

据了解，"校园文化"一词是 1984 年由上海教育界提出的，1990 年 4 月全国校园文化理论研讨会在北京召开后，在全国的小学、中学、高校相继掀起了"校园文化热"。在研究校园文化方面，贵州原铜仁师专于 1991 年出版了《校园文化略论》一书，后又出版了长达 31 万余言全面论述和研究校园文化学基础理论的专著《校园文化学导论》一书。

二、建设校园文化体现先进性原则

(一) 功能服务原则

学校的主要功能是培养人才、创新知识、服务社会。这是学校的主要任务，也是评价学校的主要指标。大学校园的重要功能不仅承担了塑造大学人文精神的重要职责，而且是社会道德的构成要素和支撑杠杆，是教化人、塑造人和熏陶人的重要途径。因此，在开展校园文化建设时，首先要建立健全规章制度，同时要建立健全校园文化活动的组织机构。其次要注重运用相应的校园文化载体开展社会主义核心价值观教育，如校训、校风、校歌、节庆活动等文化要素，对提高大学的文化品位、开展形式广泛的文化意识具有不可估量的重要作用。再次要抓住大学生的特点、关心的热点难点问题，寻找校园文化建设的新载体，为大学生搭建施展自我才华的平台。最后要重视挖掘民族特色。❶

(二) 以人为本原则

国家提出"坚持以人为本，树立全面、协调、可持续的发展观"。以人为本，简言之就是要把人民的利益作为一切工作的出发点和落脚点，把人民群众作为推动历史前进的主体，不断满足人的多方面的需要和实现人的全面发展。在学校坚持以人为本的校园文化建设，就是要把教职员工和学生的利益作为一切工作的出发点和落脚点，要把教师和学生作为建设校园文化的主体，不断地满足教师和学生多方面的需要和实现学生全面发展的需要。校园文化建设以人为本的原则，就是要在力所能及而又竭尽全力的条件下，遵循学生

---

❶ 徐建军：《少数民族大学思想政治教育理论与方法》，人民出版社 2011 年版，第 210 页。

成长、发展的规律，以教师和学生的利益为根本出发点，以教师和学生为中心，考虑、设计、安排学校的文化建设。校园文化建设时时、处处、事事都在影响着教师和学生，时时、处处、事事都应当为教师和学生着想，使他们愿意接受、乐意接受，最终变为自觉接受校园文化对他们的行为和思想的引导与影响，从而有效地培养他们正确的人生观、世界观和价值观。

（三）全面贯彻落实国家教育方针原则

江泽民同志在中国共产党的十六大报告中对教育方针做了全面的阐述："坚持教育为社会主义现代化建设服务，为人民服务，与生产劳动和社会相结合，培养德智体美全面发展的社会主义建设者和接班人。"教育方针是每一所学校必须贯彻执行的方针，对任何一所学校都具有硬性的约束力，它既是对学校的指导性方针，也是对学校评价的标准。因此，学校的任何工作都应当贯彻教育方针，都应当体现教育方针。

1999 年 6 月 13 日，《中共中央、国务院关于深化教育改革全面推进素质教育的决定》指出："实施素质教育，就是全面贯彻党的教育方针，以提高国民素质为根本宗旨，以培养学生的创新精神和实践能力为重点，造就有理想、有道德、有文化、有纪律的德智体美全面发展的社会主义事业建设者和接班人。"由此可见，推进素质教育与全面贯彻教育方针是一致的，全面贯彻国家教育方针和推进学校文化建设的要求是一致的。

（四）充分体现社会主义先进文化原则

习近平同志在 2005 年 8 月 12 日《文化是灵魂》一文中引用了一位哲学家曾做过的比喻："政治是骨骼，经济是血肉，文化是灵魂。这一比喻形象地说明了文化对人类社会发展起到的作用。"❶ 学校是教书育人的地方，学校培养出来的人应符合国家的要求、社会的要求，符合教育方针的要求。学校是传播文化的地方，传播的文化必须体现社会主义先进文化。学校的文化建设应当体现社会主义先进文化，才能更好地引导、影响、教育学生。

（五）立德树人原则

树人，即树德才兼备、品行高尚的人；树人必先树德，树德必先树魂。为此，要坚持用科学的理论武装学生，用高尚的师德感染学生，用人文关怀关爱学生，用优秀文化教导学生，使大学生在品德结构上具有传统与现代相融合的特征。"有了坚定的理想信念，站位就高了，眼界就宽了，心胸就开

---

❶ 习近平：《之江新语》，浙江人民出版社 2013 年版。

阔了。"❶

在知识结构上，具有"博"与"新"的特征，即不仅有广泛的学科知识，而且了解学科的前沿动态，有不断更新的知识视野与勇于创新的学科意识。在能力结构上，具有全面与综合的特征，即不仅有掌握、探究、运用知识的能力，而且有社交、组织、管理等能力。在个性结构上，具有立己与立人相结合的特征，即不仅能够自立、自主和自强，而且有开放、合群、合作、热情等特征。在审美结构上，不仅具有高尚的情操，而且有欣赏美、鉴别美、创造美的能力。❷

（六）开拓创新原则

第一，强化齐抓共管的领导机制。真正形成党、政、团、学分工负责、齐抓共管的工作格局。

第二，创建科学的大学生思想政治教育和评价机制，定期进行督促、检查与评价。

第三，实行思想政治教育与社会的接轨。要积极引导大学生深入社会，在实践中受教育，长才干。

第四，注重培养大学生的主体意识和自我教育能力。引导大学生进行自我认识、自我评价、自我激励以及自我完善。❸

（七）坚持系统有序原则

校园文化建设是一个比较复杂的系统工程，校园文化建设不是一朝一夕可以建成的。校园文化建设的内容广泛，硬件可以一时建成，但精神文化的建设需要多人多年的努力。

校园文化建设是一个系统的工程，在系统工程的内部，就存在子系统与系统之间的关系，就存在系统对子系统的影响。这个系统的显著特点是整体性、综合性和最佳化。

三、校园文化内涵多彩

教育家黄达人先生曾说：文明的大学应该面向未来，而面向未来，就必须有自己的发展观念，因为这是一个学术共同体得以维系的核心价值。同样，民办高校也应具备一种特质，即颇具特色的学校文化。学校文化是一种组织，

---

❶ 2013 年 1 月 5 日，习近平在新进中央委员会的委员、候补委员学习贯彻党的十八大精神研讨班开班式上的重要讲话。

❷❸ 徐建军：《少数民族大学生思想政治教育理论与方法》，人民出版社 2011 年版，第 82 页、第 90 页。

是一种社会亚文化。从结构而言，民进中央副主席、中国民办教育协会常务副会长王佐书提出了学校文化的以下四层概念。

（一）物质文化

校园中物质文化的建设为校园文化建设中的子系统。校园物质文化的显著特点是以物质为载体，用有形的物质教育人、影响人，改变人的思想，规范人的行为，并使之成为人们的一种习惯。物质文化是校园文化的外部表现形式，体现为由校园各种实物设施等构成的文化现象。其主要包括以下几个方面：

（1）学校的外貌、环境、建筑风格、教室、办公室、体育馆、操场等的设计和布置方式等。

（2）学校的名称、标识。

（3）学校的旗帜、师生员工的服装。

（4）学校的文化体育活动等设施。

（5）学校内各种各样的雕塑、纪念牌匾。

（6）学校的文化传播网络，如宣传栏、网络系统等。

（7）学校的教学仪器设备、教学用具等。

（8）学校内各种人工设计的景观，经过人工修饰的山、水、园、林、路等。

（二）行为文化

校园中行为文化的建设为校园文化建设的子系统。行为文化的显著特点为"动态"，主要体现为行为表现。学校的行为文化有教职员工的行为文化、学生的行为文化。一般认为行为文化处于文化的浅层，学校的教职员工和学生的群体行为决定学校行为文化的水平，也体现着学校的精神风貌和学校的文明程度。学校的行为文化主要包括以下几个方面：

1. 教职员工、学生在交往中的言谈举止。

2. 教职员工、学生的礼仪和礼貌。

3. 在教与学的过程中表现出来的行为和活动的过程。

4. 教师的教态（仪表风度、举止行为等）。

5. 教职员工、学生在工作中、教与学的过程中表现出来的态度。

（三）制度文化

校园中制度文化的建设是校园文化建设中的子系统。其主要包括以下几方面的内容：

1. 学校的领导体制，包括学校的领导方式、领导结构、领导制度。

2. 为使学校的领导集体、师生员工、学生在各种活动中有序进行，提高工作和学习效率，为规范行为等制定的各种规章制度。

3. 学校的特殊制度，如奖励激励制度、惩罚制度等。

（四）精神文化

校园中精神文化建设即理念文化建设，是校园文化建设中的子系统，是校园文化建设的核心和灵魂。其主要包括以下几个方面：

1. 学校的办学思想。办学思想或者说办学的理念，决定学校办学的目标和方向。它发挥着"头脑"的作用、"总司令部"的作用和"指挥棒"的作用。

2. 学校办学的价值观。办学的价值观决定为谁办学、如何办学，其决定办学的目的和途径，从而决定教与学工作中的重点。

3. 学校精神。学校精神是在学校的建设与发展的过程中，全校师生员工在一定阶段形成的群体意识和精神境界的总结、概括与升华。学校精神是实践活动的产物，是时代的精神在学校的反映。

4. 校风。校风是学校（办学）的特色与风格，是一所学校师生员工精神面貌的集中反映。

5. 校训。一般来说，校训是学校结合多年办学的经验、学校的风格与办学理念总结出来的对学校师生员工有指导意义的语言。

四、校园文化作用巨大

校园文化的作用主要表现在导向作用、凝聚作用和激励作用等若干方面。

（一）导向作用

作为一种向上的文化，一旦形成，就会成为一种相对稳定的文化定势，将教职员工及学生引导到学校总体目标上来。校园文化中的校规、校法、校风、校纪、校貌及人际、人群、人伦关系等，均对学校教职员工及学生的思想和行为产生引导作用和相当强的约束作用，这种引导和约束作用作为内在心理力量，在教职员工、学生中起着自我调适、自我管理的作用。

（二）凝聚作用

校园文化通过大量的微妙的方式来沟通教职员工、学生相互间的情感交流，使其在统一的思想指导下，产生对学校目标准则、观念的认同感和使命感，同时在校园文化的作用下，产生对学校的归属感。而这种认同感、使命感、自豪感和归属感的建立，对于增强学校的凝聚力和向心力有着极其重要的意义。

（三）激励作用

习近平总书记深刻指出："理想信念就是共产党人精神上的'钙'，没有理想信念，理想信念不坚定，精神上就会'缺钙'，就会得'软骨病'。"❶ 同样，作为校园一员如果精神上"缺钙"，就会丧失人生追求，迷失前进的航向。学校通过校园文化使学校目标深入人心，有利于在学校形成激励机制，使教职员工在各自岗位上建功立业，使广大学生奋发努力学习进步。

（四）融合作用

良好的人文环境是学校管理目标顺利实现的重要依托。在校园文化氛围中，教职员工和学生通过耳濡目染，会自觉不自觉地接受学校的共同理想和价值观念，对教职员工及学生群体的思想、性格、情趣、思维方式等产生潜移默化的影响，使其将自己融合到集体之中，从而形成一个和谐的整体。

总之，优秀的校园文化会创造一支有效团队，而这支有效团队将会给学校带来莫大无比的好处：

（1）团队整体动力可以达成个人无法独立完成的大事。

（2）可以使学校每位成员的正能量发挥到极限。

（3）成员有参与感，会自发地努力去做。

（4）刺激个人更有创意更好地表现。

（5）让冲突所带来的损害降低至最低点。

（6）学校领导纵使个性不同，也能互相合作和支持。

我们必须牢记：一支令人钦羡的团队，往往也是一支常胜军，他们在不断打胜仗，不断破纪录，不断改写历史，创造未来。

五、中国民办高校精神文化荟萃

（一）办学理念

哈尔滨华德学院自建院之日起，就高度重视校园文化对学院发展和人才培养的重要作用，积极吸收古今中外著名教育家的教育思想，从不同角度挖掘和丰富人才培养的内涵。确立了"坚持以学生为主体、以教师为主导、以教学为中心，旨在加强学院全面建设，强化全员、全方位、全过程育人的整体建设理念，并在多年办学实践与探索中，凝练出"大爱、责任、荣誉、合力、坚韧"的华德精神，总结出"侧重个性培养，全员成才教育"等育人理念。

---

❶ 2012 年 11 月 17 日，习近平总书记在十八届中共中央政治局第一次集体学习的讲话。

　　中原工学院信息商务学院在办学过程中，通过传承"和合"文化传统，弘扬"合作、合心、合力、合拍"精神，倡导"同心、同德、同荣"观念，逐步形成了具有时代特征的办学指导思想、办学理念、发展思路、学院精神和办学特色。

　　西安联合学院充分调动全校教职工的智慧和热情，集思广益、总结借鉴、概括提炼、完善升华，形成了学院的办学思想："为国家分忧，为家长解愁，为学生负责"，以一种精神力量，一种价值期望，推动学校健康、可持续发展。

　　青岛滨海学院确立的办学理念体系是："人人有才，人人成才"的办学理念；"为全社会服务，向所有人开放"的办学宗旨；"要会做事，学会做人"的育人理念；"以人为本，追求每个人的个性发展和充分发展"的管理理念；奉行依法从严治校，"严师出高徒，严是爱，宽是害"的信条。

　　三江学院在办学的历程中，坚持"以生为本、德育优先、规范管理、以质取胜"的办学理念。"以生为本"，就是确立培养德、智、体、美全面发展的社会主义建设者和接班人，是学校的中心工作和根本任务；"德育优先"，就是树立育人为本的信念；"规范管理"是指依法治校、民主管理；"以质取胜"即确立质量强校意识。

　　云南经济管理职业学院在发展的过程中，积淀并形成了独特的校园文化，"以就业为导向，培养品德高尚、技能娴熟、理论知识扎实、综合素质高的符合社会需要的高级应用型专门人才"的培养目标，"以学生为本、教真育爱、笃学励志、追求卓越，通过优质的教育服务，使每个学生全面成长，为国家培养合格人才"的办学理念。

　　西安翻译学院形成的办学理念是"读书、做人、文明、亲情、变革、奋进"。在办学的历程中，学院坚持以"学生为本，不以营利为目的。坚持教育公益性的社会主义办学方向"；以"无助者有助、让有志者成才、让奋进者辉煌"为座右铭，以创建世界一流民办大学为己任。通过几代人乃至十几代人的努力去实现"与世界接轨，创东方哈佛"的西译（西安翻译学院）宏愿。

　　上海工商外国语职业学院根据上海国际化城市建设对外向型人才的需求，以就业为导向，确定外向型、实用技能型的人才培养目标，确立并深入宣传"基础适度，以德为本，外语见长，突出技能"的育人理念，即要求学生不仅要像一般高职院校学生那样具备良好的政治思想素质、身体素质和扎实的职业技能，还要体现外语优势，使之内化在教师教学、学生学习的方方面面，成为校园文化建设的思想引领。

　　哈尔滨理工大学远东学院的创业者以雄心壮志、高起点办学理念，吸引了一大批志同道合的优秀教师和管理者。十多年来，学院办学条件发生了根本变化，唯一不变的是引领远东人奋进的"团结奉献、不断超越、追求卓越"的进取精神和办学理念。

东北师范大学人文学院贯彻成功教育理念，其核心内涵为"人人皆能成功"。围绕一切为了学生成人、成才、成功，树立新的成才观、教育观、学生观；树立人人都成才的观念，多样化成才的观念。

广东白云学院从建校伊始即确定学生是大学的主体、以生为本、对学生高度负责的理念，这也是学校处理所有工作的出发点。学生是办学的生命线，要求每一个教职员工"学会微笑，学会感谢，学会做人，学会回报，学会学习，学会合作，学会做事"。这个理念已经深入办学的每一个环节，形成了这个组织高度的文化自觉。

（二）大学精神与校训

1. 大学精神

大学精神是指大学的一种办学理念和价值追求。它是师生员工的理想信念、价值观、行为习惯的集中表现，是一所大学所拥有的稳定的心理定式和精神状态，是一所大学在长期的教育实践中积淀的最富典型意义的精神特征，是一所大学整体面貌、水平、特色及凝聚力、感召力和生命力的体现。

"自信、自强、创业、创新"是江西蓝天学院的"蓝天精神"。为弘扬"蓝天精神"，在全院范围形成严抓共管、全员育人的良好氛围和强大合力。上下联动、左右配合、内外结合，利用先进典型教育人，真心关爱学生感染人，开拓寓教于乐活动影响人。

湖南科技经贸职业学院坚持以科学发展观为指导，以精神文明为核心，以先进的环境文化为载体，秉承和发扬"厚德、善思、强技、笃行"的院训精神，精心设计校园文化精品，不断提升校园文化品位，强化德育养成功能，促进学生素质的全面提高。

中原工学院信息商务学院以"合作进取、开拓创新"的办学传统、"自强不息、艰苦创业"的办学精神和"勤奋、严谨、进取、文明"的校风，营造并初步形成团结和谐、奋进向上的校园文化。

山西工商学院在艰难坎坷、风雨沧桑的办学历程中，孕育、锤炼和积淀形成了具有自身特点的传统精神文化，这就是"三牛"精神，即顽强拼搏的拓荒牛精神、敬业奉献的孺子牛精神、争先创新的领墒牛精神。校训"诚信、奉献、拼搏、争先"这八个字就是"三牛"精神的概括。

肇庆工商职业技术学院的办学精神是"海纳百川、坚韧执着"。10多年来，征地难，招生难，升格难……各种困难与挑战时时相伴，最终战胜了一个又一个困难，走到今天，展望明天。

黄河科技学院建校以来，逐步形成黄河科技学院自己的大学精神——"黄科大精神"：清醒明锐的开拓精神，勇往直前的拼搏精神，坚忍不拔的实干精神，大公无私的奉献精神，简称"开拓、拼搏、实干、奉献"四大精神。可以说，如果没有"黄科大精神"，就没有学校的快速发展。

2. 大学校训

大学校训是一所大学精神文化的高度概括。校训最能反映一所高校的办学思想、传统精神和办学特色。校训是学校精神的核心，它反映了大学文化的品位，是学校办学传统和办学精神及核心价值观的高度浓缩，是学校的文化名片。

厦门南洋职业学院确立"勤奋、求实、拼搏、上向"的校训和"天天向上"的南洋精神，奉行"把每一个学生当作自己的孩子，为农村的青年提供一个命运转折的机会，为城镇的青年提供一个成长成才的希望"的办学宗旨。

云南经济管理职业学院校训为：踏实、开拓、进取、创新。校风：志存高远、爱国爱校、求实创新、团结互助、文明自律、崇尚科学；学风：一专多能、学以致用、广闻博见、终身学习。目前，学院已成为云南省同类院校中规模最大、专业设置合理、办学水平较高、教学质量领先、办学特色鲜明且具有一定影响力的高职院校。

"重知识，更重能力，尤重品德"的校训是肇庆工商职业技术学院师生员工广泛认同的行为准则。要把高技能创业型人才培养作为首要目标贯穿于教育教学全过程；要建设一支创新型的师资队伍、管理队伍和服务队伍，引导、激发学生的创新潜能，塑造学生的创新品格。

上海东海职业技术学院的校训是"自尊、自强、认真、求真"。它具有相当深刻的育人内涵："自尊"是培育一种人格，"自强"则是育人的目的，"认真"是一种求学的态度，"求真"则是求学的目的。学院以办学精神、校训为核心，塑造了一批又一批合格的社会主义事业建设者。

湖北科技培训学院通过对10多年办学经验的精练、浓缩，确立了"严谨、求真、和谐、创新"的校训；确立了"立德为先、慎思笃行、格物致知、志存高远"的校风；确立了"德正、笃学、业精、善导"的教风；确立了"诚信、自律、勤学、反思"的学风；逐步形成了"诚信、合作、创新、分享"的价值观，以及"以人为本、力求精细、强化执行、重视责任"的管理方针；培养了"服务学生、回报社会、发展学院、分享多赢"的教职员工基本理念。

青岛海滨学院的校训是"开拓、勤奋、坦诚、务实"，校魂是"自立、自强、自尊、自爱"。学院在新生入学教育及学院整体德育中强化渗透校训、校魂教育，引导学生深刻领悟其表述朴素却价值普世的内涵精髓，充分发挥其导向激励功能，使之成为鞭策和规范全体师生的精神指南。

烟台南山学院始终把确立正确的价值观和精神作为学校工作的"魂"，在大学文化建设中，尤其注重校训、校风等核心价值管理的凝聚和影响作用。烟台南山学院从民办教育的实际出发，着眼于创建全国一流民办高校的目标，确立了"以真理为伍，与时代同步"的校训。"以真理为伍"即和真理站在一起，以追求真理、坚持真理为己任。坚决摒弃各种不合时宜的旧观念，不断探索中国民办高等教育的发展规律，并用以指导学校的各项工作。"与时代同步"，即紧跟时代步伐，不落伍，不懈怠，始终走在时代前列，体现了自强自新、与时俱进的精神品格。

"以质量求生存、以管理求发展、以人才为根本"是青岛联合学院的铭训，以"修德、启智、博学、笃行"为校训，坚持"诚信、责任、荣耀、自信、自立、自强"的校风，以"国际化复合实用型人才"为培养目标，以"文化立校、特色强校"为发展策略。以文化统领干部、教师的思想，统领师生的认识目标，实现文化育人的功能，推动学校健康、可持续发展。

六、贵州城市职业学院特色校园文化

16年来，贵州城市职业学院走内涵发展之路，坚持特色化办学，加强校园文化建设，不断营造"文化育人"的校园氛围，让校园时时处处充满浓郁的文化气息。

（一）优美的校园环境

校园环境建设是构建校园文化的前提和基础，它感染、熏陶、激励着广大师生向真、向善、向美，是学院形象外在、物化的呈现形式。

走进老校区校园，可谓"移步换景"，一步一景。吸引眼球的是溪畔垂柳成阴，树下水泥桌椅，是学生学习、休闲、娱乐的最佳去处，使园林绿化与校园得到了最好的融合。整个校园竹木流翠，芳草萋萋，树木成林，翠绿葱郁；垂柳拂石，含情依依；清水碧透，鱼翔浅底。特别是创业街成列队形的桂花树，挺拔直立、枝繁叶茂、常年葱绿。每当金秋时节，这些金桂、银桂散发出阵阵清甜的幽香扑鼻而来。同时，沿着林间小道培育着名目繁多的花草，在这里玉蕊楚楚，含露吐英，粉蕾皎皎，莹洁无瑕。校园里的一草一木、一物一景，彰显得很有层次性；校园"春有花，夏有荫，秋有果，冬有青"的"风光不与四时同"的绿化很有季节性；学生走近花草树木丛，犹如走进绿色世界，席地而坐，感受绿意，与绿色环境融为一体，很有亲和性。

进入新校区，学院中式校门上由周鸿静先生题写的校训"求慧至真 笃行超越"八个大字秀美豪放、闪烁生辉。走进校门沿着洁净平稳的阶梯步步前行，园林景观历历在目，映入眼帘。梯级鱼池，呈半边月形，清澈见底，红色的鱼、花色的鱼，忽儿跳起逗引路人，忽儿沉入水中寻食，其乐自晓。

春风吹过的校园，万物葱郁，小草也顶破泥土挺出地面，焕发出春意，玉兰、丁香、月季、茶树、金桂都先后披绿，有的含苞待放。雪松、油松、银杏、樱树苍劲挺拔，如看守园林的护工。园林后侧有两座小山，形如博士帽，故名博士山，山上松竹和知名不知名的杂树，一丛连一丛，葱茏苍翠，站在山尖眺望，学院建筑物气势特别壮观。

绿茵足球场、标准化跑道、20个篮球场、休闲的草地为学生提供各有所爱的活动场所。教学楼一道一道的走廊，国学文化品味极浓，挂字有道家做人篇、儒家做事篇、佛家修心篇，墙报设计匠心独具，内容展示着学子崇尚学习生活的精神风貌。

（二）特色校园文化核心内涵

贵州城市职业学院在整个教育教学管理中，始终融合物质文化和精神文化。在加强环境育人的同时，不断深化和升华学校精神文化，确定具有文化品德的办学目标和育人目标。

1. 办学理念

理念是魂，理念是行动的先导。办学理念是校园精神文化的核心，决定学校办学的目标和方向，决定学校的制度和要求，决定学校的管理和方法。贵州城市职业学院的办学理念是：安全立校，管理兴校，特色强校。

（1）安全立校

大学校园既不是世外桃源，也不是真空地带，社会上所有正道的与非正道的，好的与坏的在这里都有存在的理由和空间，这里甚至还有许多只有在此才能见到的问题和现象。大学也是社会的一个组成部分，是一个社会的缩影。这里有鲜花也有杂草，有清新也有龌龊，有优秀也有平庸，有先进也有落后。大学生面临的安全形势值得关注。以下是我们对大学生安全问题进行的抽样调查。

1）你认为自己所在环境以及校园的保卫措施安全吗？

回答	很安全	较安全	不安全
百分比	11.0%	56.0%	33.0%

2）你认为学校对学生的寝室的管理工作做得如何？

回答	满意	基本满意	不满意
百分比	15.3%	49.0%	35.7%

3）你认为学校对学生安全管理工作做得够吗？

回答	较好	一般	还不够
百分比	18.6%	42.1%	39.3%

大学生与其他社会群体相比，普遍年龄较轻，社会阅历比较浅，自我保护意识与社会协调能力较弱，应对各种安全问题的经验不足，承受问题的能力有所欠缺。大学生的安全意识、安全素质和安全技能普遍有待提高，法律知识有待深化，法治观念需进一步强化。当前，大学生面临的安全问题主要有人身安全、财产安全、防火安全、生活安全、心理安全、环境安全、就业安全、食品安全和自然安全等。

（2）管理兴校

一是以人为本的管理。"以人为本"是现代管理的普遍原理，"以人为本"的基本理念要求学校管理的一切活动都要以"人"为中心展开，充分挖掘广大教职员工的潜能，调动他们的积极性。尊重教职员工和学生，虚心听取他们的建议；关心教职员工和学生，让他们体会到学校的温暖；信任教职员工和学生，为他们搭建实现自我的平台。

二是以实为本的管理。求真务实是良好工作作风的重要内容，学校管理工作，归根结底是培养人的工作，更来不得半点虚假浮夸和形式主义。因此，"以实为本"自然是对学校管理的根本要求。坚持"以实为本"的基本理念必须围绕"实"字用力气，以领导班子求真务实的工作作风推动全校教职工真抓实干良好局面的形成。

三是以校为本的管理。走向"校本"是现代学校管理发展的必然趋势。"校本"之意为"以校为本"，贵州城市职业学院建校近16年的历程，逐步形成了"共建、共荣、共享"的一种愿景，即学院兴我兴，学院荣我荣。共建的目的是服务社会，一切为了学生，为了学生的一切，学院创造的成果是属于社会的，理应由社会、学生、教师共享。

（3）特色强校

学校特色的内涵包括：其一，把学校突出的、个别强项或优势表现出来就称为学校特色，即根据培养目标，选出重点，采取措施，予以突破，逐步形成某一方面的独特风格，办出学校的特色。其二，把学校看成整体改革的产物，特色应体现在各个方面，成为学校群体共同的追求，努力形成一套全面的、整体的、综合的学校文化模式。

贵州城市职业学院的特色有以下几个方面。

一是实施成功意识的教育与培养。

①把聪明绝顶的青年学子锻造成为时代经济浪尖上的骄子。

②凸显心智道德培养于教学全过程，造就诚信服务于社会的经济人才。

③实施成功意识教育，激发学生创造热情。同时，建立了学生创业一条街。

其目的就是让学生明白，他们应该具备什么样的品格、素质和技能，才能立足于社会，才能走向成功。大学培养的传统思维，是以理论教学为主，技能训练为辅，最后把学生抛向求职市场；而贵州城市职业学院则从传统的理论教学转向注重提高学生的人文素养，激发学生的智慧潜能。

二是创新学生技能的训练与培养。

①因材施教，开展活动式教学。

②就业体验，一是应聘训练，二是开展"2+3"人才培养模式改革。

③加强产学合作，共建实训基地和拓宽订单教育。

三是"双证书"联动培养人才。

①2007年12月出台了《贵州亚泰职业学院关于"2+1"教学改革的实施方案》。

②2010年11月出台了《贵州亚泰职业学院关于在2011年级学生中试行双证书联动培养的通知》。

2. 办学宗旨

贵州城市职业学院的办学宗旨是："凸显心智道德培养于教学全过程，造就诚信服务于社会的经济人才，把绝顶聪明的青年学子，锻造成为站在时代经济浪尖上骄子。"这一宗旨建立在大量生源的基础上。进入城市学院的学生有五大特点：一是被新型职高、丰富文化、先进管理、就业率高所吸引的学生；二是高中毕业考不上一本、二本甚至三本的落选生；三是懒学、厌学、混学而根底薄的学生；四是家长不指望其子当公务员，唯求掌握一两门专业技能的学生；五是家长管不了、管不好，大问题没有而小问题多多的学生。

面对生源实际，学院提出的独特办学宗旨，收到了家长赞同、社会认可、学生欣喜的效果，产生了极大的社会效应。

16年来，学院为社会、为企业输送了一批又一批经济人才，就业率达98%。不少毕业生成了小企业家、技术能手、专业强人。

3. 办学目标

2013年5月4日，习近平总书记在同各界优秀青年代表座谈时指出："青年兴则国家兴，青年强则国家强。"总书记把国家兴盛富强寄托到青年身上，对青年一代寄予厚望。

贵州城市职业学院把"培养具有高技能的一线应用型人才，建成西部地区一流的民办品牌大学"作为办学目标，是实现中华民族伟大复兴中国梦的神圣职责和光荣使命。

4. 学院校训

贵州城市职业学院的校训为"求慧、至真、笃行、超越"。

求，即解放思想、实事求是、与时俱进。大学是人生最璀璨的年华，是打造人生成败的重要时期，大学生要规划好未来，规划好人生。

慧，即爱读书、读好书、善读书、读万卷书、行万里路，向书本学习，向实践学习，向社会学习。

至，即梦想成真，梦在前方，梦在脚下，唯脚踏实地，才能进入梦想的新天地。

真，如教育家陶行知所指导："千教万教教人求真，千学万学学做真人。"教育学生要有敢为人先的锐气，逢山开路、遇河架桥的意志，探索真知、真理、求真务实的态度。

笃行，智慧源于勤奋。天道酬勤，没有人能只依靠天分成功；土地虽肥沃，不用力耕耘便得不到丰收。生活需要坚强，学习需要坚强，只有踏踏实实地下功夫，勤奋不息，才能取得丰硕成果。

超越，使命在眼前，时不我待。实现梦想需要我们敢于超越，增强忧患意识、创新意识、宗旨意识和使命意识，汇聚更多正能量，发挥自己最大智慧，确保目标的实现。

"求慧、至真、笃行、超越"作为贵州城市职业学院校训，它所表达的就是要通过不断地追求知识与实践，使自己具备聪慧的思维方式，高超的处理问题能力，在做人做事方面战胜傲气、跳出平庸、诚实守信、脚踏实地，不断地在新的起点上走向杰出。

5. 学院教风

教风，强教必先强师，教师是决定教育质量的最重要因素，"学为人师，行为世范"，有了好的教风，才可能有高质量的教育。贵州城市职业学院的教风是：为人师表、教书育人、治学严谨、认真负责、耐心细致、开拓进取。

6. 学院学风

学风是一所大学之所以成为大学的根本所在，是一所大学的灵魂和气质，是一所大学的立校之本。一种良好学风的形成需要大力倡导，也需要大学中的教师、学生及机关工作人员共同的努力。贵州城市职业学院的学风是：遵纪守法、尊师重教、勤学好问、自立自强。

通过开展健康向上、丰富多彩的校园文化活动，引导大学生崇尚科学、追求真知、锤炼品格、立志成才、全面发展。校园文化活动力求体现高雅、健康的内容与喜闻乐见的形式相统一；学科优势、学校特色与因地制宜、百花齐放相统一。把德育、智育、体育、美育渗透到校园文化活动之中，使大学生在活动参与中受到潜移默化的影响，思想感情得到熏陶，精神生活得到充实，道德境界得到升华。

（三）校园军训，心志亮剑

贵州城市职业学院从建校近 16 年来，一直坚持新生入学军训课。新生入学首先接受军训课大有必要，一方面是国防教育的需要，另一方面是自我成长的需要。一个国家，一个民族，不管生活得多么幸福，永远要记得和平是依靠什么来维持的。"兵者，国之大事，死生之地，存亡之道，不可不察也"，孙武 2000 多年前早就告诫过我们，生活在太平盛世是幸运的，但兵戎之事却万万不可淡忘。这才是真正为自己的和平生活负责的态度。学生军训是国防建设的应有之义。从一个人的成长来说，有一段军训经历肯定大有裨益。考试的确重要，但锻炼体质、锻炼意志、培养集体主义的军训，同样是不可或缺的教育。

军训是一种教育，既然是教育，就要讲点人文情怀和科学精神。人文情怀要求军训的组织实施要对受训学生有充分的关爱。不可将军训草率地弄成教训，把严肃事弄成瞎胡闹。科学精神要求军训有细致入微的标准，毕竟学生和职业军人是有区别的。在课程的设计上，在训练量的安排上，必须要适合他们这个年龄段。

（四）支持学生社团建设，推进校园文化活动开展

第一，社团是学生重要的自治组织。人是群居高级动物，都有一种团体归属感。每个人都有对志同道合、团队生活的向往。

第二，社团是促进学生社会性成长的有效载体。学校教育承担着培育学生社会性的重任，也就是要通过学校教育不断提高学生的社会成熟度。如何

让学生学会在集体生活，学会团结与协作，学会过有组织的生活，等等，社团是一种有效的组织生活方式。

第三，社团是促进学生个性发展的有效载体。每个学生都有不可代替的独特性。这种独特性在日常生活中，具体到每个个体，就表现为不同于别人的差异性——学习兴趣、学科学习、生活方式、体育活动和个人志向等，都是不同的。学校教育如何满足每个学生众多的不同需求？其一，开好课程，通过统一而可选择的课程满足学生的差异性学习与生活需求；其二，开展丰富多彩的班级活动，在班级学习与生活中满足学生的不同需求；其三，通过各种不同的社团活动，满足学生差异性学习与生活的需要。

第四，社团是组织学生课外学习与生活的有效组织。贵州城市职业学院本着"积极鼓励，正确引导，加强管理，重点扶持"的原则，以学生的"兴趣爱好"为基础，以"能力锻炼，提高学习"为目的，以主题活动为纽带，打破专业和年级的界限，由院团委牵头开展异彩纷呈的素质拓展活动。

目前，贵州城市职业学院已有30个学生社团，各社团都有章程、规章制度和活动计划，成为拓展素质的有效平台，近90%的学生参加了不同社团，形成了"百花齐放、百家争鸣"的局面。学院这一系列活动，既锻炼了学生的组织能力，又使社团成员从中学到了许多书本上学不到的东西，营造了健康文明的校园文化氛围。

因此，在学校教育中，我们要重新认识、高度重视学生社团的重要意义。在组织学生日常学习与生活方面，学生社团与班集体犹如车之两轮、鸟之两翼，缺一不可。这两个轨道，一为正式组织，一为非正式组织；一个"统治"正规化学习，一个"统治"非正规化学习；一个"统治"课堂，一个"统治"课外；一个出于成人教育意志，一个出于学生个人志愿，可谓相辅相成、相得益彰。

（1）主题班会主题团日，是教育的延伸和拓展。其内容涉及学习方法、爱情、友情、心理健康、安全教育、人际关系、社会热点问题等诸多方面。学生在班会和团日中展示自我，梳理自我，锻炼自我，学会了理解包容，学会了知恩感恩。更加深刻体会到珍惜大学时光，用百倍的努力锻炼自我，培养自我，提升自我，实现自我成人、成才、成功。

学院充分利用"五一""五四""七一""十一""一二·九"纪念日等重大节日和纪念日，开展主题教育活动，唱响爱国主义、集体主义、社会主义主旋律。2015年9月3日中国人民抗日战争暨世界反法西斯战争胜利70周年大阅兵活动，在学院造成极大轰动效应。通过不同形式开展歌唱会、座谈会，并对习近平总书记的讲话做了专题讨论。师生们深刻认识到"讲话"不单是回顾历史，更是向世界表明中国恪守和平承诺，表明了最大的和平意愿。

学院还将开学典礼、毕业典礼、校庆活动、表彰大会、军训汇报表演、新生接待活动、毕业生欢送活动、运动员大会等办成学院的经典文化品牌，培养并增强师生员工的荣誉感和归属感。

（2）抓好校园网络文化。充分利用校园网、网络空间、微博、微信等新兴媒体，占领校园网络文化主阵地。以校报、宣传栏、校园广播、校园网等媒介为载体，进一步提升校园文化品味。

（3）抓寝室文化建设不放松。宿舍是学生生活、学习、交往的重要场所，是学院思想教育工作展开的重要地带，是提升学生思想教育不可缺失的重要环节，是大学生思想道德素质建设的重要阵地。学院加强宿舍环境和文化建设，力争在宿舍形成优雅清新的环境、端庄大方的仪表、健康向上的情趣、丰富多彩的生活、团结友爱的风气、求知探索的氛围和拼搏进取的精神。从而培养学生良好的行为习惯，增加同学之间的交流，增进彼此的友谊，达到提升寝室人员的道德情操和精神素质，创造一个安全、文明、舒适、整洁的学习生活环境的目的。

（4）开展丰富多彩的文体活动。在活动中做到四个尊重：尊重学生的优点、尊重学生的兴趣、尊重学生的选择、尊重学生的差异。开展校园文化活动过程中，让每一个学生都参与，让每一个人都在活动中获得成功的喜悦。

通过每学期举办的"高雅艺术进校园"，参加大学生歌舞大赛、大学生艺术展演、形象大使选拔赛、文艺演出等系列活动，为大学生更好地接触艺术、亲近艺术、提升艺术素养、感受艺术魅力提供平台，进一步陶冶大学生的文化情操、审美素养，促进大学生的全面发展。

通过开展体育活动，加强班级凝聚力，培养学生的团队精神。从2003年开始，学院每年举行的春季运动会，全院师生积极参与。2005年以来，开始组织举行"迎新杯"比赛，有14支篮球队伍、4支足球队伍参赛；到2009年，有95支篮球队、41支队足球、88支乒乓球队参赛。通过各种体育活动，加强了班级间、年级间的交流，建立了一个切磋技艺、学习互动的平台。

（5）组织开展"关爱行动"，增强学生的社会责任感。学院组织参与贵州省红十字会捐献造血干细胞爱心活动，全院有401人成为造血干细胞捐献志愿者。走进西瓜村，关爱农民工子女的大型主题公益社会实践教育活动在学生社团中掀起一波又一波的青春故事。同学们一次又一次地自发为西瓜村、太慈桥村的农民工子女捐赠衣物、学习用品、电视、智力玩具等物品。一批批的志愿者走进西瓜村、太慈桥村，教农民工子女写字、绘画、唱歌、做游戏，组织他们开展"博爱杯"打工子弟学生运动会。为汶川大地震受灾群众捐赠数万余元人民币。为四川灾后重建、安顺泥石流受灾群众、玉树地震受灾群众发送衣物十余万件。充分体现了学生社团的爱国情怀和服务社会的强烈愿望及社会责任感，受到了社会和政府部门的高度评价，2009 年荣获贵阳市红十字会授予的"红十字爱心支持单位"称号。

积极开展"贵阳市建设生态文明城市"大学生志愿者活动，招募贵阳市志愿者2431人，积极加入贵阳市"三创一办"活动中。学院荣获共青团花溪区委 2009 年度青年志愿者组织"优秀单位"称号。

（6）组队参加全国民运会活动。学院组队积极参加 2011 年第九届全国少数民族传统体育运动会志愿者活动。在大会期间，学院志愿者秉承"奉献、友爱、互动、进步"的志愿精神，坚持"微笑、真诚、优质、高效"的志愿服务，得到了各级领导、广大来宾、服务代表团的赞誉。

如今，校园文化已深深地熔铸在城市学院的生命力、创造力和感召力之中。

学院遵循校园文化建设规律，以实施科学文化素质教育为基础，以专业技能培养为主线，以人文修养培育为底蕴，以建设优良校风、教风、学风为核心，以优化校园文化环境为重点，以树立正确的世界观、人生观、价值观为导向，弘扬主旋律，突出高品位，重在建设，贵在积淀，加强管理，和谐发展，彰显特色，不断满足学生日益增长的精神文化需要，并充分吸收现代办学理念与思想精神，丰富学院精神内涵，增强凝聚力，为培养合格的社会主义建设者和接班人提供强大的精神动力，使学院成为社会主义先进文化的重要阵地。

第十章

创新正能量　奔梦霞满天

你读完了大学，走上了社会，生活进入一段全新的里程。走到今天的你，或许吃过高考的苦、考研的苦、实习的苦，而你即将去寻求就业、创业之路，更要准备吃苦。怎样在苦中尝到甜头，请记住"自信是成功的第一秘诀"。为了寻梦，就必须寻路，"梦"不同，"路"必不同，只有"路"和"梦"紧密结合，用自己的勤劳、智慧和自信去创造，才会梦想成真。

一、贯彻文件精神　抓好重点任务

（一）国民教育的重点任务

党的十八届五中全会通过的《中共中央关于制定国民经济和社会发展第十三个五年规划的建设》（以下简称《建议》）提出："把增强学生社会责任感、创新精神、实践能力作为重点任务贯彻到国民教育全过程。"这是按照全面建成小康社会奋斗目标明确的又一重要步骤，集中体现了以习近平同志为总书记的党中央对"十三五"时期我国教育重点工作的殷切期望。

（二）贯彻《建议》精神意义

第一，这是"十三五"时期全面贯彻党的教育方针，落实立德树人根本任务的客观需要。党的教育方针，总方向是"坚持教育为社会主义现代化建设服务，为人民服务"，根本途径是"与生产劳动和社会实践相结合"，培养目标是"德智体美全面发展的社会主义建设者和接班人"，这是历经革命、建设、改革各个历史时期，我们党坚持把马克思主义基本原理同中国具体实际相结合，对教育方针既一以贯之又与时俱进的概括总结。习近平总书记曾谆谆寄语青年学生："要立志报效祖国、服务人民，这是大德，养大德者方可成大业。"并明确指出："核心价值观，其实就是一种德，既是个人的德，也是一种大德就是国家的德、社会的德。"因此，按照习近平总书记重要讲话精神和《建议》的要求，"十三五"时期增强学生社会责任感、创新精神、实践能力，将作为重点任务贯彻到国民教育全过程。

第二，这是"十三五"时期坚持创新发展、协调发展、绿色发展、开放发展、共享发展的奠基工程。在"十三五"时期践行五大发展观念的进程中，创新是引领发展的第一动力，这就需要在不断增强学生社会责任感的基础上，使学生勇于探索的创新精神、善于解决问题的实践能力也能尽快提高。为此，《建议》要求把增强学生社会责任感、创新精神、实践能力作为重点任务贯彻到国民教育全过程。这就要求民办高校积极推进教学、科研、实践紧密结合，加强学校之间、校企之间、学校与科研机构之间的合作，更加注重教育教学与生产劳动、社会实践有机结合，不断培养学生兴趣，释放学生潜能，激发学生活力，以便为亿万学生谋生发展和参与大众创业、万众创新创造更好的条件。❶

二、职业认识　人生价值

(一) 职业的内涵

职业作为一种社会现象，是社会分工的产物。人类要生存，社会要发展，首先要解决衣食住行的问题，需要有人从事各种社会劳动。有的做工，有的务农，有的经商，有的从医，有的执教，等等，于是就形成了不同的职业。

关于"职业"，从词义的角度看，"职业"一词由"职"和"业"构成，"职"是指职位、职责、天职、权利与义务的意思；"业"是指行业、事业、事情、从事业务、独特性工作的意思。"职业"一词包括三个基本要素：一是有工作，即有事可做，有事可为；二是有收入，即获得工资或其他形式的经济报酬；三是有时间上的连续性。

(二) 职业的特性

职业具有以下五个特点。

(1) 社会性。职业是个人与社会存在和发展的基础，因为职业给人们解决了生活的来源问题。人们为了生存，必须从事职业活动，人们的各种社会活动，也大多建立在职业的基础上，有了职业生活做基础，才会有其他社会生活。人类社会的各种文明，大多建立在职业分工、分化、分类，即职业范畴进步的基础上。

(2) 时代性。职业的时代性有两个含义：一是职业随着时代的发展而变化，一部分新职业产生，一部分过时的职业消失；二是每一个社会都有自己的"时尚"，它表现为该社会中人们所热衷的职业。职业产生和消亡的客观规律要求我们在选择职业类型时不仅要考虑个人职业发展意愿，更要考虑时代前进的步伐所引起的社会需求趋势的变化。

(3) 多样性。随着劳动分工的细化、技术的进步、经济结构的变动和社

---

❶ 《党的十八届五中全会〈建议〉学习辅导百问》，党建读物出版社、学习出版社 2015 年版，第 158 页。

会的发展，新职业不断产生。

（4）层次性。众多社会职业，可以区分不同的层次。这种职业的层次性，源于不同职业的体力、脑力付出的不同和工作复杂程度的不同，以及工作的轻松性、教育资格条件、在工作组织结构中的地位、工作的自主权、收入水平和社会声望等方面的差别。

（5）技术性。不同职业都有自己的知识经验、技能技巧。职业的技术性，是一切职业共有的特性。不同之处在于不同职业的知识、经验、技能、技巧有难易之分。有的需要经过长期、专门的学习和训练，有的则在职业实践中就可以获得。

（三）职业的意义

（1）职业是社会存在的内容。从全社会的角度看，职业世界是构成社会存在的基础，是构成社会运行的一种具体方式，同时也是构成社会成员的阶层划分与社会地位的归属。职业，涉及人们从事社会生活的动力，涉及人的社会关系，涉及社会的矛盾和冲突，涉及社会财富和利益的分配，涉及人的价值观与整个社会风气，涉及一个社会的平等与效率选择。可见，职业作为一种社会存在，不仅是人的社会身份、地位的体现，其本身也构成了人类社会存在的一个内容。

（2）职业是社会发展的动力。职业分工及其结构是社会经济制度与社会经济结构的重要部分，是社会经济发展水平的反映。人的职业劳动生产出社会财富，也为社会的存在和发展提供了物质基础。职业的社会运动包括个人改善职业的向上流动、与社会经济结构相联系的职业结构变动、不同职业阶层间的矛盾冲突及解决等，构成了社会改革与社会进步的动力。此外，人们为了追求未来的"好职业"而进行人力投资、学习，更成为推动社会发展的巨大动力。

（3）职业是社会控制的手段。职业是人的重要生活方式，"安居乐业"是人们的共同愿望，解决好社会成员的就业出路和职业生涯发展问题，使"无业者有业、有业者乐业"，使人们在从事劳动和职业工作岗位方面各得其所，是作为社会管理者的政府的责任。鉴于职业问题的重要性，政府为公众创造职业岗位，执行促进"充分就业"的政策，从其功能的角度看，就是为了减少社会问题，达到社会控制的目的。

（4）职业关系着用人单位的绩效。从用人单位的角度看，职业是各单位吸收社会人力资源的具体岗位，也是用人单位使用人力资源的具体方式。对于一个单位来说，用好人才，培养好人才，关心教职员工的个人发展以及塑造教职员工的职业生涯，是增加凝聚力、提高经济效益的重要手段。这些都涉及人的职业问题。

（5）职业是人生成功的载体。从个人角度看，"漫漫人生路"的核心正是职业生涯。人在一生中，奔波辛劳，拼搏奋斗，垂暮之年最感欣慰的往往就是自己的事业成就。这就是说，职业活动本身体现了生命的意义。在我国市场经济体制下，每个人都有了越来越多的职业选择机会和越来越大的事业发展空间。人在多变的社会中摸索着职业道路，寻找着更好的发展空间，扮演着适合自己的人生角色。职业是什么？对个人来讲，职业是事业成功的载体，职业是幸福生活的源泉。❶

（四）职业选择原则

图4❷为职业与行业选择图示。

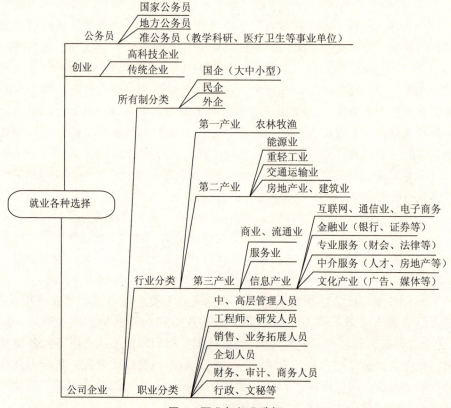

图4　职业与行业选择

如何选择职业，需要考虑的因素很多，大学生毕业后选择职业时一般要遵循以下原则。

---

❶ 曹广辉：《职业生涯规划与择业》，高等教育出版社 2011 年版，第 21、22 页。

❷ 许轶：《剪裁人生》，机械工业出版社 2004 年版。

（1）符合社会需求的原则。大学毕业生都有一个共同的信念：越是需要人才的地方，越能实现自身的价值。

（2）发挥个人优势的原则。个人优势是指一个人自身素质的优势。主要包括：知识能力特长、专业技术特点、生理特长、心理特长。遵循这一原则，方能做到个人与职业的科学匹配。

（3）可能性原则。选择职业只考虑社会需要和个人优势还不够。在现实生活中，有时人们面对诸多职业，但不能实现自己的职业意愿，其原因大致有三：一是职业期望值过高，二是对就业创业环境缺乏全面了解，三是个人的择业素质不足。因此，择业者要遵循可行性原则。❶

（五）人生价值

也许我们都曾自问：我这一辈子要成为什么样的人，怎样活才真正有价值？其实，对人生价值的不同理解，反映出不同的人生观和世界观，而不同的人生价值观念直接影响到一个人对社会、对他人是否有责任感，进而影响到他是否具有完美的人格、远大的理想和坚定的信念。因此，要想实现最大的人生价值，首先，个人行为要以社会需要为前提。每个人只有成为别人的需要时，才充分显示了个人的价值。

其次，个人对社会责任和贡献的大小是我们衡量人生价值的重要尺度。人生价值意味着责任和贡献，意味着创造和付出。一个人对社会的责任和贡献越大，创造的物质财富和精神财富越多，其人生价值也就越大，反之亦然。

再次，人生的最优价值选择，就是以社会利益为中心的价值取向。我们信奉和倡导个人以社会为前提、为目的、为中心，个人利益必须服从国家和集体的利益。

综上所述，人生价值的内容主要体现在三个方面。

第一，个人的内在价值，即个人所具有的劳动能力，如知识、能力、情感、意志、德行、创造力等。

第二，个人的外在价值，即内在价值的外在表现，指个人对他人、对社会的意义和贡献，是衡量一个人价值大小的根本标准，也称人的社会价值。

第三，他人、社会对个人自身的承认、尊重和满足。只有立足于高层次需求，将自我实现与社会需要结合起来，才能创造人生的最大价值。

---

❶　杨一波：《大学生职业生涯规划与就业指导》，北京理工大学出版社 2009 年版，第 24 页。

三、大学生就业特点与对策

（一）大学生就业面临的挑战

就业是民生之本。人们常说，安居乐业，相对而言乐业更为重要。道理很简单，没有工作就没有足够的钱买房，何谈安居？随着工业化进程和经济结构调整的步伐加快，我国就业结构发生了巨大变化。

第一，劳动力供给状况出现新的变化。从 2012 年开始，我国劳动年龄人口的总量开始呈下降趋势，2014 年下降 371 万人，2015 年预计比 2014 年下降 275 万人。由于人口因素是短期内不可改变的稳定因素，所以，可以预见劳动年龄人口总量减少的趋势将持续。如果考虑到劳动参与率的因素，有效劳动供给减少的趋势将更为明显。

第二，结构性就业矛盾更加突出。主要表现为失业和下岗人员劳动技能、技术水平与市场岗位需求不适应、不匹配，"招工难""技工荒"和高校毕业生及部分人员就业难并存。一是化解产能过剩、推动国企改革，使隐性失业显性化，部分地区下岗压力增大，下岗人员的技能不适应再就业岗位。二是经济下行压力仍然存在，部分企业困难加重，一些小微企业迫于生产压力减员会增加失业问题，这部分人的技能也与市场岗位需求不适应，再就业困难很大。三是 20 世纪 90 年代出生的群体成为新增就业的主体，他们对岗位的选择性增大，其中有些人不愿意从事苦脏累和自由度小的工作，这部分人就业期望值与市场岗位需求差距较大。四是新技术、新产业、新业态不断涌现，产业升级对技能型人才的需求会进一步增加，但技能型人才远远满足不了需要。高校毕业生数量虽持续增加，但创新能力和专业技能、技术水平相对较弱。五是新技术的应用也对传统就业模式形成冲击，如机器人的大量采用，替代了脏、险等行业的劳动力，这在一些劳动密集型行业比较突出。六是改革开放以来，大批农村富余劳动力和农村人口向城镇转移，农民工数量增加很快，但总体看职业技能培训的比例偏低，主要在制造业、建筑业、批发零售业和服务业就业，而技能要求高的就业岗位难以找到符合条件的农民工。七是劳动力成本不断提高，就业岗位转移流失较多。❶

据调查，大学生求职难的原因除上述情况外，还有以下一些方面。

（1）高校扩招影响。虽然国家已经停止扩招，但是这几年扩招的影响依然存在，据相关部门统计得知全国大学生待业的人数：2001 年大学生待业人

---

❶ 《党的十八届五中全会〈建议〉学习辅导百问》，党建读物出版社、学习出版社 2015 年版，第 169 页。

数为 34 万，2002 年 37 万人，2003 年 52 万人，2004 年 69 万人，2005 年达到 79 万人，2009 年 200 万人，2010 年 300 多万人。2011 年大学毕业生中，82.1% 的人毕业半年后受雇于全职或半职工作，1.6% 的人自主创业，另有 9.3% 的人处于失业状态。2011 年大学毕业生为 608.2 万人，按比例推算，有近 57 万人处于失业状态。❶

（2）学生就业渠道不畅。目前的就业渠道无非是学校推荐、熟人介绍、校园和社会的招聘会、人才或就业网站、报考公务员和服务西部等。但调查发现学校推荐一般要学生干部或成绩突出者才有机会；报考公务员专业，有是否党员、工作经历等限制，这些只适用于特定人群。对大多数人来说，网站和招聘会是最主要的就业渠道，但远不能满足毕业生的需求。

（3）企业用工制度不合理。调查发现，一些私营企业用工制度极不合理，不但不和员工签订劳动合同，而且社会保险、养老金、公积金等一系列社会福利也没有。另外，起薪较低，升幅不大，并伴有苛刻的罚款制度，让大学生确实接受不了。同时，用人单位还设置经验、性别等障碍拒绝应届毕业生。拒绝的理由有动手能力差、需花费培训费用、稳定性不高等。用人单位在招人时追求实用和低成本，有些存在眼光短视和心态浮躁的情况。

（4）高校专业设置错位。一些高职院校专业及课程设置有较大盲目性，专业趋同现象十分严重，造成供给严重大于需求。一些院校仍然沿袭传统的应试教育的教学方式，培养出来的一些学生高分低能。不少院校专业划分过细，难以跟上市场变化的步伐。一些高职、高专教育专业缺乏特色，培养出来的学生理论功底不扎实，应有的动手能力也不强。而用人单位对应聘者的实际操作能力、适应工作环境变化的能力提出了越来越高的要求。

（5）学生缺乏就业培训机会。不少企业拒绝承担大学生就业后的"在岗培训"费用，招聘中普遍还要求有"数年工作经验"。要达到这一要求，只能是大学生个人和家庭承担，而如果把"在岗培训"转移到学校里面去完成的话，在时间和金钱上都将是非常不经济的。

（6）学生期望值过高。大学生就业理念存在一些误区，如"宁到外企做职员，不到中小企业做骨干""创业不如就业"。大学生就业调查报告显示，目前近八成的用人单位认为大学生仍存在期望过高的现象，主要表现在薪酬、地域、个人发展机会、职位要求、行业要求、假期要求和要求专业对口等方面。而不少大学生认为低工资难以满足他们的基本生存需要，也很难有足够的工作动力，结果必然带来就业的多次选择和用人单位对大学生的戒备心理。

---

❶ 麦可思研究院：《2012 年中国大学生就业报告》，社会科学文献出版社 2012 年版。

（7）学生缺乏求职技巧。很多学生在校期间不会投入时间去培养自己的职业能力，即使有也很少，并且学校在职业能力培养方面意识不足，最终导致大学生就业能力普遍不足，在学校和企业之间产生了断层现象。而且，部分学生在求职时往往表现得不够自信，过分紧张，回答问题时支支吾吾，表现不出自己的实力。

根据就业面对的种种挑战，党的十八届五中全会《建议》提出："坚持就业优先战略，实施更加积极的就业政策，创造更多就业岗位，着力解决结构性就业矛盾。"这是"十三五"时期促进就业创业的重点工作，是适应新常态、把握新常态、引领新常态的重要内容。

（二）大学生就业观新特点

（1）职业兴趣多元化，择业方式多样化。经济全球化和市场经济带来的多元意识形态，在不断冲击着"90后"大学生的职业兴趣，从而出现大学生职业兴趣的多元化倾向。

（2）工作性质趋党政，就业意向重稳定。马斯洛的需要层次理论认为，一个人的低级需要得到满足后，才会追求更高层次的需要。大学生在衣食无忧的家庭中长大，生活水平的提高满足了他们的生理需求，找一份稳定的工作更能带来安全感、归属感、尊重感和自我实现感。而公务员职业具有的稳定性强、福利高、制度正规、社会地位高、退休后保障健全等优势促使许多大学生向政府部门靠拢。

（3）求职渠道靠网络，社会网络首当先。大学生是网络时代的优先体验者，网络对他们的求职行为和就业观产生了深刻的影响。在各种求职渠道中，大学生最看重社会关系网络，他们感到通过家人、朋友等社会关系网络寻求工作更易在激烈的竞争中求职成功。

（4）就业理想更理性，就业目标更务实。社会主义市场经济的发展使得大学生的就业理想和就业目标越来越理性和务实。他们能够理性地看待社会现象，并根据自身实际客观地调整就业理想。他们注重薪酬福利，注重假期休闲，注重工作生活平衡，注重发展机会，趋向于给自己带来物质财富和精神财富的工作。

（三）大学生毕业就业对策

（1）中央有关部门出台大学生就业政策。据不完全统计，2002年至今，仅中央有关部门累计发出有关高校毕业就业的文件50余个，明确100多项具体措施。2008年《中华人民共和国就业促进法》的颁布实施，为我国实施积极的就业政策提供了法律保障。该法明确了政府要通过发展经济和调整产业结构、规范人力资源市场、完善就业服务、加强职业教育和培训、提供就业授助等措施，创造就业条件扩大就业。其政策力度之大、涉及范围之广、出台频率之高，在我国教育政策制定中较为罕见。2011 年 5 月 25 日，国务院总理温家宝主持召开国务院常务会议，研究部署进一步做好高校毕业生就业工作。会议指出，高校毕业生是国家宝贵的人才资源，是现代化建设的重要生力军。

2013 年 5 月 14 日至 15 日，习近平总书记在天津考察时指出："就业是民生之本，解决就业问题根本要靠发展。"党的十八届五中全会《建议》明确提出："加强就业援助，帮助就业困难者就业。"这是"十三五"时期的重要任务，也是全面建成小康社会的重要举措。

近年来，各地区、各有关部门认真贯彻落实党中央、国务院决策部署，高校毕业生就业形势总体保持稳定。但是要看到，目前高校毕业生总量多、就业压力大，部分毕业生就业愿望和能力与市场需求不相适应，结构性矛盾突出，就业服务体系和服务能力不能满足毕业生就业需要，促进毕业生就业任务依然十分繁重。必须继续把高校毕业生就业摆在就业工作的首位，采取更有针对性的措施，千方百计促进毕业生就业。

一是积极拓展毕业生就业领域。在构建现代产业体系中着力发展智力密集型、技术密集型产业和生产性、生活性服务业，创造更多适合毕业生的就业机会。对中小企业吸纳毕业生就业的，在信贷、社保等方面给予政策支持。

二是鼓励引导毕业生面向城乡基层和中西部地区就业。大力开发社会管理和公共教育、卫生、文化等领域服务岗位。重点解决好在城乡基层岗位工作毕业生的工资待遇、社会保障、人员流动等方面的实际问题。

三是支持毕业生参加就业见习和技能培训。加强见习管理，规范见习活动。合理确定并及时调整见习期间基本生活补助标准，补助费用由见习单位和地方政府分担。对符合条件的参加职业技能培训、鉴定的毕业生和对毕业生开展岗前培训的企业，给予补贴。鼓励科研项目单位吸纳毕业生就业。

2015 年，贵州城市职业学院与荔波电视台合作实训就业开创省内先河。据悉，荔波电视台将优先安排城市职业学院毕业生在本单位就业，接受贵州城市职业学院青年教师到台内业务部门挂职锻炼以丰富其实践经验。每年接收相当数量的贵州城市职业学院相关专业的学生实习，并指定经验丰富的专业人员对实习学生进行业务指导与相应管理。

此外，贵州城市职业学院还将聘请荔波电视台的业务骨干担任学校兼职教师，参与学术研究、开展学术讲座以及其他形式的教育活动。

四是加强毕业生就业指导、就业服务和就业援助。建立健全毕业生就业信息服务平台。将就业困难的毕业生纳入就业援助体系，实施"一对一"职业指导和重点帮扶。对困难家庭毕业生给予适当的求职补贴。对未就业的毕业生按规定办理失业登记，落实就业扶持政策。保障毕业生落户等就业权益。

2011 年 6 月，国务院发出通知要求各有关部门进一步做好高校毕业生就业工作。

一是鼓励中小企业吸纳高校毕业生就业。通知指出，中小企业是吸纳高校毕业生就业的主要渠道。要进一步改善中小企业发展环境，大力发展劳动密集型产业、服务业、小型微型企业和创新型科技企业，将落实中小企业扶持政策与做好高校毕业生就业工作结合起来，鼓励企业积极吸纳高校毕业生就业。高校毕业生到中小企业就业的，在专业技术职称评定、科研项目经费申请、科研成果或荣誉称号申报等方面，享受与国家企事业单位同类人员同等待遇。

二是鼓励科研项目单位吸纳高校毕业生就业。按照通知规定，我国将采取措施鼓励科研项目单位吸纳高校毕业生就业。通知指出，鼓励高校、科研机构和企业，结合国家产业发展和技术进步的需要开展研究，并按照公开、自愿、双向选择的原则，在所承担的项目实施过程中，聘用优秀高校毕业生作为研究助理或辅助人员参与研究工作。

通知同时指出，支持高校毕业生参加就业见习。各地要结合当地产业发展需要和高校毕业生情况，鼓励和扶持一批规模较大并有一定社会影响力的企事业单位作为就业见习单位，为有见习需求的未就业高校毕业生提供见习机会。积极引导有条件的科技企业孵化器创建大学生科技创业见习基地。

三是失业保障与救济日趋完善。事实上，在我国蔚为壮观的高校毕业生就业政策体系中，并不乏以建立社会保障体系为目标的被动失业治理举措。2003 年 5 月，《国务院办公厅关于做好 2003 年普通高等学校毕业生就业工作的通知》中规定，"毕业半年以上未能就业并要求就业的高校毕业生，可持学校证明到入学前户籍所在城市或县劳动保障部门办理失业登记"，有关部门组织他们开展职业培训和就业见习，并对符合条件的生活困难学生提供最低限度的生活保障，费用由地方财政列支。2006 年，由中央宣传部、组织部等 14 个中央党政部门联合发出的《关于切实做好 2006 年普通高等学校毕业生就业工作的通知》再次强调了"加强对离校后未就业高校毕业生的就业服务和社会保障工作"，工作主要分为失业登记、就业见习和临时救助三个方面。国发〔2012〕2 号《关于进一步促进贵州经济社会又好又快发展的若干意见》强调："千方百计扩大就业。大力发展劳动密集型产业、服务业和小型微型企业，多渠道增加就业岗位。"可以说，高校毕业生就业领域已进入"政策大生产"时代。分析这些政策可以发现，政府主要采用的是提高教学质量、调整教育结构、创造就业岗位、拓宽就业途径等主动的失业治理措施。

（2）经济调整需求为大学生开辟了广阔空间。从历史视角看，经济结构的调整需要人才的先期储备作为支撑。经济率先崛起的英国和德国等发达国家都在人力资源的结构调整和积累方面做出了重大的制度调整，抓住了工业化和现代化的机遇。

对于我国经济社会发展和高等教育发展的关系，北京大学厉以宁教授指出，我国的教育必须超前发展，这是由教育对经济和社会发展具有先导性、全局性的作用所决定的。教育培养人才是一个过程，不是立即可以见效的。实际上，教育今天的超前发展是为以后的经济和社会发展打基础的。在知识经济时代，人力资本成为经济增长的主要源泉。理论研究已证实，经济增长方式和人力资本供需结构的转变都是渐进的过程，如果从产业结构变动的角度看，是劳动密集型产业向技术知识密集型产业、产业结构趋于高级化的变动过程；从生产要素的角度看，则是传统生产要素向人力资本的转换过程。

第一，农民工工资的快速上涨将会促使一些企业扩大对大学毕业生的招聘数量。

第二，战略性新兴产业的发展将为大学生就业提供广阔空间。

第三，社会保障体制和医院卫生体制的改革也将为大学生就业提供便利机会。

第四，尚处工业化时代的中国劳动力市场，就业的主要去向仍是工业领域，对技能工人需求旺盛，对白领的需求增加很快。

第五，建设和谐劳动关系也将为大学生就业开辟新渠道。

（3）在解决大学生就业中，政府与社会要强化其主导地位。一要完善就业体制改革，创造良好的就业和创业环境。对去贫困地区一些单位和行业的大学生，在工资待遇、生活条件和个人发展等方面给予优惠政策。二要完善公共就业服务体系，服务于毕业生就业。

（4）高校要加强教育教学改革、强化就业指导、提高服务水平。一是办学思路需要创新，贵州城市职业学院"以市场需求为导向，以能力培养为中心"的办学思路和办学思想在不断发扬光大。二是教育观念需要创新。贵州城市职业学院老师为适应就业新形势的需要，在知识"输血"的同时，还不断增强"造血功能"，不断吸取职业教育的新知识、新技能。三是教育内容需要创新。贵州城市职业学院从社会实际出发，依照课本内容，吐故纳新，使用为先，"定单培养"。四是教育方法需要创新。贵州城市职业学院要求教师方法由传统的注入式变为启发式；由单一的灌输型转变为双向型交流；变程式化、形式主义、"一刀切"为多样化、个性化、因材施教、理论联系实际。

（5）大学生要努力提高自身综合素质。一是道德品质。一个成熟的企业更多考虑的往往是道德品质方面的素质，尤其是诚信意识、奉献精神和责任感。二是文化认同。企业所期待的员工，不仅要能力出众，更要认同企业文化。三是敬业精神。优秀的企业，尤其是世界500强企业非常注重实效、注重结果，因此敬业精神是不可或缺的。四是团队意识。优秀的企业都很注重团队协作精神，希望员工能将个人努力与实现团队目标结合起来，成为可信任的团队成员。五是创新思想。企业需要具有创新能力的人。六是应变能力。企业需要具备高度灵活应变能力的人。听得认真，写得明白，看得仔细，说得清楚，叙述准确将具有无可估量的价值。

因此，大学生要认清形势，转变观念，提高自身综合素质。一要转变就业观念，端正择业态度。时代变了，大学生的观念也得变。如果还一味地盯着大城市、大机关、大公司、大企业，还死守着自己预想的工资、待遇底线不松口，那就有可能在激烈的竞争中一无所获。面对现实，不能过于理想化，应该树立"先就业求生存，后择业谋发展"的观念，先在社会上立住脚，通过踏实工作和优异表现，逐步实现自己的人生理想；树立"先工作、后工资"的观念，客观评价自己，低姿态求职择业；树立"重事业、轻地域"的观念，敢于到基层锻炼成长，善于在艰苦、复杂的环境中脱颖而出。二要提高综合素质，增强就业竞争力。大学生要想在激烈的就业市场中脱颖而出，扎实的专业技能素质是基础，良好的身体心理素质是保证。三要做好职业生涯规划，合理规划人生。凡事预则立，不预则废。作为新时代的大学生，一定要做好职业生涯规划，对自己的兴趣、爱好、能力、特点进行综合分析，根据自己的职业倾向，确定最佳的职业奋斗目标，不断积累经验，发挥潜能，拓宽道路，把握机会，筹划未来。

（6）大学生要带上良好心态去求职。一是归零心态，就是重新开始的心态。在学校里无论多么优秀，到企业里也是重新开始。因此，在求职时不要自我感觉良好或过于挑剔，毕业生需要的是找到一份合适的工作来作为谋生的开始。二是务实心态，就是踏踏实实做事的心态。只有踏踏实实地干好基层工作，你才有可能走上更高的职位，获得更好的回报和待遇。三是乐观心态，就是积极进取，对未来充满希望的心态。大学里的学习虽然不见得能够直接应用于企业，但你养成的学习方法和培养起来的素质和能力使得你能够干好所要做的工作。四是中庸心态，就是为人处世能够把握好度，能够站在别人的角度思考问题，不要过于张扬。先做人，后做事。对于大学毕业生来说，形成中庸的心态，会少走弯路。五是目标心态，就是要对自己的发展有方向感、有目标、有规划。六是学习心态。进入社会、进入企业，也许不同的人起点不同，但拥有学习心态的人往往走得更远、爬得更高。❶

（7）学校要优化就业服务体系，要在做好就业工作上下功夫。以下为贵

---

❶ 李宏旭："90 后带上六种心态去求职"，《中国教育报》，2011 年 9 月 28 日。

州城市职业学院采取的具体措施。

1）以课程建设为主导，构建全程式的就业指导教育咨询体制。多年来，学院学生就业指导工作以就业指导课程建设为核心，以讲座、咨询会和个别咨询为主要形式，以就业心理咨询和职业预测为辅助，目前已初步构建起具有特色的全程式就业指导与咨询服务体系。

2）创新就业指导模式，构建一体化服务机制。近年来，学院的就业指导工作逐步向低年级倾斜，早行动、早部署，有计划、有步骤地开展全程化的就业指导工作。在新生入学教育中，增加就业准备内容，请学院领导和资深教师介绍学院各专业课程设置及就业状况。在学校演播中心和多媒体教室放映就业指导专家讲座。针对不同年级学生关注点的不同，分别开设贴近学生实际的讲座。同时，学校还制定了适合不同年级学生的就业辅导方案和职业规划课程，通过授课和职业规划，帮助学生从大一开始正确认识自己，培养正确的成才意识，明确成才方向。学生在专业教师的辅导下，针对自己的个性特征和职业能力倾向，通过系统的学习和训练，提高自己的综合素质，培养就业竞争力。

3）研究和分析社会就业形势，掌握国家和地方关于就业与创业的方针政策，准确把握高校毕业生就业工作面临的新形势、新任务和新要求。

4）积极引进和吸纳优质创业与就业教育资源，培训创业与就业相对稳定的就业指导教师队伍。

5）加强对提升大学生创业与就业能力教育的研究和有效指导，向学生系统传授关于创业与就业的基本知识和技能，不断积淀和丰富这一领域的教学理论与实践经验。

6）加强实践性教学环节。把课堂教学、生产实习、社会实践、社会调研以及毕业设计等教学环节有机地结合起来，强化学生的实际动手能力和实践技能的培养。

7）加强与企业以及社会实际工作部门的联系，开展产学合作教育，为学生参加社会调研提供信息和机会。

8）研究掌握大学生创业与就业心理，建立和完善毕业生心理咨询服务体系，有效缓解学生就业压力，帮助学生树立积极向上的就业观，指导学生正确认识就业形势，引导学生正确就业，最大限度地帮助毕业生实现其社会价值和人生价值。

9）开拓好就业市场。在加强暑期社会实践基地、教学实习基地、就业实习基地建设和巩固省内就业市场的基础上，拓宽就业门路，有计划地建立了一批省外就业基地。

10）管理好就业信息。利用毕业生就业信息网、QQ群等现代信息技术手段，畅通信息渠道，开通远程面试和网上招聘，提高求职效率，为毕业生提供了更多的就业机会。

11）运作好各类招聘。除办好一年一度的大型就业双选会外，积极组织用人单位随时来校招揽人才，根据需求分类为用人单位提供良好的生源对接和专门服务，真正使招聘会成为不落幕的供需见面会。

12）落实好跟踪服务。实施了毕业生跟踪计划，建立了毕业生走访制度和基层就业毕业生档案，不定期随访调研，注重优秀毕业生典型的培训，帮助协调解决工作、生活上的问题和困难。

13）利用好校友资源。建立和完善校友资源库，与知名校友的知名企业和单位建立起长期合作关系。通过对校友资源的整合和利用，形成了良好的就业延伸环境，将校友资源转化为可观的就业资源。

（四）大学生职业生涯规划

职业生涯规划就是为你提供走向成功的技术与方法。通过职业生涯规划，运用适当的方法，采取有效的措施，克服职业生涯中的困难与阻力，避免人生陷阱，就会增加事业成功的概率。图 5 为大学生学习目标规划结构，即通往职业大门入场券。

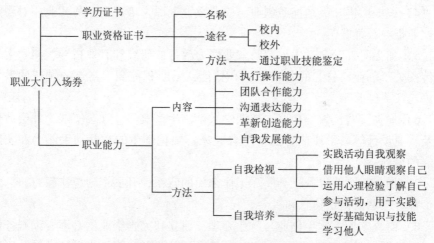

图5　大学生学习目标规划结构

在此需要进一步提醒大学毕业生，应妥善处理毕业生档案问题，避免为将来的工作、生活遗留后患。

（五）大学毕业生求职方略

1. 求职包装

所见所闻告诉我们，求职的自我包装是极为重要的。恰到好处的包装往往能让一个能力平平的结业生找到非常满意的工作，而没有包装或者包装不到位的毕业生，即使很多方面都非常突出，也未必能得到用人单位的青睐。

（1）强调核心竞争力。推销任何一件产品的时候都必须清楚这件产品的核心竞争力，只有基于产品的核心竞争力来推销才具有说服力。大学生求职的时候也需要弄清楚自己的核心竞争力，并基于这种核心竞争力来制作简历，选择应聘的职位。求职简历必须突出自己的核心竞争力，让审核简历的人一眼就能看出你最适合从事什么工作。

为了能够扩大求职面，一个可行的办法是针对不同的工作岗位做不同版本的简历。针对不同的职位投不同版本的简历，得到复试的机会自然要大得多。贵州城市职业学院有的求职者，准备了至少三个版本简历，有针对技术工作的，有针对文职工作的，还有针对市场业务的。

（2）揠苗助长。诚实是一种重要的品质。但是，求职的时候却大可不必"有一说一"。适当夸大自己的能力和成绩，自然能够使自己的应聘获得更大的成功机会。

（3）恰到好处的艺术。求职的时候固然可以适当虚夸自己的能力和成绩，但必须有一个度的界定，不能随心所欲地浮夸，也不能在任何场所都虚夸。否则，适得其反。

（4）亮出你的特长。许多大学毕业生在求职简历的"特长"一栏中，往往只填写"擅长舞蹈""会乐器""会画画""善交际"等，比较模糊和笼统，没有说明"特"在哪里。这让用人单位很难判断，也容易产生怀疑。因此，大学生的特长一定要详细。

2. 面试的方法与技巧

（1）不打无准备之仗。面试工作至少包括三个方面：第一，需要克服紧张情绪，调整心态，保持平常心；第二，要充分了解应聘的公司与职位；第三，面试前最好设想出可能被问到的东西。

（2）平平淡淡最是真。人靠衣装，买衣服自然是"形象工程"的首要大事。你如果不惜血本地打造"形象工程"，不但伤财，而且会让你舍本逐末陷入误区。其实，用人单位对于应聘者外表的要求非常低。平平淡淡才是真。

（3）做人不要太高调。尽量避免面试回答问题时夹杂一些英语，这让人很反感；避免在谈到能力与经历时，过于夸大其词。

（4）面试时应注意的一些细节。第一，要非常清楚自己应聘的职位；第二，着装不需要太讲究，但至少应该整洁；第三，要准时到达面试地点，不要迟到；第四，面试之前将手机设置为静音；第五，坐姿要端正；第六，不要随意称呼主持面试的人，不要直呼其名；第七，面试结束时，要表示感谢，但千万不要主动去与对方握手。

3. 面试时常被问到的问题

（1）你为什么选择我们公司？

面试官试图通过这个问题了解求职者对公司的熟悉程度，同时，也能部分地了解求职者的职业规划。从逻辑上讲，这个问题其实包含三个方面含义：一是你希望到什么样的公司工作？二是我们公司是什么样的公司？三是我们公司与你期望的用人单位存在多大程度的吻合？

如果清楚了这个思路，而且对公司了解得比较多，自然就知道该怎么回答了。

（2）你为什么应聘这个职位？

这个问题回答思路与前一个问题大致相同。

（3）请做个简单的自我介绍。

面试官可以通过这个问题对求职者有个大概的了解，同时，能初步掌握求职者的口头表达能力。自我介绍要与简历保持一致，要条理清晰，抓大放小，分清主次。重点围绕与应聘职位紧密相关的部分来谈。

（4）请谈谈你的家庭情况。

很多公司愿意优先录用农村家庭的孩子；也有一些公司正好相反，他们会优先录用家庭条件较好的毕业生，其原因各不相同；还有些面试官则是试图通过这个问题了解求职者的品格。所以，你在回答这个问题时尽量把家庭说得温馨、幸福，要体现对父母的感激之情。

（5）你最大的优点是什么？

面试官提出这个问题，主要基于三个方面：第一，想知道求职者能否胜任所应聘的工作；第二，想知道求职者自我认识的程度；第三，想试试求职者的诚实性。

回答时，应该做到三点：第一，答案应该跟工作直接相关；第二，答案应该确切、明了；第三，答案应该尽可能客观真实。

（6）你有什么缺点？

首先，要敢于承认自己的缺点，人无完人。其次，要选择合适的缺点来说。什么样的才算合适？第一，不要与应聘职位所要求的核心竞争力相冲突；第二，容易招致反感的缺点不要说；第三，最好投其所好。

（7）谈谈你一次失败的经历。

面试官提这个问题的主要目的并不在失败的事情，而是想了解求职者如何面对失败，失败后能不能从中吸取教训。

（8）你在大学期间参加过哪些社会实践？

社会实践的范围是非常广泛的，实习、兼职、社会调查，某些社团活动都属于社会实践。

（9）如果公司安排你做很枯燥、简单重复的工作，你会怎么办？

面试官提出这个问题，可能有两种情况：第一，招聘的职位本来就是枯燥的，每天的工作内容都是简单的重复。如果你想让面试官满意的话，就应该让他知道你是一个细心、安分、有耐心的人。第二，新员工入职后一段时间内会从事枯燥的工作，然后再根据情况调整工作内容。基于这种情况，过于强调自己只求稳、不求变，反而会让面试官觉得你不够胜任所应聘的工作。因此，首先，表示自己愿意从简单重复的工作做起；然后，要委婉地表明自己不会满足于长期从事这样的工作……

（10）你希望与什么样的上司和同事共处？

你最好避而不谈对上级和同事具体的希望，而尽量地谈谈对自己的要求。如："作为刚步入社会的新人，我应该多要求自己尽快熟悉环境、适应环境，而不应该对环境提出什么要求，只要能发挥我的专长就可以了。"

（11）请谈谈你在未来5年内的目标。

在回答这个问题的时候，不要过于精确，最好是循序渐进地展开，给人一步一个脚印的感觉。第一年，主要用来入行，一方面熟悉工作环境，融入团队，融入公司的企业文化；另一方面对公司所从事的行业有深入的了解。第二年到第三年，进一步提高自己的工作能力，从入行的新手成为专业人员。第四到第五年，从专业人员成为行业精英，公司骨干。

（12）你在大学期间看过哪些书？你映象最深的是哪本？

通过这个问题，可知求职者在大学期间有没有静下心来好好读书。

（13）你在大学几年当中，最大的收获是什么？

最大的收获是学会专业技能，能够胜任这份工作。

（14）我们为什么要录用你？

必须强调自己具备特有的优点和品质。

（15）你的专业跟这份工作不对口，你如何看待这个问题？

要知道，企业界又有多少优秀的人力资源总监、经理是专业科班出身的呢？

（16）你对工资的期望值是多少？

如果期望值过高，则被看成眼高手低；如果期望值太低，则被视为没有自信的表现。

（17）如果与上司意见不一致时，你将怎么办？

对于非原则问题，我会服从上级的意见。对于涉及公司利益的重大问题，我希望能向最高层领导反映。

(18) 你还有些什么要问的吗？

当面试官客气地提这个问题时，面试差不多收尾。

这个问题应该是针对公司的情况而谈，而不是谈及拿多少薪水、会不会录用。

总之，希望广大毕业生能够自觉地转变就业观念，主动到民营企业、中小企业就业，在各行各业的基层一线经受锻炼，增长才干，实现价值。

四、自主创业现实意义

这个世界的人可以分为两类，一类是"反光体"，另一类是"发光体"。那些"反光体"必须靠外在的光源照耀来证明自己很亮，他们也许用名牌的服饰、昂贵的跑车、天马行空的头衔来证明自己。其实，这些"反光体"除去附件之后，便什么都没有。然而，我们生存的这个世界需要的是更多的"发光体"，就是那些能够点亮自己，同时又照亮别人的人。

什么是创业？这个问题既简单又复杂。直白的解释就是：创业＝创造＋开创属于自己的事业。一个创业者最应具备的是不断创新，创造出新的项目或发现项目中新的盈利点的能力。要想创业成功，就必须不断为自己的事业创造出新的生命，就必须不断改革创新，不断为自己的项目或事业提出新的观点、新的想法，不断把事业推向新的高度。创业是拼搏精神的体现，与其庸庸碌碌过一生，倒不如轰轰烈烈干一番事业，那么创业就是最好的选择。学生自主创业，把命运掌握在自己手中。自己创业是市场经济中最有效的就业方式，也是高校毕业生实现人生理想的重要途径。

(一) 自主创业的现实意义

其一，面对就业压力越来越大的形势，选择自主创业既可以为自己寻找出路，把自己的就业机会让给别人，为别人创造就业机会，又能为社会减轻就业压力。

其二，创业可以增强大学生的操作能力、组织能力、协调能力、心理承受能力和社会适应能力。

其三，创业成为解决大学生就业一个比较现实的选择。现代大学生创业，已经不仅仅是为了获取财富，更为重要的是融入了更多作为社会人、作为受过高等教育的青年群体所应承担的社会责任中来。

其四，对社会做出了贡献。一个公司有了稳定的营业收入，可以给员工发工资，给国家纳税，对社会做出了贡献，这就是成功创业。

其五，失败为成功之母。很多人不看好大学生创业，不光因为大学生创业付出太多、收获太少，而且担心在创业遇挫之后"一败涂地"。其实，创业失败是正常现象，不值得大惊小怪。实践证明，凡有过创业经历的大学生再到社会上找工作，岗位层次、收入水平等普遍比其他学生高。年轻不言败，创业受挫的大学生绝非输家。社会也要鼓励大学生创新创业，宽容失败。哪怕企业没有存活，创业的过程不管对就业还是再创业，都将是一笔宝贵的财富。

（二）创业的内涵

创业的内涵有多层面的含义。

首先，创业体现了一种自强、自立的精神，这种精神正是一个民族发展的有力保证。

其次，它表达了一种追求，即每个人自觉地把个人的人生价值和职业理想融入所从事的职业中。

再次，它是一种实实在在的行动。创业已成为各阶层人士实现自主择业的重要途径之一。同时，国家鼓励个人创办小企业是发展经济、创造就业机会、缓解就业压力的有效途径。

此外，创业还是一种理念，是创业意识、创业知识和创业能力的表现。大学生有了这种理念，就会有更强的事业心、进取心和开拓精神，掌握更多的适应社会的本领。❶

（三）创业环境分析

一是大学生自主创业面临着良好的政策环境。国家陆续出台了一系列鼓励发展经济的政策、法律和法规，为创业提供了重要的政策、法律保障。近年来，为鼓励大学生自主创业，国家各级政府出台了许多优惠政策，涉及融资担保、贷款贴息、创业培训和税费减免等诸多方面。

二是良好的市场环境提供了创业机会。环境是创业活动的时代背景，是创业者的舞台。任何创业活动都必须面对一定的创业环境，都必须争取在有利环境中进行。分析环境条件，充分认识环境，巧妙适应环境，合理利用环境，成功改造环境，是创业必不可少的逻辑前提与条件，也是创业过程的基本内容。环境条件分为自然环境条件和社会环境条件。自然环境是创业者生存的客观条件。俗话说，靠山吃山，靠海吃海。这就是认识自然、利用自然、改造自然。社会环境包括政治环境、经济环境、思想文化环境、法律环境和政策环境等，都是创业者必须认识、适应的，并且要利用可以利用的条件，只要对自身创业有直接帮助或间接影响的，都应该视为可以利用的条件。

---

❶ 曹广辉：《职业生涯规划与择业》，高等教育出版社2011年版。

三是经济发展态势喜人。改革开放特别是实施"十二五"大战略以来，贵州经济社会发展取得了显著成效，进入了历史上发展的最好时期。经济快速发展态势，为大学生创业铺就了一条理想之路。

（四）大学生创业条件

成就一番大的事业是每一个人的梦想。美丽的梦想，像一个五颜六色的花环一样，诱惑人们为之努力拼搏。但是实现梦想的过程却布满荆棘，创业的路上有很多需要躲避的陷阱，因此，我们大学生在创业之前，最好能对自己和周围的环境进行一番仔细考察，从各方面评审，看看自己是否真的适合这项事业，然后再行动。

（1）创业心理准备。尽管许多学校和地方政府对毕业生自主创业予以热情的鼓励和积极支持，并提供了许多有利条件，但是创业之路艰辛，创业过程中会遇到各种困难和挫折。对此，创业者要做好充分的心理准备。

一是风险意识。创业需要冒险，冒险精神是创业家精神的一个重要组成部分。风险意识要求创业者有承担风险的勇气，又要具有辩证地看待风险、驾驭风险的能力，并从中取得成功。风险和成功往往是一对共生物，风险是企业发展中不可避免的，是客观存在的。一般来说，经营风险小，获利相对也小；同样，要想获利大，风险也会随之增大，正可谓"无限风光在险峰"。这也正是许多事业风险很大，一些创业家仍敢于冒险的原因之所在。

二是顽强的毅力。所有能够最终获得成功的人士无不具有顽强的毅力，他们对事业能够持之以恒，在困难面前不低头，遇到挫折不灰心。对一般人来说，忍耐是一种美德；对创业者来说，忍耐是必须具备的品格。"艰难困苦，玉汝于成"，在创业过程中肯定会遇到许多从未碰到的挫折，跑政府部门、资金运作、人员招聘、生意洽谈等，每个问题都会有出人意料的事出现，甚至遇到致命的打击。创业者一定要先在心里问一问自己，面对从肉体到精神上的折磨，你有没有宠辱不惊的"定力"与"精神力"，坚持下来的人才是最后的强者。

三是健康与精力。几乎所有的企业家都认为健康和精力充沛是成功创业的第一前提。这里的健康不仅是指身体处于没有疾病的状态，体格强壮，能够支撑长时间的工作，而且还指在心理上能够承受外界的压力，能对环境的变化做出调整，能够以一种恰当的心态来面对工作和生活中的问题。心理的健康对企业家的成功尤其重要，它往往是一个人能够应付巨大压力的前提。除此之外，企业家应当是精力充沛的人，他们往往要比他们的雇员工作时间更长，再加上巨大的风险与压力，没有过人的精力是很难出色高效地完成工作的。

四是自信。你要自己创办企业，一个前提就是你认为自己比别人要强，或者是看到了更好的机会。这代表了一个人的自信，在创业者成功的道路上，几乎没有其他东西比自信更为重要。自信是创业的前提，也是成功经营一家企业的基础。在企业经营过程中，最大的挑战就是市场的不确定性，有很多成功的企业在初创阶段经历过巨大的挫折。自信的创业者大多数在身处逆境的时候能够充满信心，坚定不移地推行自己的经营计划和方案，最终使企业获得成功。所以，从很大程度上讲，是自信在支撑着创业者。

五是情绪控制。2015 年 12 月 2 日，《环球时报》访谈实录中刊载了指点年轻创业者相关文章。现摘录其中一段：

环球时报：现在的创业者很辛苦，但有的也略显浮躁，您想对他们说些什么？

柳传志：有高远的追求，要有很强的定力，以及克服困难的毅力，这是能够做成事情的一个基本条件。我觉得这还是应该值得鼓励的，但是确实不能变得浮躁。所谓浮躁就是恨不得把长跑变成短跑，恨不得立刻就能取得什么成就。那有可能，但一定是极少数，成功大都是厚积薄发的结果。

今天中国企业家俱乐部中这些成就比较大的企业，包括每个行业里有名的人，大概都是摔倒过不止一次的。所以，浮躁真的是当今社会一个很普遍的毛病。年轻的创业者一定要敢于试错，但是千万记住，并不是人人都能成功，要有这个心理准备。

（2）进行项目的准备。准创业者们应对现阶段国家政策进行认真学习和领会，结合自身条件对创业项目做初步的选择。在项目的选择和确立方面，应遵循以下原则。

一是社会需求原则。社会是创业的舞台，要想在这个舞台上获得成功，就必须使创业目标与社会需求保持一致。在创业之前，创业者必须深入实际调查研究，掌握主、客观的大量材料，最后运用科学的方法，做出正确的选择。只有急社会发展之所急，供社会发展之所求，社会才能支持你的创业行为，认同你的创业成果。

二是适应性原则。任何创业者的知识、能力、精力都是有限的，且各有自身特点。不同的行业因其性质、特点不同，对创业者的能力要求也不同。在选择创业目标时，必须正确地认识自己能力倾向及优势所在，力求与创业的要求相匹配。

三是兴趣原则。兴趣是做好事情的动力。根据自己的兴趣确定创业目标，可以增加创业的积极性和主动性。创业目标一般包括干什么、怎么干、干的结果三方面内容，这些方面的问题回答清楚了，创业目标的内容也就基本明确了。创业目标论证，是指依据一定的标准对目标进行分析研究得出结论的过程。对创业目标论证的标准一般有两个：一是科学性，二是可行性。

（3）创业的资金准备。选择好创业项目之后，准创业者要通过各种途径筹备资金，没有资金是无法进行创业的，所谓"巧妇难为无米之炊"。大多数大学生创业者没有足够的资本创办新的企业，必须寻找外部资本的支持。可以通过以下途径筹备：自有资金、集资、银行贷款、政府资助以及合伙等。从经验上看，家庭和亲戚朋友的资金是大学生创业最常见的资金来源。

（4）创业者的知识准备。有实力才有魅力，作为一个创业者，应该具备以下相关知识。

1）财务管理知识。财务管理的主要内容就是资金及其运作。财务管理简单说来就是如何理财，即如何合理、有效地运用和调配资金来获取更多的利润。在现代企业，财务管理贯穿于经济活动的全过程。它不仅反映经济活动成果，起到预测和参与决策的作用，同时也发挥着控制和考核的功能。

2）经营管理知识。在市场经济条件下，公司成败的关键在于经营。在日益复杂激烈的市场竞争中，创业者不能仅凭经验和直觉去经营企业，必须运用有效的经营管理知识来武装自己，指导经营活动。

3）税收知识。税收具有强制性，即国家依靠国家权力，按照法律规定强制征收。国家通过制定强制性法律规范赋予征税机关征税权，纳税人必须根据税法的规定依法纳税，否则就要受到法律的制裁。在明确了创业将要涉及哪些税种后，必须详细了解这些税种的征收对象、税率、纳税期限、减税和免税等具体细节，搞清这些税收规定将有助于分析经营中的财务状况。

4）法律知识。我们生活在一个日益法治化的社会中，市场经济本身就是法治经济。经营者不具备必要的法律知识，就会像不懂得交通法规的驾驶员一样，即使侥幸没有发生伤人事故，也难免会被交通管理部门罚款或吊销执照。同时，作为一个合法经营者，当权益受到侵犯时，还要善于运用法律的武器，保护自身的权益。

（5）相应的经营管理能力的准备。创业是一个系统工程，不仅需要创意，而且需要创业者具备较高的创业素质。

1）观察能力与预见能力。具备敏锐的观察力能够使人细致地审视环境，捕捉到并不为人注意的机会，同时观察周围的事物也能学习到许多非常有价值的经验，吸取他人的教训，少走弯路，更快地接近成功的目标。预见能力就是能从已知推出未知，能根据现在的状况推断出将来的发展趋势，从而抢先一步，发现别人还没有发现的机会。

2）获取知识与加工信息的能力。人类的知识正在飞速地更新，人们已有的知识也许很快就会被新的知识所取代。具备快速更新知识能力的人能和社会的发展同步，适应社会发展的要求。现代社会和生活节奏日益加快，谁掌握的信息多，谁拥有的机会就多。这就要求创业者不仅要占有大量信息，而且能从浩如烟海的信息中检索出对自己有用的东西，才不会在时代中落伍。

3）善于合作的能力。要取得创业成功还必须具备良好的创意、好的经营管理者、优秀的专业人才三个要素。如果你不是集三者于一身，你就注定要与他人合作。俗话说，如果生存是一条伸手不见五指的黑路，合作就是我们挽起的手；如果生存是一堵难以逾越的高墙，合作就是我们互相支持的肩膀；如果说竞争是生存的方式，那么合作便是生存的秘诀了。社会的进步与发展使社会分工越来越细，趋于专业化，以至于每一项任务都需要许多人合作来完成，良好的合作能力对于创业者走向成功尤为重要。

4）创新的能力。一是高度的综合性。创业能力是一种以智力为核心的具有较高综合性的能力。创业能力结构的核心部门是智力，包括观察力、注意力、记忆力、想象力、创造力等诸多能力。创业能力具有高度的综合性。二是突出的创造性。创业能力是一种具有突出的创造性特征的能力。创业能力的创造性特征表现在创业实践活动的全过程。在市场经济不断发展，市场竞争日趋激烈的时期，要确保创业实践顺利圆满，就必须要求创业者具有创造性地提出问题和解决问题的能力。三是鲜明的个性。性格不同的人，使用能力和发挥能力的方式具有明显不同的特征。有的敢于冒险，有的擅长拼搏，有的巧于智取，等等。由此说明创业能力具有鲜明的个性。

（五）创业程序

一个企业从创业构思到开张经营，并初步建立起经营基础，到逐渐进入稳定的阶段，这是一个艰辛的过程。一般创业过程都要经过市场调查、项目选择、开业登记和开张经营 4 个阶段，如图 6 所示。

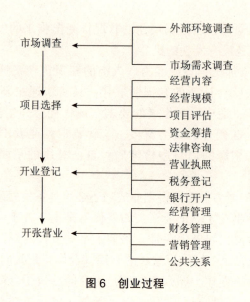

图6　创业过程

　　总之，祝愿大学生努力靠自己去实现成功。"滴自己的汗，吃自己的饭，自己的事自己干，靠人靠天靠祖宗，不算是好汉。"只有靠自己成功的人，才有资格谈及人生的真谛；只有靠自己的成功，才会给我们以真实的人生教益；只有靠自己成功的人，才能跳出苦难人生；只有靠自己成功的人，才能讲出人生的理性。

第十一章

依附正能量　政府主导服务

　　美国前总统罗斯福曾经就政府职能说过这样的话：凡必须要做的事如果民间有积极性做，政府就制定规范让民间去做；如果民间没有积极性，但能够做，政府就制定政策鼓励民间去做；如果民间做不了，政府就一定要去做。民间蕴含着极大的办教育的积极性，政府完全可以适度地放手一部分。这样，可以把政府该尽的义务尽得更好。

一、政府宗旨是抓好服务

　　政府的根本宗旨是"全心全意为人民服务"。这一宗旨，意味着政府是以人民需要为出发点的，是为人民谋幸福的。毛泽东指出："全心全意地为人民服务，一刻也不脱离群众；一切从人民的利益出发，而不是从个人或小集团的利益出发；向人民负责和向党的领导机关负责的一致性；这些就是我们的出发点。"邓小平主张：以"人民拥护不拥护""人民赞成不赞成""人民高兴不高兴""人民答应不答应"来检验"全心全意为人民服务"的效果，并提出了"领导就是服务"的思想，从而把执政党的领导作用和全心全意为人民服务紧密地联系起来。江泽民明确提出："贯彻'三个代表'重要思想，关键在坚持与时俱进，核心在坚持党的先进性，本质在坚持执政为民。"胡锦涛在庆祝中国共产党成立90周年大会上的讲话中强调："来自人民、植根人民、服务人民是我们党永远立于不败之地的根本。以人为本、执政为民是我们党的性质和全心全意为人民服务根本宗旨的集中体现，是指引、评价、检验我们党一切执政活动的最高标准。"习近平早在《凡是为民造福的事一定要千方百计办好》一文中强调："坚持立党为公，执政为民，说到底就在于求真务实，狠抓落实。"❶ 这些论述既是我们理解和践行党的宗旨的指南，也是教育

---

　　❶ 习近平：《之江新语》，浙江人民出版社2013年版。

工作的出发点和归宿。

2004 年 2 月 21 日，温家宝在中央党校省部级主要领导"树立和落实科学发展观"研讨班结业式上首次以中央政府的名义提出"努力建设服务型政府"的概念基本上得到了理论和实践界的一致认同。对教育工作的满意程度，直接反映了政府为人民服务宗旨意识在教育领域的落实情况。在新的时代背景下，政府对民办高校的引领"永远要有逢山开路、遇水架桥的精神，锐意进取、大胆探索，不断有所发现、有所创造、有所前进"❶。

然而，民办高校需要政府什么样的服务，怎样服务，是值得不断探究的问题。

二、主导作用不可替代

（一）政府主导作用的理论依据

我国的民办高校自筹资金、自主经营、公平竞争，这就决定了民办高校相对于公办高校具有更强的市场化的运行机制。具体表现为：民办高校从要素市场和产品市场上购买"教育生产"的有关投入，组织其"产品"——教育服务的生产，在教育服务市场上"销售"其"产品"。这些生产及交易活动是由民办高校这个产权主体来组织的。民办高校与"市场方"的关系主要是民办高校与资本（资金）市场、劳动力（主要是教师）市场、教育（学生作为客户）市场和其他投入品市场的自由交换关系。民办高校将从资本市场上获得权益性资本作为股本金，节余时给予股东回报，融入债务性资金，向债权人支付利息；在教师市场上雇用教师的劳动进行教育生产，向教师支付薪水；在教育市场上招收学生，学生消费教育服务的同时支付学费；在产品市场和要素市场上购买其他教育投入品，按价格支付货币。

在当今这个"教育决定命运"的时代，学生接受了不合格的教育，对其将来的发展几乎是致命的打击。因此，政府必须从教育公益性的角度出发，通过立法规范各办学主体的行为，对因营利而偏离育人目标、损害教育质量的行为坚决予以制止；同时要求国家加强对教育的监控能力，逐步建立起完善的教育市场，以弥补市场调控的缺陷，纠正市场失灵，促进民办高等教育持续健康发展。应该说，没有政府管制，民办高等教育就无法生存和发展。民办高校的正常经营活动需要政府管制为其提供良好和稳定的生存环境。❷

---

❶ 习近平评语，《光明日报》，2013 年 7 月 8 日第一版。
❷ 李剑：《民办高校办学风险》，社会科学文献出版社 2009 年版。

（二）政府主导作用的法律依据

《中华人民共和国教育法》和《中华人民共和国民办教育促进法》等相关法律都明确规定了政府必须对包括民办教育在内的各类教育行使教育管理职能。《中华人民共和国教育法》第 14 条明确规定："国务院教育行政部门主管全国教育工作，统筹规划、协调管理全国的教育事业。县级以上地方各级人民政府教育行政部门主管本行政区域内的教育工作。县级以上各级人民政府其他有关部门在各自的职责范围内，负责有关的教育工作。"《民办教育促进法》第 3 条规定："民办教育事业属于公益性事业，是社会主义教育事业的组成部分。国家对民办教育实行积极鼓励、大力支持、正确引导、依法管理的方针。"第 7 条、第 8 条还规定："国务院教育行政部门负责全国民办教育的统筹规划、综合协调和宏观管理。国务院和社会保障行政部门及其他有关部门在国务院规定的职责范围分别负责有关的民办教育工作"；"县级以上地方各级人民政府教育行政部门主管本行政区域内的民办教育工作。县级以上各级人民政府其他有关部门在各自的职责范围内，分别负责有关的民办教育工作"。第 40 条对政府的质量宏观管理做了更为明确的规定："教育行政部门及有关部门依法对民办学校实行督导，促进提高办学质量；组织或者委托社会中介组织评估办学水平和教育质量，并将评估结果向社会公布。"《中华人民共和国民办教育促进法实施条例》也明确规定："教育行政部门、劳动和社会保障行政部门应当加强对民办学校的日常监督，定期组织和委托社会中介组织评估民办学校办学水平和教育质量，并鼓励和支持民办学校开展教育教学研究工作，促进民办学校提高教育教学质量。"黔府发〔2011〕25 号《关于促进民办教育大发展的意见》规定："完善公共财政奖励和扶持政策"，"落实教育用地政策"，"落实税收优惠政策"，"民办教师在资格认定、职称评定、业务培训、教学活动、表彰奖励、申请科研项目和课题等方面，享有与公办学校教师同等权利"，"支持民办学校扩大招生规模"，"把民办教育发展纳入本地区经济社会发展规划，统筹安排，合理布局，将民办教育工作列入政府重要议事日程"。这一系列规定都表明政府对民办高等教育行使管理权具有法律的权威性和不可违抗性。

（三）政府主导作用不可替代

政府的主导作用是任何一个部门、行业等都不可替代的，政府主导作用的内容应表现在以下方面。

第一，要处理好民办高校发展与经济社会发展的关系。民办高校教育的发展规模和专业结构，必须考虑社会和经济发展对人才结构的需求。在做好人才需求预测的基础上，政府制订民办高校教育发展规划，应纳入经济和社会发展的总体规划之中，统筹学校布局。

第二，要处理好民办高校教育与其他类型教育的关系。民办高校教育是培养高层次技术应用型人才的教育，突出实践技能的培养和培训，实行学历证书、技能等级证书和职业资格证书相结合。政府在制订高等教育发展规划时，应统筹考虑经济和社会发展对整个高等教育的层次、类别结构和发展规模的要求。

第三，要处理好民办高校教育与其他层次职业教育的关系。民办高校教育是职业教育体系中的高等层次，是职业教育的龙头，起着引导和拉动作用。

第四，要处理好民办高校教育发展的规模、速度、质量和效益之间的关系。民办高校教育在规模、速度、质量和效益四者中，质量是核心。❶ 黔府发〔2011〕25 号文件强调"建立和完善管理制度"，"突出办学特色，保证教育教学质量"。

三、宏观管理协调"缺位"

（一）民办高等教育发展缺乏整体规划

众所周知，民办高等教育的资源配置主要由民办高教市场来完成。而民办高教市场却是一个不断变化的动态的发展环境，在这个环境中，产业结构的变化引起对人才的新要求；市场经济状况变化引起教育需求与供给的相对变化。所有这些变化不是单一的民办高校所能把握的，也是无力应对的。显然，这就需要教育行政部门对民办高校的教育发展及早预测、长期规划，为民办高等教育的持续健康发展提供导向；同时，要加强对民办高等教育的宏观管理与监督，督促民办高等教育机构按照政策法规所指引的道路向前发展。

然而，就目前教育行政管理实践来看，对"引导、规划、服务"这一职能却普遍被忽视，还没有把对社会力量办学的统筹规划作为一项重要工作列入议事日程。

（二）政府职能部门协调缺位

民办高等教育的发展与政府多个部门有关。比如：民办高校的设置与日常管理涉及省政府与省教育部门；学校基本建设涉及规划、土地、城建部门；学校登记涉及民政部门；学校财务、收费、融资涉及财务、物价、审计、金融部门；学校广告涉及工商部门；学校安全稳定、教职工和学生户籍涉及公安部门；学校党建涉及省委组织部门；教职工聘任、社会保险、学生就业涉及人事、劳动与社会保障部门；学校宣传涉及新闻单位等。显而易见，一所

---

❶ 张新民：《高等职业教育理论构建》，湖南人民出版社 2010 年版。

民办高校与社会各个方面都存在广泛的联系，需要依托有关行政部门在政策上给予认可、扶持、引导和规范，需要政府从宏观层面进行统筹规划和综合协调，避免利益集团之间的相互制约和影响约束民办高校自主发展的空间，进而有效地降低交易成本，提高办学效益。

然而，在当前民办高校发展中，一方面，政府职能部门之间缺乏沟通与综合协调，这无形中提高了交易成本，降低了办学效益。另一方面，由于政府职能部门之间缺乏统筹与协调，各部门之间的利益冲突也难以协调，这往往导致有关民办高校的政策常常政出多门、相互矛盾，或者得不到贯彻落实。如民办高校建设用地优惠、各种税收优惠、教师职称评定、助学贷款等政策，往往难以落实。如何加强教育行政部门与物价、税收、工商、人事、土地、城建、交通和规划等部门的沟通与协调，应成为政府完善民办高等教育管理机制建设的重要方面。

（三）"公正裁判者"缺位

"公立高等教育是主角，掌握着话语权和主导权；民办高等教育是实际上的配角，处境被动、弱势。"[1] 高等教育发展双轨制的存在影响了公立与民办高等教育竞争的公开、公平、公正。要提升民办高等教育发展的品质，政府必须以"公正裁判者"的角色参与公立与民办高等教育的博弈。政府作为公正的裁判者，应该跳出二者的竞争环境，以中立的姿态运用同一规则来引导、约束、规范、裁判双方。遗憾的是，在现实的教育实践中，政府并没有很好地扮演裁判者，很大程度上既是运动员，又是裁判者，导致政府理论上的公正沦为事实上的偏好。人为地制造了公办、民办高等学校之间的不平等，使民办高等教育处于更加不利的竞争环境。

（四）"财政资助者"缺位

作为一种高等教育服务，民办高等教育与公立高等教育一样，其直接产出是学生知识、能力的增进，思想品德修养的提高，或者说是人力资本的形成。其生产出来的"产品"，是不纯粹的"商品"，而是介于商品与纯公共物品之间的一种准公共产品。也就是说，民办高等教育在给受教育者带来种种收益或满足的同时，又具有一定的公共性，具有较强的社会、文化功能，给国家带来较大的社会收益。根据"谁受益，谁付费"的收益原则，政府既是民办高等教育受益者之一，又是国民收入再分配的主体，理所当然地应分担一定比例的民办高等教育成本，履行"财政资助者"职能。

从国际视野来看，大多数国家都通过建立财政资助制度，对私立高校给

---

[1]　李爱良："政府在办民高等教育中的定位"，《高教探索》，2007年。

予不同方式的资助（见表13）。其中，日本是财政资助制度最为完善的国家。日本政府先后制定了《私立学校振兴财团法》（1970年）、《私立学校振兴援助法》及其实施条例（1975年）等一系列法规政策，从法律上规定了国家援助私立学校的目的、援助资金的来源、援助的范围、计算方法以及援助学校和受援学校各自的权利责任。正是有了这一精细化、可操作性的财政资助政策，日本私立高校获得了大量的政府财政援助资金。这种资助在私立大学的经费中日益占有举足轻重的地位。1980年，国家资助的经费比例在私立大学已占这些学校经费的29.5%。进入20世纪90年代之后，由于受经济不景气补助金的年增长率较低，但补助金占学校费用总额的比例仍然维持在10%以上。政府财政资助，不仅改善了日本私立高校的经营环境，缓解了私立高校的经费危机，有效地促进了私立高校质量的提升，还改变了私立高校与政府的关系。日本政府以公费资助为交换条件，控制了私立高校的发展，加强了对私立高校的监督和管理。❶

表13　外国政府资助类型及资助内容

资助类型	国家/地区	资助内容
没有常规资助	阿尔及利亚、布隆迪、希腊、意大利、马达加斯加、马里、尼日利亚、瑞典、坦桑尼亚	只断续提供资助
提供间接资助	英国的私立学校、1970年后的日本、约旦、韩国、危地马拉、墨西哥	①税收优惠（减少进口税、财产税、个人所得税）；②低息贷款；③向学生提供贷款和奖学金
提供部分资助	玻利维亚、巴西、巴基斯坦、秘鲁、1980年后的塞内加尔、1970年后的日本、印度的部分省、印度尼西亚、利比亚、菲律宾	①提供课本、食物及仪器设备；②为每所学校派1~2名教师；③捐助教师进修；④提供小额资助；⑤提供使用校舍的租金或提供共用设备
提供几乎全部工资（提供这类的资助占私立学校全部经费的75%~95%）	比利时、丹麦、德国、法国、卢森堡、新西兰、挪威、英国的义务资助学校、智利的代课学校、印度克罗拉省、多哥	①负责支付所有教师工资；②根据情况，资助其他项目；③提供部分资产

---

❶ 李剑：《民办高校办学风险防范研究》，社会科学文献出版社2009年版。

（五）政策执行"虚位"

《中华人民共和国民办教育促进法》明确规定，"民办学校与公办学校具有同等的法律地位"；"民办学校教师、受教育者与公办学校的教师、受教育者具有同等的法律地位"。然而，这些平等的权利和地位至今仍只是一纸文字，并没有落到实处。在教师方面，民办高校没有独立的人事权，因此民办高校无法有效解决教师的户口、档案管理、职称评定、教师教龄与工龄的连续等一系列问题，因而，民办高校很难吸引优秀人才加盟，教师缺乏稳定性。民办高校的学生更是"低人一等"。外界总把民办高校的学生与所谓"差生""落榜生"联系起来，社会上的歧视让很多学生宁愿复读也不愿意到民办高校学习。民办高校学生至今无法和公立学校的学生一样享受公费医疗、国家奖学金和助学贷款。

又如，纳税问题。《民办教育促进法》第 46 条规定："民办学校享受国家规定的税收优惠政策。"《中华人民共和国民办教育促进法实施条例》第 38 条规定："出资人要求取得合理回报的民办学校享受的税收优惠政策，由国务院财政部门、税务主管部门会同国务院有关行政部门制定。"但事实上，民办高校没有享受到税收优惠。

此外，国家对民办高校在办学征地、建设配套费减免、用水用电等方面不能做到与公办高校一视同仁。❶

四、政府履责加大扶持

（一）树立民办教育的主流价值观

所谓民办教育的主流价值观，就是要破除民办教育可有可无、无关轻重的思想，牢固树立公办、民办教育在我国教育事业中均处于主流地位的思想。树立民办教育主流价值观，要求政府及其职能部门破除视民办教育为公共管理"另类"的偏见和歧视，重新认识民办高等教育的实质；树立民办教育主流价值观，还要求政府及其职能部门引导或调控社会舆论，更好地营造出全社会对民办教育理解包容的大环境。

长期以来，由于受"官尊民卑"传统心态的作祟，在许多人的思想观念中，存在"多余论""冲击论""营利论""过渡论"和"怀疑论"五种论调。这"五论"的盛行，不仅影响了人们对民办高等教育诸多的正确判断，而且直接影响了人们对民办高等教育的行为。

当前，一些政府部门对民办高等教育还存在认识不足、认识不清的问题，

---

❶ 李剑：《民办高校办学风险防范研究》，社会科学出版社 2009 年版。

忽视、歧视甚至鄙视的现象还不同程度存在，观念的错位极大地制约着民办高校持续健康发展。

（二）建立和完善法规与政策

民办高校教育的发展离不开良好的法律环境和政策环境，政府应在建立和完善民办高校教育的法规和政策方面发挥主导作用。

省级政府应根据国家的有关法律来进行指导。如《中华人民共和国职业教育法》《中华人民共和国劳动法》《国务院关于大力推进职业教育改革与发展的决定》等，结合各省的情况，制定具体的实施细则和地方性法规、政策，使各项法规能够得到更好的落实。

逐步完善职业资格标准体系和劳动准入制度，作为人才培养的主要依据。与此同时，要加强劳动稽查，通过劳动准入制度的实施，来促进民办高校教育的发展。

建立教育教学宏观管理和质量监督机制。省级政府的教育行政部门应制定高等职业教育教学宏观管理文件和质量评价标准，来规范和评价学校的办学行为。

重点办好骨干和示范作用的民办高校是政府的职责。办好骨干示范性民办高校，使之在办学体制的改革、人才培养模式的创新、教育质量的提高等方面起示范带头作用。

建立经费补贴的财政制度。加大民办职业教育的公共财政支持力度；拓宽民办职业教育的融资渠道和资助模式；加强和完善公共财政制度。

贵州省黔府发〔2012〕25号《关于促进民办教育大发展的意见》，是新中国成立以来颁发的省级第一个较为完整务实的文件。关键是有待贯彻落实、执行到位。

（三）政府主导应坚持的原则

（1）坚持科学发展。发展是我们党执政兴国的第一要务。坚持科学发展，就是要坚持各级各类学校的统筹发展、公立与私立高校的统筹发展，加快转变发展观念，创新发展模式，提高发展质量。

（2）坚持以人为本。以人为本是一种价值取向。政府应从促进民办高校教育发展出发，实现好、维护好、发展好人民群众对民办高校期盼的社会效益。

（3）坚持公平公正。公平公正是指一种合理的社会状态。公立与私立在办学过程中，相互间应体现权利公平、机会公平、过程公平和结果公平。为此，政府应从法律上、政策上和制度上努力营造公平公正的社会环境。

（四）政府应处理好几个关系

（1）政府主导与市场调节的关系。民办高校教育是公益性事业。因此，民办高校教育的发展，离不开政府的宏观管理，但在市场条件下，又应遵循市场规则。政府统得过死或任其无序地发展，对民办高校教育都是不利的。要处理好两者的关系，必须明确哪些方面应由政府宏观统筹，哪些由市场调节。一般来说，政府的具体作用表现在：①制订教育标准；②保证教育质量；③促进教育发展；④规范教育活动的行为；⑤提供教育服务工作。各级教育部门要加大对民办教育服务的力度，继续完善、修订和细化民办教育有关规定。建立民办教育专项基金，用于扶持民办教育发展和化解办学风险。

（2）政府主导与社会各界参与的关系。民办高校教育对直接提高人们的就业能力和职业素质，促进生产力水平的提高，进而提高企业的效益，经济回报非常明显。因此，要实行两条腿走路的方针，在搞好国家办学的同时，还应充分调动社会各方面的积极性，鼓励行业、企业和社会力量举办高职教育，形成政府主导、依靠企业、充分发挥行业作用、社会力量积极参与的多元办学格局，形成学校教育、行业企业教育、社会教育和网络教育相互融合、相互补充的立体型终身教育体系。

（3）政府主导与学校自主的关系。学校的办学活力，既来源于良好的外部条件，也来源于学校自主权的发挥。发展民办高校教育，既要发挥政府的主导作用，又要尊重学校的办学自主权；发挥政府主导作用，还要有利于学校自主权的发挥。根据《中华人民共和国高等教育法》和《国务院关于大力推进教育改革与发展的决定》中的有关规定，高等职业学校享有如下方面的自主权：一是自主确定专业设置和进行专业调整；二是自主制订教学计划、选编教材、组织实施教学活动；三是自主开展科学研究、技术开发和社会服务；四是自主确定学校内部组织机构的设备和人员配备；五是按照国家有关规定，评聘教师和其他专业技术职务，调整津贴及工资分配；六是自主管理和使用财产和经费；七是自主确定招生规模；八是自主开展与境外高等学校之间的科学技术文化交流与合作。这是法律赋予学校的权利，也是激发学校活力和学校适应社会与市场需要的客观要求。政府在发挥主导作用时，应充分尊重学校的自主权，为学校发挥自主权创造条件。❶

（五）政府应为民办高校的发展提供各种协调服务

"政出多门""多头管理"的现象是民办教育工作中长期存在的问题，这一问题并没有随着《中华人民共和国民办教育促进法》及其实施条例的实施

---

❶ 张新民：《高等职业教育理论构建》，湖南人民出版社 2010 年版。

而得到有效解决。有关职能部门之间缺乏沟通与协调，它们往往从各自的利益角度制定政策，致使政策之间相互矛盾或产生交叉，导致许多政策无法落实或落实不到位。比如，教育行政部门对民办学校教师等的权益保障做出了明确的承诺，但涉及劳动人事局、社会保障局和财政局等其他行政机关的时候，这种承诺却没有办法付诸实践而流于空话。"政出多门"，不但使民办高校面对政府管理时无所适从，也降低了政府的权威性和可信度，削减了政府的管理职能，加大了民办高校经营风险。因此，我们认为，应建立以教育行政部门设立的专门管理机构为平台、各部门间相互协调的工作机制，为民办高校教育事业提供服务与保障，以切实防范因政府部门之间扯皮而导致政策的空洞化，进而加大民办高校办学风险。

我们建议贵州省参照江西省的办法，成立"民办教育工作领导小组"。该领导小组由教育、人事、物价、税务、财务、工商、公安等部门负责同志组成，小组由省市主管教育工作的领导任组长；领导小组下设办公室，负责协调各方面的关系，及时研究处理民办高教发展中的重大问题，确保民办高校在征地、税收减免、学校用水、教师待遇、学生待遇等方面享有与公办高校相同的待遇。江西省的实践证明，"民办教育工作领导小组"的成立，对于协调各职能部门的相互关系，落实民办高校与公办高校同等的政策待遇，避免因利益集团之间的相互制约而影响民办高等教育健康发展，均具有相当大的现实意义。❶

（六）政府应为民办高校运营提供可靠的信息服务

良好的信息系统和信息服务，是提高市场效率、降低市场运行风险的必要条件。众所周知，由于民办高等教育投资主体认识的有限性，对市场中出现的情况不能完全掌握。政府信息拥有信息成本最低、最准确、最便捷等特点，决定了政府应该为所有市场参与方提供信息服务。由于政府行政管理的触角延伸到了社会的所有角落，具有极强的系统性和组织性，便于收集各种信息资料，是任何机构和组织无法比拟的。所以，政府收集信息资料成本最优。另外，政府在掌握经济信息的前提下，分析总结并制定国民经济的发展规划，以及各个具体行业的发展规划。政府开展全行业调查，提供调整民办教育发展的政策和建议；提出行业的远景规划和展望；收集、整理并向企事业提供各种资料情报。这样，政府不仅具有信息网，同时也是信息源，政府掌握了最完全的信息。如专业人才需求预测信息、学科与专业设置预置信息、国家（民办）教育政策信息、毕业生的升学与就业信息、民办高校办学质量

---

❶ 劳凯声：《中国教育改革 30 年——政策与法律卷》，北京师范大学出版集团 2009 年版。

信息等。因此，政府能以最小成本，及时提供各种信息给所有教育机构使用，以引导民办高等教育投资向健康合理方向发展。❶

（七）政府应帮助民办高校拓宽融资渠道

2010 年 10 月颁布的《中长期教育改革和发展规划纲要（2010—2020年）》和 2011 年颁发的《关于进一步促进民办教育发展的意见》，都明确提出鼓励民办教育多种渠道融资，支持民间资本以多种方式兴办高等学校、中小学校、幼儿园、职业学校和各类教育培训机构。2014 年 11 月 26 日，国务院以国发〔2014〕60 号文印发了《关于创新重点领域投融资机制鼓励社会投资的指导意见》。国务院的这一重大决策表明了中央政府充分发挥市场在资源配置中起决定性作用的决心，对于激发市场主体活力和发展潜力，进一步打破行业垄断和市场壁垒，切实降低了准入门槛，创新重点领域投融资机制，促进民营经济发展是又一福音。也为各级政府进一步解放思想，转变观念，加大对民营经济扶持力度，帮助民办教育拓宽融资渠道，尽快缓解民办教育信贷融资困难，提供了新的政策平台。

（1）贯彻党的十八届三中全会、四中全会、五中全会精神，进一步明确扶持民办教育的指导思想。党的十八届三中全会做出的《中共中央关于全面深化改革若干重大问题的决定》提出："公有制经济和非公有制经济都是社会主义市场经济的重要组成部分，都是我国经济社会发展的重要基础。"重新确立了民营经济的基础地位。提出"必须毫不动摇地鼓励、支持、引导非公有制经济发展，激发非公有制经济活力和创造力"，"坚持权利平等、机会平等、规则平等，废除对非公有制经济各种形式的不合理规定，消除各种隐性壁垒"，必将激发民营经济发展的动力和活力。党的十八届四中全会做出的《中共中央关于全面推进依法治国若干重大问题的决定》提出："健全以公平为核心原则的产权保护制度，加强对各种所有制经济组织和自然人财产权的保护，清理有违公平的法律法规条款。"法律是治国之重器，良法是善治之前提。中国特色社会主义法治体系的建立，将为民营经济的健康发展提供公平竞争的法律保障。政府应以党的十八届三中全会、四中全会、五中全会精神为指导，以改革精神与法治精神破除束缚制约民办教育发展的樊篱，在政策、法规、融资等各方面加大对民办教育的扶持力度。

（2）细化中央政策落实举措。党的十八届五中全会《建议》明确提出的"支持和规范民办教育发展，鼓励社会力量和民间资本提供多样化教育服务"的政策落实举措，鼓励社会资本加大对民办教育投资力度。具体来说，各级

---

❶ 李钊：《民办高校办学风险防范研究》，社会科学文献出版社 2009 年版。

政府尽快出台鼓励社会力量兴办教育、促进民办教育健康发展的意见。在这方面，一是建议政府搭建实现独资、合资、合作、联营、租赁等途径的平台，制定社会资本与民办教育合作的有关实施办法；二是出台民办公助的法规性文件，使民办学校与公办学校一样得到政府的资助；三是结合地方实际，尽快出台鼓励社会力量兴办教育、促进民办教育健康发展的意见。

（3）修改与完善《中华人民共和国担保法》（以下简称《担保法》）中有关条款，允许民办教育资产合理抵押。《民办教育促进法》第48条明确规定："国家鼓励金融机构运用信贷手段，支持民办教育发展。"这表明政府对民办学校信贷政策的明确态度。但现行的《担保法》以及《中华人民共和国物权法》（以下简称《物权法》）对民办教育机构资产合理抵押的限制性条款，却成为制约民办学校融资的重大法律障碍。如《担保法》第37条规定："学校、幼儿园、医院等以公益为目的的事业单位、社会团体的教育设施、医疗卫生设施和其他社会公益设施不得抵押。"《物权法》第184条也有相关条款。在全国人大常委会法制工作委员会回复给住房和城乡建设部的法工办发〔2009〕231号司法解释中，又进一步明确了私立学校、幼儿园等教育设施不得抵押。也就是说，民办教育机构取得的用地即便是非划拨土地，是足额向政府交付了出让金、取得了使用权的土地，也依然不得抵押。

在民办学校没有国家财政投入、自身资金相对不足，亟须取得社会融资的现实条件下，国家相关法律条款的上述规定显然限制了民办学校的合理融资。为保证民办学校与公办学校公平竞争，实现民办学校的良性健康发展，满足民办学校以财产和投资人的股权进行抵押融资的诉求，建议修改与完善《担保法》《物权法》中有关条款。

一是完善民办学校的担保主体资格。建议将民办教育不得作为保证人的相关条款删除；将民办教育校产不得作为财产抵押的相关条款删除。

二是规范民办学校可用于担保的财产范围。建议可用于担保的财产范围包括：①土地使用权，包括民办学校以出让方式取得的国有土地使用权；②房屋抵押，指民办学校所有的房屋和其他地上物；③权利抵押，包括民办学校知识产权、学费收费权、学生公寓收费权等。

三是允许民办学校投资人通过股权抵押进行融资。由于民办学校与民办学校投资人是两个不同的民事主体，在理顺产权关系后，建议允许投资人用自己享有的股权担保融资。

（4）职教大发展需要国家财政加大投入。教育是一项耗资巨大的社会公益性事业，既然民办教育同公办教育一样，也在为社会培养人才，对社会做出了贡献，产生了巨大的社会效益，而这效益中的一部分是由政府所享用的。

那么国家就应该像对待公办教育一样，对民办教育给予适当的财政资助。这样，一方面，可以减轻来自农村经济困难家庭弱势群体的经济负担，这符合我国公共财政改革和发展的基本方向，对于促进社会公平具有重要意义；另一方面，对于促进我国新型城镇化建设，实现农村劳动力人口带技能转移也大有帮助，因为这些学生多数来自农村，接受职业教育后，多数留在城市工作，这对于我国平稳推进新型城镇化进程具有十分重要的意义。

同时，职业教育自身颇有特点的办学规律，决定了国家财政要加大力度支持其发展。职业教育不同于普通教育的一个重要方面在于其特殊的办学模式。"校企合作、工学结合、顶岗实习"等办学模式要求多主体参与，其中，政府居于不可或缺的地位，财政投入十分重要。根据当代公共管理理论和PPP（公私合作伙伴）理论，政府的适当投入能够吸引和动员社会资金投入，包括带动企业、社会团体、志愿者组织等主体的资金投入，对于促进职业教育的发展具有战略性意义。[1] 我们建议政府制定民办学校援助实施条例，明确规定援助资金的来源、援助的范围、援助项目与计算方法，以及援助学校和受援学校各自的权利与责任等。通过该条例，政府职能部门能根据受益程度对民办学校进行资助，分担一定比例的教育成本。

（5）制定教育彩票法，发行教育彩票。目前已有一百多个国家和地区发行彩票，其资金运用的一个主要领域就是教育事业。在国内，经国务院批准的在全国发行的运作规范的彩票有中国福利彩票和中国体育彩票，这对推动我国福利事业和体育事业的发展做出了积极贡献。根据我国彩票市场的现状，发行教育彩票筹集社会资金来发展教育事业的时机已经成熟。在发行教育彩票时，应注意以下三点：一是制定教育彩票法，对教育彩票进行依法管理，确保教育彩票的健康成长；二是规定省级教育部门设置专门的教育彩票管理中心，作为区域性发行、销售教育彩票的管理职能部门，按比例拿出一定数额的资金用于民办教育事业的发展，其中包括支持社会信誉高、发展潜力大的民办学校进行校舍建设和设备投入等；三是根据各省市教育发展的目标与里程，彩票发行实行额度管理，严禁没有额度及超额度发行销售，同时严格实行收支两条线管理。

（6）适度放开资本市场，通过发行教育债券、设立教育投资基金等方式为民营教育融资。资本市场具有很强的融资功能，它作为直接融资的手段，能有效地筹集资金并直接转化为投资。因此，扶持民办教育机构发行教育债券、设立教育投资基金等来筹措资金，将成为解决民办教育融资难的重要

---

[1] 贾康、程瑜：《改革红利》，中国言实出版社 2015 年版，第 196 页。

形式。

一是发行教育债券。该教育债券是由国家教育部面向社会发行的用于教育支出的专项债券。在将中央发行的教育国债转贷给学校的过程中，应淡化公私界限，平等对待民办学校，要本着"效率优先、兼顾公平"的原则，做到优中选优、避免资金使用的低效率或无效率。

二是设立民办教育发展投资基金。民办教育投资基金可采用公募与私募结合的发行方式。公募部分可以针对企业等机构投资者，私募部分可以针对社会上的个人投资者。这样可以吸引尽可能多的投资者持有基金股份，尽可能扩大民办学校筹资范围。该基金可由政府教育主管部门充当发起人，也可由若干民办学校联合充当发起人。组建的基金针对若干所学校进行投资、经营，政府主管部门可在基金稳定运行一段时间后退出，退出的方式是向社会转让基金公司股票，这样就形成完全由社会资本对学校进行投资的局面。❶

（7）对民办高校采取各种间接扶持政策。从国外情况看，政府公共资源既包括资金，也包括相当于资金形式的其他资源，如政府提供的服务、土地使用等。政府资助的形式也多种多样，如学校开办时提供教育基础设施与设备、关税减免、免费或低价提供土地或出租场地等；在学校运营中，政府财政支持则可以通过引进经费资助体系，向学校提供补贴、学生贷款、科研基金、学生奖学金和助学金，❷ 由此可见，政府除了可以给予民办高校经费上的直接资助外，还可以在土地供给、设备提供、税收及信贷政策等方面，给予民办高校间接的扶持或隐性的激励。我国《民办教育促进法》及其实施条例也在这方面做了一些原则性规定。例如，《民办教育促进法》规定，县级以上人民政府除了可以给予民办学校经费资助外，还可以采取出租、转让闲置的国有资产等措施对民办学校予以扶持；国家鼓励金融机构运用信贷手段，支持民办教育事业的发展；新建、扩建民办学校，人民政府应当按照公益事业用地建设的有关规定给予优惠；等等。

对照现实，现阶段我国政府对民办高校所能提供的间接扶持政策还非常有限，仅有的少数政策措施也由于这样或那样的原因，而没有能够很好地落到实处。因此，如何统一各方思想认识，理顺上下左右的关系，将法律、法规已经明确规定的有关民办教育的"鼓励与扶持"政策，尽快"落地"和"变现"，是各级政府及其相关部门当前所面临的一项重要工作任务。

除了以上政策措施外，对于长期困扰民办高校发展的教师编制及其退休

---

❶ 翟志海："政府加大扶持力度　促进民办教育拓宽损融资渠道"，中国民办教育发展大会暨中国民办教育协会 2014 年会议资料，第 93 页。

❷ 丁秀棠："私立教育中的政府资助比较研究"，《中国民办教育协会简报》，2008（48）。

待遇问题、信贷融资问题以及产学合作问题等，政府相关部门也应采取灵活办法或变通措施加以协调解决，以缓解民办高校办学的瓶颈制约，确保民办高校正常运行和健康发展。

（8）创造条件让民办高校共享更多公共资源。一方面，可以通过政府购买服务，支持民办高校的发展。由政府组织的带有公益性质的社会服务，如专业人才培训、专项科研活动及专题项目开发等，在某种程度上也属于准公共产品的范畴，以前政府一般委托公办高校等公立机构来提供这类产品。事实上，由于民办高校面向市场办学，机制相对灵活，办学效率较高，政府在社会服务政策上应适当向民办高校倾斜，给予民办高校更多的机会，为其提供更多的发展资源。譬如，政府有关部门可以通过签订合同、支付费用的方式，委托民办高校从事职业岗位证书的考证、下岗工人的转岗培训以及农村劳动力素质的提升教育等活动。这样，不仅有利于提高政府公共财政资源的使用效率和效益，也有利于促进民办高校和公办高校的平等竞争，推动民办高校更好地发展。

另一方面，应向民办高校开放公共高等教育资源。现阶段，公共高等教育资源的主要使用者是公办高校，这些资源由国家投资形成，属于全社会共有资源，也具有准公共产品的性质。这些资源包括校园（土地）、实验设备、图书，也包括对学校发展至关重要的人力资源。可以通过制度创新，在不影响公办高等教育教学活动的前提下，允许民办高校的学生选修公办高校的课程或随堂旁听，鼓励更多的公办高校教师到民办高校兼职，允许民办高校共享办公高校的图书资源和实验实训设备。此外，还可以通过教育行政部门牵线搭桥，建立公办高校与民办高校的"手拉手"结对关系，鼓励公办高校向民办高校输出对口支援，支持和帮助民办高校开展学科建设、教师发展及科研活动。向民办高校开放公共高校资源，不仅可以提高资源的利用效率，也能够为民办高校的发展注入新的活力。

（9）实行政府购买服务制度。2013 年 7 月 31 日，国务院总理李克强主持召开国务院常务会议，要求推进政府向社会力量购买公共服务。2013 年 9 月 26 日《国务院办公厅关于政府向社会力量购买服务的指导意见》指出，"十二五时期，政府向社会力量购买服务工作在各地逐步推开，统一有效的购买服务平台和机制初步形成，相关制度法规建设取得明显进展。到 2020 年，在全国基本建立比较完善的政府向社会力量购买服务制度。""十三五"规划建议提出："创新公共服务提供方式，能由政府购买服务提供的，政府不再直接承办；能由政府和社会资本合作提供的，广泛吸引社会资本参与。"随着服务型政府的加快建设和公共财政体系的不断健全，政府购买公共服务将成为政府提供公共服务的重要方式。

第一，实行政府购买服务制度，创新公共服务的供给方式，能够激发经济社会活力，增加公共服务供给，提高公共服务水平和效率。

第二，实行政府购买服务制度，创新公共服务的供给模式，能够促进政府转变职能，提高政府的效能、效率，加快建成服务型政府，推进国家治理体系和治理能力的现代化。❶

"好风凭借力，送我上青云。"相信在党的民办教育方针政策的指导下，在政府大力扶持下，民办教育融资难的困境将会打破，制约民办教育的障碍也会破除，民办教育一定会迎来新的辉煌。

---

❶ 李鹏：《〈中共中央关于制定国民经济和社会发展第十三个五年规划的建议〉学习问答》，中共中央党校出版社 2015 年版，第 117 页。

参考文献

一、著作类

1. 孔令中. 贵州教育史［M］. 贵阳：贵州教育出版社，2004.

2. 许罡，张经济. 汇聚正能量共筑中国梦［M］. 北京：国家行政学院出版社，2013.

3. 宿文渊. 正能量大全集［M］. 北京：中国华侨出版社，2013.

4. 石国亮. 解读中国梦［M］. 北京：人民日报出版社，2013.

5. 约翰·杜威. 民主主义与教育［M］. 陶志琼，译. 北京：中国轻工业出版社，2014.

6. 罗崇敏. 教育的智慧［M］. 北京：人民出版社，2011.

7. 贾宏燕. 教育现代化的"世纪"探索［M］. 北京：中国时代经济出版社，2010.

8. 温家宝. 温家宝谈教育［M］. 北京：人民出版社，人民教育出版社，2013.

9. 中共中央宣传部理论局. 法治热点面对面［M］. 北京：学习出版社，人民出版社，2015.

10. 王佐书. 中国民办教育发展报告（2013—2014）［M］. 北京：科学出版社，2014.

11. 亚当·斯密. 国民财富的性质和原因的研究（下卷）［M］. 郭大力，王亚南，译. 北京：商务印书馆，1997.

12. 米尔顿·弗里德曼. 资本主义与自由［M］. 张瑞玉，译. 北京：商务印书馆，1999.

13. 吴忠魁. 私立学校比较研究［M］. 北京：北京师范大学出版社，1999.

14. 李准. 习近平重要论述学习笔记［M］. 北京：人民出版社，2014.

15. 柯佑祥. 民办高校定位、特色与发展研究［M］. 武汉：华中科技大学出版社，2013.

16. 教育部发展规划司. 中国民办教育绿皮书［M］. 上海：上海教育出版社，2003.

17. 韩方希. 民办高校竞争力研究［M］. 北京：人民出版社，2013.

18. 潘懋元. 多学科观点的高等教育研究［M］. 上海：上海教育出版社，2001.

19. 交通大学史编写组. 盛宣怀，筹集商捐开办南洋公学折 [M]. 西安：西安交通大学出版，1986.

20. 瞿延东. 我国民办教育的发展与管理 [M]. 北京：中国财经经济出版社，2002.

21. 徐绪卿. 我国民办高校内部管理体制改革和创新研究 [M]. 北京：中国社会科学出版社，2012.

22. 李剑. 民办高校办学学风险防范研究 [M]. 北京：社会科学文献出版社，2009.

23. 陈锡喜. 平易近人习近平的语言力量 [M]. 上海：上海交通大学出版社，2014.

24. 杨觉英. 组织与管理概论 [M]. 北京：经济科学出版社，2000.

25. 董圣足. 民办院校良治之道 [M]. 北京：教育科学出版社，2010.

26. 俞可平. 治理与善治 [M]. 北京：社会科学文献出版社，2000.

27. 金锦萍. 非营利法人治理结构研究 [M]. 北京：北京大学出版社，2005.

28. 本书编写组. 《中共中央关于全面深化改革若干重大问题的决定》辅导读本 [M]. 北京：人民出版社，2013.

29. 何毅亭. 学习习近平总书记重要讲话 [M]. 北京：人民出版社，2013.

30. 贾康，程瑜. 改革红利——新一届政府改革与政策评述 [M]. 北京：中国言实出版社，2015.

31. 英格尔斯. 人的现代化 [M]. 殷陆君，译. 成都：四川人民出版社，1985.

32. 邓小平. 邓小平文选（第 3 卷）[M]. 北京：人民出版社，1993.

33. 李大洪. 高职院校管理新论——基于营销学范式的研究 [M]. 南京：江苏大学出版社，2009.

34. 胡卫，何金辉，朱利霞. 办学体制改革，多元化的教育诉求 [M]. 北京：教育科学出版社，2010.

35. 张新民. 高等职业教育理论结构建 [M]. 长沙：湖南人民出版社，2010.

36. 王继平，等. 面向 21 世纪职业教育师资队伍建设对策研究 [M]. 北京：高等教育出版社，2003.

37. 江泽民. 江泽民文选（第 1 卷）[M]. 北京：人民出版社，2006.

38. 胡涛. 拿什么调动学生 [M]. 重庆：西南师范大学出版社，2008.

39. 谢利民. 教学设计应用指导 [M]. 上海：华东师范大学出版社，2009.

40. 赵波. 班主任如何带好差班 [M]. 北京：中国轻工业出版社，2014.

41. 田鹏. 西点军校 22 条军规 [M]. 北京：地震出版社，2010.

42. 习近平. 之江新语 [M]. 杭州：浙江人民出版社，2007.

43. 徐建举. 少数民族大学生思想政治教育理论与方法 [M]. 北京：人民出版社，2011.

44. 雷思明．校园安全制度手册［M］．上海：华东师范大学出版社，2011.

45. 曹广辉．职业生涯规划与择业［M］．北京：高等教育出版社，2011.

46. 杨一波．大学生职业生涯规划与就业指导［M］．北京：北京理工大学出版社，2009.

47. 劳凯声．中国教育改革 30 年——政策与法律卷［M］．北京：北京师范大学出版集团，2009.

48. 本书编写组．党的十八届五中全会《建议》学习辅导百问［M］．北京：党建读物出版社，学习出版社，2015.

49. 姜大源．职业教育学研究新论［M］．北京：教育科学出版社，2007.

50. 严华银．今天，如何做校长［M］．上海：华东师范大学出版社，2011.

51. 李巧针．美国私立大学内部管理体制研究［D］．保定：河北大学，2003.

二、报刊类

1. 习近平．看清形势适应趋势发挥优势，善于运用辩证思维谋划发展［N］．贵州都市报，2015-06-19.

2. 全国政协副主席、中华职业教育社理事长张榕明在 2011 中国（上海）国际职业教育论坛上演讲［N］．中国教育报，2011-05-23.

3. 陈宗川，方方．中西民办教育比较研究的启示［J］．民办教育新观察，2011（3）．

4. 李长安．挖掘人口红利，迈向制造强国［N］．环球时报：国际论坛，2015-05-28 日.

5. 陈建华，葛力力．鄙薄职业教育的观念之传统与现实成因［J］．职业论坛，2009（364）。

6. 蒙永福．贵州城市学院"三风"建设暨控烟誓师大会讲话［J］．贵州城市学院学报，2014（1）．

7. 杨索普．治理的兴起及其失败的风险［J］．国际社会科学：中文版，1999（2）．

8. 董圣民．民办高校法人治理结构构建与思考：基于上海建桥学院的个案分析［J］．教育发展研究，2006（11B）．

9. 史飞翔．论民办大学校长在构建办学特色中的核心作用［J］．学理论，2011（15）．

10. 杨海燕．香港与内地校长培训制度比较［J］．内蒙古师范大学学报，2006（4）．

11. 李生滨．校长要站在学术前沿和道德高地上［J］．人民教育，2010（12）．

12. 孙熙国．大学的使命与教师的职责［N］．环球时报：国际论坛，2015-02-15.

13. 张晓波．职业院校行政管理现状及改革思路［J］．晋城职业技术学院学报，2010.

14. 李健．教师角色的新解读［N］．教育时报，2011-06-29.

15. 肖群忠，韩作珍：为师三德 ［N］. 中国教育报，2011-08-22.

16. 贾俐俐. 加强"双师型"教师队伍建设以提高职业院校核心竞争力 ［J］. 教育与职业，2009（12）.

17. 彦钦初，李国杰. 关于职业院校师资队伍建设措施的再思考 ［J］. 教育与职业，2009（33）.

18. 何农. 论高职院校兼职教师队伍的建设途径 ［J］. 山西财经大学学报，2009（11）.

19. 穆晓霞. 浅议我国"双师型"教师队伍建设的政策 ［J］. 职教论坛，2009（12）.

20. 黄经元. 对职业院校"双师型"师资培训及路径的探讨 ［J］. 职教论坛，2009（12）.

21. 屈海群，宋海宁. 对高职高专"三师型"教师队伍建设的必要性及对策性研究 ［J］. 中国成人教育，2009（18）.

22. 宫卫星. 高职院校专业教师团队建设的意义与途径 ［J］. 中国国成人教育，2009（22）.

23. 万玉霞. 观照生命发展 提升班主任育人水平 ［J］. 人民教育，2010（Z3）.

24. 陈德文. 大学章程引领现代高校制度文明 ［N］. 中国教育报，2011-06-13.

25. 李宏旭. "90后"带上六种心态去求职 ［N］. 中国教育报，2011-09-28.

26. 李玲，段艳. 毕业求职档案如何"安家" ［N］. 贵州都市报，2015-08-20.

27. 李爱良. 政府在民办高等教育场域中的定位 ［J］. 高教探索，2007（3）.

28. 中国民办高校发展战略研究课题组. 民办高等教育发展面临的问题 ［J］. 浙江树人大学学报，2002（5）.

29. 丁秀棠. 私立教育中的政府资助比较研究 ［J］. 中国民办教育协会简报，2008（48）.

30. 谢廷秋. 贵州，战时文化中心——谢廷秋教授谈高校西迁 ［N］. 贵州都市报，2015-08-31.

31. 邬大光，卢彩晨. 艰难的复兴广阔的前景——我国民办高等教育30年回顾与前瞻 ［J］. 中国高教研究，2008（10）.

32. 教育部. 2010年全国教育事业发展统计公报 ［N］. 中国教育报，2011-07-06.

33. 王善怡，张发清. 加强思想政治教育培育高素质技能人才 ［J］. 贵州亚泰学院学报，2013（4）.

34. 武静. 民办高职院校行政事务管理系统探索 ［J］. 贵州城市学院学报，2014（1）.

35. 徐绪卿. 民办高等教育新发展中面临的问题 ［J］. 人大书报复印资料·高等教育，2003（1）.

后　记

　　习近平总书记在会见清华大学经济管理学院顾问委员会海外委员时的讲话指出："科教兴国已成为中国的基本国策。我们将秉持科技是第一生产力、人才是第一资源的理念，兼收并蓄，吸取国际先进经验，推进教育改革，提高教育质量，培养更多、更高素质的人才，同时为各类人才发挥作用，施展才华提供更加广阔的天地。"

　　民办高校如何正确贯彻执行习近平总书记的指示精神，这是作者努力寻求的答案。从2013年以来，作者在亲力亲为的实践中，将"新常态下民办高校创新治理研究"作为长期课题进行研究、探索。今已将成果付梓，供教界参阅与指正，并诚盼兄弟学校亲临贵州城市职业学院传经送宝。

　　《新常态下民办高校创新治理研究》即将付梓，要感谢我们在书中引述的专家学者，感谢贵州城市职业学院所有的实践者，感谢序言作者吴宗金教授，感谢本书责任编辑知识产权出版社张筱茶及何睿烨、刘译文等相关人员。

　　由于作者自身的知识、能力有限，本书还存在不尽如人意的地方，恳请读者批评指正。

周鸿静　周崇先

2016年7月1日